Reinhard Dalwigk

Chronik des alten Theaters in Oldenburg

Reinhard Dalwigk

Chronik des alten Theaters in Oldenburg

ISBN/EAN: 9783743404670

Hergestellt in Europa, USA, Kanada, Australien, Japan

Cover: Foto ©ninafisch / pixelio.de

Manufactured and distributed by brebook publishing software (www.brebook.com)

Reinhard Dalwigk

Chronik des alten Theaters in Oldenburg

Chronik
des
alten Theaters in Oldenburg
(1833 bis 1881.)

Festschrift
zu der
Eröffnung des neuerbauten Theaters
am 8. October 1881

von

Frhr. R. von Dalwigk,
Mitglied der Großherzoglichen Theater-Commission.

Oldenburg.
Schulzesche Hof-Buchhandlung und Hof-Buchdruckerei.
(C. Berndt & A. Schwartz.)

Vorwort.

Die bevorstehende Eröffnung des neuerbauten Theaters giebt Veranlassung, den hiesigen zahlreichen Theaterfreunden die Entstehung und die Schicksale des alten Hauses, das nun fast ein halbes Jahrhundert hindurch gestanden und eine Stätte des geistigen Lebens, der Erholung, der Erheiterung und oft der Mittelpunkt der Tagesgespräche für uns gewesen ist, bald aber der Vernichtung und Vergessenheit anheimfallen soll, als ein Stück Oldenburger Culturgeschichte und zugleich für die ältere Generation als eine Auffrischung der Erinnerung des selbst Erlebten, mit möglichster Treue zu erzählen.

Das Unternehmen, Bühnenzustände einer vergangenen Zeit, und läge sie auch nur 50 Jahre hinter uns, schildern zu wollen, fordert die Herbeischaffung eines erheblichen Materials von Actenstücken, Repertoiren, Berichten und Correspondenzen zum Studium, wenn es gelingen soll, ein einigermaßen treues Bild von demjenigen zu geben, was jene Zeit erstrebt, was sie erreicht, und wie sich das Publikum den Leistungen der Bühne gegenüber verhalten hat. — Und doch sind von diesem Material zur Bildung eines Urtheils als völlig maßgebend anzusehen: nur die Repertoire, die Personalbestände und etwa die finanziellen Abschlüsse, welche, wie wichtig und einflußreich auch sonst, hier doch weniger in Betracht kommen, wo es sich mehr um ästhetische Interessen, als um Cassenerfolge handelt. Dagegen sind die Berichte und Recensionen in den Tagesblättern über die Leistungen der Bühne nur mit Vorsicht zu behandeln und streng zu prüfen, die entgegenstehenden Stimmen sind abzuwägen, sowie die augenblicklichen Strömungen in der Literatur, die Beeinflussung und Leitung des öffentlichen Urtheils durch hervorragende Persönlichkeiten, in Rechnung zu bringen. Die Kritik hat ebensowohl ihre Launen, als das Publikum. Während dem Forscher auf dem Gebiete der bildenden Künste die Werke der Meister in festen Formen, sei es in den Originalen selbst, oder in guten Nachbildungen, zu dauernder Prüfung und Vergleichung zu Gebote stehen, sind die Leistungen des Schauspielers mit dem sinkenden Vorhange und dem Erlöschen der letzten Lampe der Vergänglichkeit verfallen, wie die Ehrenkränze, welche vom Beifall des Publikums gebracht, eine Zeit lang noch die Wohnung des Künstlers schmücken, dann aber auch verwelken und in Staub zergehen. — Nicht alle Namen werden in der allgemeinen Geschichte des deutschen Theaters ihre Stelle finden; um so mehr ist es Pflicht, das Andenken auch derjenigen Künstler zu erhalten, welche, wenn auch in kleinen Kreisen, mit redlichem Streben in ihrem Berufe gewirkt haben.

Das deutsche Theater ist ein abstracter Begriff, welcher sich an keiner Stelle concret dargestellt findet, sondern in eben so viel Erscheinungen zu Tage tritt, als es deutsche Bühnen giebt. So ist auch das Oldenburger Theater ein kleines Stück des Gesammtbildes und würde der Verfasser belohnt sein, wenn seine Darstellung als eine Vervollständigung dieses Gesammtbildes angesehen würde.

Oldenburg, im September 1881.

Der Verfasser.

Vor dem Jahre 1833.

Was an theatralischen Genüssen den Einwohnern Oldenburgs vor Erbauung des im Jahre 1833 eröffneten Schauspielhauses geboten wurde, mußte sich namentlich in älteren Zeiten auf das beschränken, was wandernde Schauspieler-Gesellschaften bringen konnten, die mühsam ihren Thespiskarren durch Haide, Sand und Moor schleppten, ihre gebrechliche Bühne in irgend einem Saale oder Stalle aufschlugen, und dann nach Abspielung eines den kleinen Mitteln entsprechenden Repertoires mit Hinterlassung eines mehr oder minder guten Andenkens demnächst wieder verschwanden. So werden uns die Namen der Principalschaften: Kunniger, Jüngling, Hentschel, Ackermann und die Vereinigte Gesellschaft genannt. Durch die uns über den Werth und die Bedeutung dieser Gesellschaften zugänglichen, sehr sparsamen, näheren Nachrichten geht aber ein für die Einwohner Oldenburgs als charakteristisch erwähnter Zug hindurch, daß sie nämlich einen empfänglichen Sinn für die Bühne, ein richtiges Verständniß für das ihnen gebotene Gute, ein mitleidiges Herz und eine offene Hand gehabt für die mannigfachen Bedrängnisse, welche sich den Wandertruppen an die Sohlen zu hängen pflegen. Bei Gelegenheit der Anwesenheit der Kunniger'schen Gesellschaft im Jahre 1750 wurde

„der für solches Entgegenkommen der Oldenburger schuldige Dank" beim Schlusse der Vorstellungen durch ein besonderes Festspiel ausgesprochen, aus dessen sehr wortreichem Programm hier einige Stellen als bezeichnend für den Zeitgeschmack Platz finden mögen. — Der Anfang des Zettels lautet: „Schuldiges Dank- und Ehrenopfer, welches heute den 18. und 19. Juni 1750 bei dem Schlusse unserer Schauspiele der hiesigen hohen Obrigkeit für gnädige Erlaubniß, und dem gnädigen hochedlen respective hochgeneigten auditorio für den gütigen Besuch unserer Schaubühne in dem musikalischen Ehren-Prologo: „Der vom Himmel selbst bestätigte Sitz des Friedens, oder: das von Irene der Friedensgöttin wider Mars und Neid beschützte Oldenburg nebst einem Danksagungs-Schäferspiel: „Das Fest der dankbaren Schäfer" zum Zeugniß ihrer tiefsten Ehrerbietung gehorsamst dediciren und zuletzt vorstellen Johann Kunniger und seine Gesellschaft." — Nach einer weiteren Anrede, in welcher die Tugend der Dankbarkeit gerühmt, werden die Personen des Prologs genannt, unter denen Mars mit dem Schwert, Apollo mit seiner Geige und der Neid „mit Knochen" hervorzuheben. — Als Schlußtableau standen auf der Bühne in einer offenen Gegend sechs illuminirte Pyramiden, unter denen eine das Himmelsauge zeigt „nebst einem cornu copiae, welches allerhand Früchte aus den Wolken auf die Stadt Oldenburg ausschüttet" mit der Unterschrift: „Der Segen zeigt hierdurch, wie werth sei Oldenburg" und auf einer anderen präsentirt sich „ein Haus, darin hohe gelehrte Personen gehen" mit der Unterschrift: „Kluger Verstand macht frei ein Land." — Es folgt dann das Festspiel, welches damit schließt, daß sich der Himmel öffnet, „darinnen Minerva und Apollo singend der Stadt Oldenburg lauter Friedenszeiten wünschen und der ganze Chorus endlich beschleußt":

Zeigt uns zum letzten mal o Gönner! Eure Huld,
Kommt und empfangt den Dank für Freundschaft und Geduld,
Die Ihr im reichsten Maß bei Fehlern uns erwiesen.
Sie wird von uns entfernt gewiß auch hoch gepriesen;
Wir rühmen, so lange sich die Zunge regen kann,
Daß Oldenburg der Bühn' in uns sehr wohlgethan.

Einige in den Jahren 1777 und 78 geschriebene Briefe geben uns schon ein deutlicheres Bild von den damaligen Theaterverhältnissen und den damit zusammenhängenden Culturzuständen. — Oldenburg war nicht mehr dänische Provinzialstadt, sondern Hauptstadt des neu begründeten Herzogthums und, wenn auch nicht ständig, Residenz des Herzogs Friedrich August. Der Hof unterstützte Unternehmungen, welche die Eintönigkeit des Lebens in dem damals recht abgelegenen Oldenburg unterbrechen konnten und auch die Zahl der Theaterbesucher hatte durch die erhebliche Vermehrung der Staatsdiener sich wesentlich erhöht. — Aber auch der Sinn für Literatur und Poesie hatte in Oldenburg neues Leben bekommen. Männer wie Oeder und Peter Sturz (beide durch die Struensee'sche Catastrophe aus Dänemark nach Oldenburg verschlagen), ferner G. A. von Halem, Gramberg, vermittelten die Erzeugnisse der damals in hohen Wogen gehenden deutschen Literaturbewegung und fanden überall empfängliche Gemüther. — Schauspieler-Gesellschaften mochten unter diesen Umständen schon mehr Boden in Oldenburg finden und so gab denn im Sommer 1777 die Jüngling'sche Gesellschaft Vorstellungen und zwar in einem zum Theater hergerichteten Stalle bei dem früheren, jetzt verschwundenen sogenannten Neuenhause vor dem Heiligengeistthore*). — In dem oben erwähnten, an eine Dame gerichteten Brief heißt es:

„Am Tage der ersten Vorstellung den 1. August war ich auf's Land verreist gewesen. Ich entschwang mich dem

---

*) Wahrscheinlich in der Nähe des jetzigen Neuenhauses.

Wagen und eilte fast so eifrig, als ob ich Sie, meine Freundin, dort erwarten könnte, dem Schauspiele zu. Ich sah noch den letzten Act des Schauspiels „Der Graf von Olbach". Theater und Kleidung der Schauspieler war ganz gut und Herr Jüngling ist kein schlechter Acteur; auch Herr Rathje, der den „Pips" machte, gefiel. — Im Ganzen genommen haben die Schauspieler die Erwartungen übertroffen, nur im pantomimischen Ballet konnte man leider kein Sujet durchsehen. — Ein paar Kinder als Genien gekleidet, überreichten am Schlusse dem Herzoge und der Herzogin Blumensträuße, und zwei Pistolen waren ihre Belohnung. Zwischen dem Hauptstücke und dem Ballet recitirte Madame Dorner einen Epilog, der aus der Feder des Herrn Doctor Gramberg geflossen, seine Schönheiten hat, aber elend und unverständlich declamirt wurde. Zwei bis dreihundert Personen waren wohl im Hause versammelt; die ersten Bänke fand ich nicht alle, wohl aber die zweiten und dritten völlig besetzt. Da war denn beim Weggehen ein Gewühl von Carossen, Läufern, Bedienten, Heyducken mit Fackeln u. s. w., daß man kaum durchkommen konnte."

Im Jahre 1778 spielte die Hentschel'sche Gesellschaft in Oldenburg und wurden außer Dramen, unter denen Gotters „Jeannette" und „Die Jagd" von Weiße genannt werden, auch Operetten aufgeführt. — Hierbei schien aber, nach einem anderen Berichte, manches Mangelhafte vorzukommen, die Decorationen waren ungenügend und in der „Ariadne" flog des Theseus Schiff wie ein Vogel durch die Luft und die Wolken wurden vor die Sonne geschoben, wie ein Schirm vor's Licht. — „Die Schaubühne ist ihrem Ursprunge nach ein Spiegel des Lebens, aber die heutigen Comödianten haben das Glas verdorben", sagt Amselmus Rabiosus; auch wird es bei der sich so sehr mehrenden Anzahl der Schauspieler immer schwerer das Glas rein zu halten und dem Spiegel seine volle Klarheit wieder zu geben. — Viele Edle des Volkes verwünschen daher auch hier den überhand nehmenden Geschmack an Schauspielen und es scheint nicht, daß die Zeit nahe ist, da die Superintendenten, wie vordem weiland Oberhofprediger Lassenius, die Bühne besteigen. — Statt daß sonst Processe, Zeitungen, Familienvorfälle und Schwachheiten des Nächsten Gegenstände gesellschaftlicher Unterhaltung waren, spricht man jetzt vorzüglich vom Schauspiel und der schönen Literatur. — Die Schauspieler sind ein Ferment gewesen, das den Geist der indolenten Nation in Bewegung gesetzt hat. —

Daß in Oldenburg die Freude am Theater rege geblieben, daß aber üble Erfahrungen den Wunsch laut werden ließen, durch ein stehendes Theater nicht mehr öfteren Schwankungen und dem Zufall in Bezug auf den Werth der gebotenen Leistungen unterworfen zu sein, spricht sich lebhaft in einer kleinen Schrift aus, welche „der ehrenwerthen Club-Versammlung dieser Stadt gewidmet", unter dem Titel: „Ueber die Möglichkeit der stehenden Bühnen in kleinen Städten in Rücksicht auf die Stadt Oldenburg", im Jahre 1786 erschien. — Der Verfasser dieser recht anerkennenswerthen Schrift, P. Paulsen, früher Schauspieler, griff, nachdem er des Herumtreibens bei wandernden Gesellschaften überdrüssig geworden war, wieder zu dem vielleicht schon vorher geübten Gewerbe und etablirte sich in Oldenburg als Friseur. — Allein die alte Liebe zur Bühne ließ ihn nicht ruhen; er träumte von einem stehenden Theater in Oldenburg und „wünschte durch seine von Jugend auf als Schauspieler gesammelten Kenntnisse seinen Mitbürgern in diesem Stück nützlich zu sein". Nachdem der Verfasser die Mängel der Wanderbühnen geschildert, welche nur Mangelhaftes zu leisten im Stande seien und bei längerem Aufenthalt durch die große moralische Verkommenheit der Mitglieder zuletzt immer den Orten zur Last fielen, stellt er Oldenburg ein glänzendes Zeugniß in Bezug auf sein Verhalten den Bühnenleistungen gegenüber mit folgenden Worten aus: „Schwerlich giebt es unter Deutschlands vielen kleinen Städten eine, wo ein so zahlreiches, verfeinertes Publikum, dessen Geschmack so richtig, wo Lob und Tadel so einmüthig ist; schwerlich wird man solche finden, wo es dem Charlatan so sehr zur Unmöglichkeit gemacht wird, sich mit seiner Marktschreierei emporzuschwingen; wo aber dem wahren Verdienst so viel Gerechtigkeit widerfährt, als hier in unserer Stadt." — Die Grundzüge des Planes in Oldenburg eine stehende Bühne zu errichten sind nun etwa folgende: In erster Linie die zu hoffenden Einnahmen, denn „baares Geld ist der Odem Thalia's", wie Verfasser sehr treffend sagt, und wird unter Voraussetzung, daß der herzogliche Hof eine Summe von 2000 Thlr. Gold zuschießen würde, aus der Zahl der bei Regierung, Konsistorium, Kammer und Landgericht Angestellten (18 Räthe, 9 Secretäre, 2 Registratoren, 1 Bauinspector, 1 Auctionsverwalter), dem Magistrat (9), den Anwälten (20!), den Schulcollegien (3), Personen von Distinction (22) und den ersten Bürgern und Kaufleuten (30), im Ganzen 115 „Chapeaux", mit deren Familien eine etwaige Betheiligung von 200 Personen herausgerechnet, von denen 70 abonniren und die Uebrigen Cassenbillets entnehmen würden. Es sollen im Jahre 72 Vorstellungen stattfinden und zwar während der Monate September bis Mai wöchentlich zwei, und von Mai bis August wöchentlich eine und würde die hieraus resultirende Einnahme 4565 Thlr. 44 Grt. Gold betragen und hinreichend sein, ein Personal von 18 bis 20 Personen zu unterhalten, vorausgesetzt, daß nur 4 wirkliche Schauspieler und 4 Schauspielerinnen à 350 und 300 Thlr. engagirt werden und das übrige Personal à 50 Thlr. aus Dilettanten der Stadt ergänzt wird. — Die Anforderungen an Decorationen sind sehr gering;

7 Stück: 1 Saal, 2 Zimmer, Straße, Wald, Dorf und Bauernstube sollen genügen und die Toilette der Damen aus 12 Kleidern, die der Herren aus 18 Anzügen und der sogenannten Nationalkleidung bestehen. Verfasser weist nach, daß wandernde Gesellschaften nie mehr an Apparaten besessen. — Wenn auch die von Paulsen gemachten Vorschläge keinen Erfolg gehabt haben, so hat er sich doch als Verfasser eines Schriftchens, welches eine überraschend große Menge gesunder Anschauungen über Theaterwesen enthält und mit dem warmen Gefühl seinen Mitbürgern einen Dienst leisten und den Schauspielerstand heben zu wollen geschrieben ist, einen Anspruch auf unsere Anerkennung und Achtung erworben.

Die letzten Jahre des vorigen Jahrhunderts und die Anfänge des jetzigen werden in Bezug auf Theaterverhältnisse sich nicht wesentlich anders gestaltet haben und liegt uns nichts Erwähnenswerthes aus dieser Zeit vor.

Die Nähe von Bremen, wo sich, wenn auch nicht ohne Widerstreben und Abneigung eines Theiles der Bevölkerung, namentlich durch den Director Abt (1780—83)*) ein regeres Theaterleben entwickelte, wird auf Oldenburg nicht ohne Einfluß geblieben sein und von Zeit zu Zeit gediegenere Theatervorstellungen vermittelt haben.

---

*) Die Bedeutung und die Achtung, welche sich Director Abt in Bremen zu erwerben gewußt, war so groß, daß, als er 1783 starb, seinem Sarge Rathsherren, Kaufleute, Offiziere, Gelehrte und Künstler folgten, und alle Straßen, durch welche der Zug ging, mit Menschen angefüllt waren. — Die Beisetzung erfolgte, nach einer warmen Rede des Pastor Vogt, in der Klosterkirche, und zwar neben dem Grabstein des französischen Prinzen Condé. — Diese Umstände erregten großes Aufsehen auch auswärts, so daß sich die Schlözerschen Annalen sowohl, als auch Iffland darüber aussprachen, welcher letztere der Ansicht war, daß er, bei aller Genugthuung, welche er darüber empfunden, hier den Schauspielerstand geachtet zu sehen, doch diese große Begräbnißfeierlichkeit nicht angemessen fände, weil sie einem

Während der französischen Occupation 1811 fanden Vorstellungen der Pichler'schen Truppe auf einer in dem bis dahin als Reitbahn dienenden Theile des jetzigen Marstallgebäudes errichteten Bühne statt, welche großen Beifall hatten. Unter dem Personal befand sich der bekannte Schauspieler Ferdinand Loewe, dem in Oldenburg seine als Sängerin so berühmt gewordene Tochter Sophie, später Gemahlin des Fürsten Friedrich von Liechtenstein, geboren wurde. — Eine am Geburtstage des Kaisers Napoleon am 15. August 1812 gegebene Vorstellung und der ihr vorangehende, von einem höheren Schulmanne verfaßte Prolog geben den traurigen Beweis, wie sehr das Genie und die großen Erfolge des Kaisers die Gemüther selbst der besten Bürger gefangen genommen. Die letzten Worte des mit vielem Schwunge und nicht ohne Geschick verfaßten Gedichtes lauten:

„O laßt Napoleon, was er mit Schöpferhänden
Zum Segen für die Welt begonnen,
O laßt es Götter! Ihn vollenden
Das Glück, das wir durch ihn gewonnen,
Ihn lange noch befestigt seh'n.
Sieh! treues Volk in Ihm den Weisen,
Den Helden und den Vater preisen,
Und seinen Thron auf Demant-Füßen stehn!"

Diese Worte klingen uns jetzt wie Ironie, da wir wissen, daß damals Napoleon schon tief in Rußland, also am Anfange des Endes stand.

Als im Jahre 1813 die Pichler'sche Gesellschaft von Bremen aus Oldenburg besuchte, traf sie grade an dem

---

Manne von höchst mittelmäßigem Talente widerfahren sei. — Daß an Abt's Leiche in einer Unterweste, welche er immer getragen hatte, sich 100 Stück Pistolen eingenäht und außerdem noch 200 Thaler baar vorfanden, wirft außerdem noch einen besonderen Glanz auf diese Persönlichkeit.

Tage ein, als von Finckh und von Berger in Bremen erschossen waren und machte die gerechte, schmerzliche Aufregung der Bevölkerung einen längern Aufenthalt unmöglich. Bei einem spätern Besuch stürzte der Wagen um, in welchem sich der Tenorist Walter befand, der in Folge dessen das Leben verlor und mit großen Ehrenbezeugungen in Oldenburg begraben wurde.

Mit der Rückkehr des Herzogs Peter Friedrich Ludwig in das Land wurde die Reitbahn ihrer eigentlichen Bestimmung wieder zurückgegeben und darin nur einige male von einem sich bildenden Liebhaber=Theater vor dem Hofe und auch vor größern ausgewählten Kreisen Vorstellungen gegeben. —

Später wurde der v. Harten'sche Saal zu einem Theater umgewandelt, in welchem die Bremer Truppe viel besuchte Vorstellungen gab; hier ging auf einer Bühne von den Verhältnissen eines großen Marionetten=Theaters die „Stumme von Portici" in Scene und hier erschütterte Ludwig Devrient sein Auditorium durch seine genialen, dämonischen Leistungen. — Im Sommer 1830 spielte die Bethmann'sche Truppe wieder in der Reitbahn und die Vorstellung am 13. Juli, als am Geburtstage des Großherzogs Paul Friedrich August, wurde mit einem Prolog von Th. v. Kobbe eröffnet. — Die Gesellschaft machte gute Geschäfte, da der Sommer sehr regnerisch war, und das Personal sich durch Tüchtigkeit und correctes Betragen bald beliebt gemacht hatte. — Das Repertoire zeigte die besten Opern und einige größere Dramen. — Das Bremer Unterhaltungsblatt aus dieser Zeit bringt einige Kritiken von etwas derber Färbung, vielleicht aus Starklof's Feder, z. B.: „Das Exterieur der Frl. Stolberg ist, wenn gleich auch nicht zum Verlieben, doch nicht so bösartig, daß man nicht den Ohren zu Gefallen, das Auge einmal hinschlagen sollte." — Am Medardus=Pferdemarkt wurde „Lenore" von

Holtei gegeben und „das Spiel der Lenore war so ergreifend, daß selbst Pferdehändler weinten". —

Die Lust am Theaterwesen, welche durch häufige Mißerfolge der Wandertruppen und oft getäuschte Erwartungen nicht gemindert war, so wie das Verlangen den unter den gegebenen Umständen unvermeidlichen schwankenden Zuständen ein Ende zu machen, brachten schon vor dem Jahre 1830 in Tagesgespräch und Presse den Plan zur Verhandlung, in Oldenburg ein Schauspielhaus zu bauen und dadurch den Anfang zu mehr geregelten Verhältnissen zu machen. — Die erste Notiz, welche die Hoffnung auf einen Theaterbau ausspricht, findet sich im Bremer Unterhaltungsblatt vom 29. December 1830. — Das Verdienst aber den unbestimmten Wünschen und Ansichten eine Form und einen festeren Boden zum Anbau gegeben zu haben, gebührt ohne Frage dem damaligen Vorstand der Cabinets-Canzlei des Großherzogs Paul Friedrich August, Hofrath Starklof, welcher von 1832 an bis 1842 die Seele und das treibende, belebende Element der Oldenburgischen Theaterverhältnisse gewesen ist. — Lebhaften Geistes, mit mancherlei Talenten ausgestattet, in Rede und Schrift allezeit schlagfertig und nie um Worte verlegen, unermüdlich agitirend und auf das vorgesteckte Ziel losgehend, rücksichtslos und mit Hohn ihm philisterhaft erscheinenden Bedenken entgegentretend, war er ganz der Mann dazu, die öffentliche Stimmung derart zu lenken und die nothwendigen Kräfte in Fluß zu bringen, daß, sobald der geeignete Zeitpunkt erschienen, das lange diskutirte Projekt eines Theaterbaues zur Wirklichkeit wurde. Was den Bestrebungen Starklof's aber einen festen Halt gab, war die Ueberzeugung, daß er immer einen hülfreichen Rückhalt an dem hohen Großherzoglichen Paar finden würde, was sich denn auch in der Zukunft bewährte. — Bereits aus dem Jahre 1830, August 25., liegt ein Circular vor, welches vertraulich an 93 Einwohner der Stadt Oldenburg, an Hofbeamte, Staatsdiener, Militärs, Kaufleute ꝛc. versandt wurde, und den Vorschlag enthielt, eine Actiengesellschaft von 80 Actien à 100 Thlr. zu gründen, wodurch das zum Bau eines Theaters nöthige Capital von 8000 Thlr. Gold zusammengebracht werden sollte. — Die Zinsen an die Actionäre sollten dadurch gezahlt werden, daß dieselben für eine Reihe von Jahren ihre Theaterplätze zu geringeren Preisen haben sollten, als die Nichtactionäre. — Auch durch 2 bis 3 jährlich zu veranstaltende Benefizvorstellungen sollte eine succeffive Abtragung der Actien erstrebt und aus dem Verkauf der Billets einer reservirten Loge die etwaigen Kosten der baulichen Unterhaltung beschafft werden. Vorläufig sollten nur während 2—3 Wintermonaten Vorstellungen stattfinden. — Dieses Unternehmen hatte freilich keinen Erfolg, die Theaterfrage wurde aber stets in Fluß gehalten, bis sich im Jahre 1832 von Bremen her eine neue Aussicht auf Realisirung eröffnete. — Der damalige Director des Stadttheaters in Bremen, Gerber, ein nach den verschiedensten Richtungen hin ausgezeichneter Schauspieler, dessen finanzielle Erfolge aber nicht grade glänzend waren, suchte durch Errichtung einer Filiale in Oldenburg den an ihn gestellten Anforderungen an Personal und Ausstattung besser genügen zu können, und diese Idee fand bei Starklof die lebhafteste Unterstützung. — Um aber dem Unternehmen einen Halt zu geben, mußte ein Haus gebaut werden, und auch hierfür fand sich die geeignete Persönlichkeit in dem Zimmermeister Muck, welcher, obgleich ein tüchtiger Baumeister, doch ohne jede Detailkenntniß des Theaterbaues auf eigenes Risico hin sich sofort ans Werk machte. — Starklof schildert den Zimmermeister Muck als einen Mann, der vor keiner Schwierigkeit und keinem Hinderniß zurückschreckte und „in dessen Wörterbuch das Wort Unmöglichkeit nicht zu finden war". — Das neue

Theater sollte nichts anderes sein, als eine anständige Bretterbude, auf die Dauer von 2 Jahren berechnet, wie sie auf Märkten und Messen zu allerlei Schaustellungen erbaut werden, und ein kundiges Auge kann trotzdem, daß im Laufe der Jahre sich Manches durch Anbau an beiden Seiten besser und größer gestaltet hat, doch noch die alte dürftige Form herausfinden. Zum Bauplatz wurde ein Theil der alten Stadtbefestigung, nahe dem Ausgang der Gaststraße, welcher den ominösen Namen die „Elende=Buden=Bastion" trug und bereits von dem Herzog Peter durch Niederlegung des Walles und Ausfüllung der alten Festungsgräben erheblich verbreitert, zu einer anständigen Promenade umgeschaffen war, von dem Großherzog Paul Friedrich August hergegeben. Am 6. November 1832 begann Muck sein Werk in ungünstiger Jahreszeit auf dem bedenklichsten Baugrunde und suchte die sonst zur Sicherheit eines Gebäudes für nöthig erachteten aber kostspieligen und zeitraubenden Schutzmittel durch eigene Combinationen und Erfindungen zu ersetzen. — Je näher das Werk seiner Vollendung kam, um so lauter erhoben sich die Stimmen der Tadler und der ängstlichen Gemüther, welche den ganzen Bau für ein unsinniges, gewissenloses Wagestück erklärten; man werde denselben nicht ohne Lebensgefahr betreten können, hieß es überall! Das Publikum wurde unruhig und ängstlich — die Eröffnung des Abonnements stand vor der Thür — es trat für das Unternehmen ein kritischer Moment ein. — Obgleich Muck seiner Sache sicher war und den nur für 2 Jahre concessionirten Bau für 10 Jahre dauerhaft erklärte, wenn er nur gehörig erhalten und ausgebaut würde, so wäre doch das Publikum ohne irgend eine überzeugende Garantie nicht beruhigt worden. Dies veranlaßte den Großherzog, den damaligen Kammer=assessor Lasius aufzufordern, eine Procedur anzugeben, durch welche die Festigkeit und Tragfähigkeit der Logen und der Gallerie geprüft werden könne; jedoch ehe diese, durch besondere Umstände verzögert, zur Ausführung kommen konnte, half der kühne Einfall des damaligen Hauptmanns W. v. d. D., welcher von der Sache Kunde erhalten hatte, über die erhobenen Bedenken hinweg, indem er seine Compagnie aufforderte, durch die That den ungerechtfertigten Tadel niederzuschlagen, — und so rückten eines Tages 150 Mann mit Gepolter und Gelächter die Treppen des Hauses hinauf, und erstürmten mit Hurrah die Gallerie, die sich trotz aller kühnen Evolutionen als durchaus fest und sicher erwies. „Es knackte auch nicht ein Stückchen Holz," konnte Starklof stolz berichten. Wie der Herr Hauptmann sich mit seinem Vorgesetzten abgefunden, ist nicht bekannt. — So wurde die Reputation des Hauses gerettet und die nachträglich durch die Bauofficialen Becker und Strack erfolgende amtliche Untersuchung bestätigte nur die Sicherheit des Baues. — Während dem waren Starklof und Gerber emsig bemüht, alle Erfordernisse zu dem neuen Musentempel herbeizuschaffen; es wurden Decorationen von dem Bremer Maler Deny gemalt, und durch den Theatermeister Budelmann waren die scenischen Apparate eingerichtet worden. Starklof selbst hatte mit eigner Hand einen Zwischenvorhang nach einem Motiv, das er einst auf einer Reise nach Paris in Chalons gesehen, verfertigt, von dem er gesteht, daß es ein wunderbares Stück Arbeit gewesen, und seine Kühnheit habe höher gestanden, als sein Effect. — Am 12. Februar 1833, also nach 82 Arbeitstagen, konnte das Theater schon als fertig dem Großherzog Paul Friedrich August bei voller Beleuchtung gezeigt werden; die Musik saß im Orchester und führte die Ouverture zur „Stummen von Portici" auf; Muck, dem von allen Seiten Lob gespendet wurde, war überglücklich. — So war man endlich so weit gekommen, den 21. Februar als Tag der Eröffnung der Bühne festsetzen zu können, und doch wäre Starklof beinahe nicht Zeuge gewesen, denn in seinem Eifer, Alles selbst beschaffen zu wollen, war er in mancherlei Fährlichkeiten gerathen; — ein Sturz von einer dunkelen Treppe, das Verschwinden in einer offenstehenden nicht beachteten Versenkung, und endlich eine durch den Aufenthalt in den halb offenen Räumen entstandene Halsentzündung bedrohten ernstlich Gesundheit und Leben; — doch wurde Alles noch glücklich überwunden.

Seit der Eröffnung des Theaters am 21. Februar 1833.

Daß man die ziemlich mittelmäßige Oper von Auber „Der Schnee" zur Eröffnung gewählt, erscheint, da im weiteren Verlauf des Repertoires bedeutendere Opern zur Aufführung kamen, befremdlich, hinderte aber nicht, daß das Haus auf allen Plätzen gefüllt war; es konnte ungefähr 460 Menschen fassen. — Der Theaterzettel zur ersten Vorstellung im neuen Theater lautete wörtlich:

Theater in Oldenburg.

Mit allerhöchster Bewilligung.
Donnerstag, den 21. Februar 1833.

Prolog zur Eröffnung der Bühne,
gesprochen von J. C. Gerber.

Hierauf:

Der Schnee.
Komische Oper in 4 Akten nach dem Französischen des Scribe.
Musik von Auber.

Personen:

Der Herzog	Herr Franke.
Prinzessin Lydia	Mad. Pirscher.
Der Prinz von Neuburg	Herr Knauft.
Graf von Wellau, Oberst bei den Herzoglichen Truppen	Herr Herget.
Graf von Wallborn . . . , ...	Herr Gätpert.
Fräulein Bertha von Mildheim, Gesellschafts= Fräulein der Prinzessin	Dem. Franchetti.
Gräfin Ritberg, Oberhofmeisterin	Mad. Metzner.
Wilhelm, Gärtner	Herr Krieg.
Ein Kammerdiener	Herr Davidson.

Hofherren, Hofdamen, Vasallen des Herzogs, Gärtner, Diener.

Vorhang und Decorationen sind vom Theater=Maler Herrn W. Deny.

Die Auffahrt der Wagen zum Schauspielhause geschieht vom Haarenthor her, die Abfahrt nach der Gaststraße hin.

Cassen=Preise:

Fremden=Loge	48 Grt. Gold.	Parterre . .	24 Grt. Gold.
Logen=Platz	42 Grt. „	Amphitheater .	16 Grt. Cour.
Sperrsitz . .	36 Grt. „	Gallerie . . .	12 Grt. „

Parterre=Billets sind an der Mühlenstraße Nr. 288 zu bekommen.

Anfang 7 Uhr. — Casse=Oeffnung 6 Uhr.

J. C. Gerber,
Director des Stadttheaters zu Bremen.

Der unvermeidliche Prolog, von Starklof verfaßt und von Gerber gesprochen, scheint nicht besonders gelungen gewesen zu sein, denn ein im Bremer Bürgerfreund vom 14. März erschienenes, unter dem gespreizten Titel: „Als bei Eröffnung des neuen Schauspielhauses in Oldenburg der Schnee gegeben wurde, und ohne durch zu fallen, sich unmerkbar auf ein gedrängt volles Auditorium niederließ," von Niphophylos (Schneefreund) verfaßtes satirisches und sehr auf Stelzen einherschreitendes Gedicht, ergeht sich, neben den Klagen über mangelhafte Unterkunft und Kälte, besonders gegen die Langeweile des Prologs. Gegen den Schluß hin wird Verfasser etwas milder gestimmt und endet derselbe mit den Worten:

„Auf rauschte da der Vorhang — sieh! und Allen,
So jung wie alt,
Ward, als der Nebel des Prologs gefallen,
Es sonnenklar und helle,
Und selbst „Der Schnee" erwärmte manche kalte Stelle."

Starklof beklagte sich, daß Gerber nicht gut memorirt und so sein Werk durch fortwährende Improvisationen verdorben habe. Die Vorstellung selbst wird von ihm in seinen hier öfter herangezogenen Aufzeichnungen streng getadelt, trotzdem daß tüchtige und beliebte Künstler, wie Madame Pirscher, Fräulein Franchetti und die Herren Knaust und Krieg darin wirkten, und soll an Nachlässigkeiten und Verstößen Ueberfluß gewesen sein. — Aber auch das Theaterpublikum als solches wird uns als jung, unerfahren, ja kindisch geschildert. Ein von dem oberen Range herabwehender Zettel erregte lautes und schallendes Gelächter im Parterre, ein großes Fenster mit bunter Glasmalerei in einer Saaldecoration wurde stürmisch applaudirt; als Jemand den Sänger Haizinger mitten im Stück herausrief, erregte diese Kühnheit das allgemeinste Erstaunen. — Noch einige andere Besonderheiten der damaligen Zeit möchten hier erwähnt werden. Die Anfahrt der Wagen zum Theater war, da zwischen dem Ausgang der Gaststraße nach dem Theaterwall und dem Casino-Platz noch keine fahrbare Verbindung vorhanden, indem dort noch der hohe Wall (erst 1842 abgetragen) stand, vom Haarenthor her und die Abfahrt durch die Gaststraße angeordnet worden, und die Maßregel in Betreff der Anfahrt vom Haarenthor her wurde selbst für die Großherzoglichen Equipagen noch bis zum Jahre 1853 innegehalten. — Diese und andere Bestimmungen lassen schließen, daß damals mehr Privat-Equipagen gehalten wurden, als jetzt, so daß es nöthig erschien auch auf dem Theaterzettel bekannt zu machen, daß Veranstaltung getroffen sei, daß den im Schauspielhause anwesenden Herrschaften durch einen dazu beauftragten Diener angezeigt werden soll, sobald die Equipagen derselben zum Abholen angekommen seien. Dem Herren-Publikum mußte der bei den Wandertruppen gestattete Besuch der Proben und der Bühne während der Vorstellungen wiederholt dringend durch den Zettel untersagt werden, und selbst in Bezug auf Benutzung der Abonnement-Billets wird der arge Mißbrauch gerügt, daß auf ein Sperrsitzbillet 2, 3, 4, ja 5 Personen Plätze verlangen, „und sie durch Anwendung sehr ungenirter und dreister Manoeuvres wirklich erzwingen". — Ferner nahmen Dienstmädchen die ihnen von ihren Herrschaften geschenkten Plätze zum größten Mißfallen der Nachbarn in den Logen selbst ein, oder verlangten, wenn das Logen-Billet gegen ein Gallerie-Billet vertauscht wurde, eine Herausbezahlung des Mehrbetrages, wogegen der Director energisch protestirte.

Im großen Ganzen war man aber doch sehr glücklich ein Theater und namentlich eine Oper zu haben. — Nicht so zufrieden waren aber die Bremer darüber, daß ihre Oper so oft nach Oldenburg wandern mußte, und daß, während in Oldenburg gewöhnlich zwei Opern an zwei auf einander folgenden Tagen gegeben wurden, Bremen mit kleinen Lustspielen und oft gesehenen Ritterstücken vorlieb nehmen mußte. Aber auch für das Theaterpersonal hatte dieses Verhältniß die mißlichsten Folgen, denn nach dem Schluß der Oper in Oldenburg fuhren die armen Sänger und Sängerinnen die Nacht hindurch zurück, um am anderen Morgen in Bremen wieder disponibel zu sein, was aber selten der Fall war, da Erkältungen und Heiserkeiten hindernd in den Weg traten, und so steigerte sich der Unmuth der Bremer Theaterbesucher über das Oldenburger Filial immer mehr. — Was nun das Unterfangen mit derselben Gesellschaft an zwei Orten bei den damaligen mangelhaften Verkehrsverhältnissen Vorstellungen veranstalten zu wollen anbetraf, so zeigten sich bald Hindernisse und Schwierigkeiten auf allen Seiten. Es war wohl ein Theater in Oldenburg vorhanden, aber der ganze Apparat an Decorationen und Requisiten war höchst spärlich. Garderobe und Bibliothek fehlten gänzlich, und so war die Straße zwischen Oldenburg und Bremen beständig mit hin- und herfahrenden hochbeladenen Lastwagen bedeckt, welche Bühnenrequisiten, Decorationen und Garderobestücke zu abwechselndem Gebrauch herbeischleppten, gewiß zum größten Nachtheil des Materials. — Ja als einst zu einem Iffland'schen Stück ein Rock in der Bremer Sendung fehlte und die Nachsendung brieflich, aber verspätet, erbeten war, kam kurz vor Beginn der Vorstellung, als Gerber sich eben eines in Oldenburg aufgetriebenen Costüms bedienen wollte, eine Staffette auf schaumbedecktem Rosse vor das Theater gesprengt mit dem entbehrten Rock über dem Sattelknopf. — "Der Spaß kostete der Verwaltung über 8 Thaler," wird von Starklof bedauernd erwähnt. Außerdem hatten vom 21. Februar bis zum 25. Juni die Kosten für Fuhrlohn, Sperrgeld, Kost und Logis 3979 Thlr. 11 Grt. Gold betragen! Mit dem Repertoire, welches sich vom 21. Februar bis zum 25. Juni in 42 Vorstellungen abspielte, konnte das Oldenburger Publikum wohl zufrieden sein. Opern wie: Der Barbier von Sevilla, Zampa, Die Stumme von Portici, Die Schweizerfamilie, Der Wasserträger, Die diebische Elster, Sargines, Maurer und Schlosser, Fra Diavolo, Joseph in Egypten, Othello, und Dramen wie: Egmont, Wallensteins Lager, Wallensteins Tod, Der Prinz von Homburg, Kaufmann von Venedig, Das öffentliche Geheimniß von Calderon, Elise von Valberg, Die Advokaten bildeten einen tüchtigen Kern, um den sich schon manche leichtere Waare gruppiren durfte. — Shakespeare begegnet uns freilich theilweise noch in den geschmacklosen Bearbeitungen, wie z. B. in „Liebe kann Alles" nach der „bezähmten Widerspänstigen" und „Die Quälgeister" nach „Viel Lärm um Nichts" und hat man sich erst später von diesen Verballhornungen frei gemacht. —

Das erste Zettelbuch bringt uns am Schluß noch das Gedicht, mit welchem nach Herkommen der Wandertruppen der Zettelträger Tieste sich der Güte der Abonnenten empfiehlt und dessen letzten Verse lauten:

So lebt denn alle wohl Ihr edlen guten Gönner!
Was dieser Zettel soll, weiß jeder Menschenkenner!

1833/34.

Am 1. October 1833, also nach einer kurzen Pause von drei Monaten, stellte sich Director Gerber wieder in Oldenburg ein, allein um das Bremer Publikum zu beruhigen, mußte er anzeigen, daß er für Oldenburg ein besonderes Personal engagirt habe, und daß Opernmitgliedern nur mit besonderer Genehmigung des Senats gestattet sei, dort mitzuwirken. — Joh. Christian Gerber, 1785 in Hannover geboren, hatte sich schon in frühester Jugend der Bühne zugewendet und war, mit glücklicher Ueberwindung der Miseren wandernder Truppen, bald zur Geltung gekommen, wozu ihn sein hervorragendes schauspielerisches Talent, seine schönen Mittel für Rede und Gesang, und seine geistige Begabung berechtigten. Nach einem längern Engagement am Hoftheater in Cassel übernahm er 1831 die Direction des Theaters in Bremen, die er dann unter den oben bereits erwähnten Umständen aufgab, um als Leiter der Oldenburger Bühne einzutreten. Gerber's Persönlichkeit wird uns von seinem langjährigen Mitarbeiter Starklof als die eines durchaus rechtlichen, wohldenkenden und freundlichen Mannes geschildert, mit dem das Geschäft bequem und das Verständniß leicht war, und der mit angenehmen Umgangsformen eine nicht zu ermüdende Gefälligkeit verband. — In erster Linie Künstler und Schauspieler, der gern Comödie spielte, dessen Sinn auf den Genuß des Augenblicks, auf eine neue Rolle und auf den Erfolg des Abends gerichtet war, bekümmerte er sich zu wenig um das Finanzwesen, den Lebensnerv des Theaters, und versäumte es, die Mittel der Gegenwart zusammen zu fassen, um sich aus ihnen eine nachhaltige Zukunft zu erbauen. Der Umfang seiner theatralischen Leistungen ist erstaunlich, wenn uns berichtet wird, daß er die Rollen des Nathan, Wallenstein, Ludwig XI, Marinelli, Franz Moor, Carlos, Don Caesar, Hamlet und Don Juan mit gleicher Meisterschaft beherrschte.

Es tritt uns nun gleich bei der ersten Vorstellung ein Künstler neu entgegen, welcher durch viele Jahre hindurch eine erste Stelle bei der Oldenburger Bühne eingenommen hat und durch ernste Auffassung der Bedeutung der Bühne und durch redliches Streben in idealer Richtung seinen Namen in ehrenhafter Weise mit derselben dauernd verknüpft hat — Gustav Moltke.

Gustav Moltke, geb. 1806 in Braunschweig, hatte seine Jugendzeit in Weimar verlebt, wo sein Vater als herzoglicher Kammersänger angestellt war, und dort, unter den Augen Goethe's, versuchte er die ersten Schritte auf seiner Laufbahn, dort, unter dem mächtigen Einfluß der in Weimar herrschenden geistigen Strömung, begründete er die Anschauungen über seinen Beruf, denen er während seiner langen Künstlerlaufbahn stets treu geblieben ist. Mit vortrefflichen Mitteln der Gestalt und des Organs ausgestattet, mit Ernst und Fleiß seine Aufgaben ergreifend, hat er im Laufe der Jahre, vom jugendlichen Liebhaber an bis zum Heldenvater, die meisten großen Rollen der dramatischen Literatur zur Darstellung gebracht. — Auch Moltke's Frau, Louise geb. Drechsler, war eine höchst talentvolle Künstlerin, welche Rollen wie: Clärchen, Minna von Barnhelm, Orsina, Donna Diana, Thekla, und die Lustspielrollen: Lucy, in der jungen Pathe, Lucie im Tagebuch, Catharine von Rosen in Bürgerlich und romantisch, Adele Müller in der gefährlichen Tante, mit Meisterschaft spielte. — Von den übrigen Mitgliedern sind die Herren Roepe, Wilhelm Henckel (tüchtiger Künstler, bisher auf den Bühnen in Frankfurt a./M., Braunschweig unter Klingemann, Cassel, später bei Immermann in Düsseldorf, starb 1853 in Baden-Baden), Lemke, Schmale, die Damen Löw d. j., Günther (später Frau Günther-Bachmann, 1874 als eins der beliebtesten Mitglieder der Leipziger Bühne gestorben), Dem. Strenge und Dem. Vischer namhaft zu machen.

1833 October 6. „Maria, Erbfräulein von Jever, und Enno von Ostfriesland." Vaterländisches Schauspiel in 5 Akten von Beinhöfer. Der Verfasser, Lehrer der französischen Sprache am Gymnasium zu Jever, verfaßte später noch andere Dramen aus der ostfriesischen Geschichte, von denen eins denselben Stoff behandelt, welchen Heinr. Kruse in seiner „Gräfin" bearbeitet.

October 13. Drei einaktige Lustspiele von Dr. Heigel, von denen das erste betitelt: „So sind sie gewesen", das zweite: „So waren sie", und das dritte: „So sind sie".

October 27. Nachdem bis dahin der Anzahl von Opern, welche in der ersten Serie contractlich gegeben werden mußte, nicht genügt war, so entschuldigt sich Herr Gerber mit den Anstrengungen, welche der Bremer Freimarkt verursache, und verspricht später den Wünschen des Publikums nachzukommen.

December 3 verabschiedete sich Herr Henckel in einer seiner bedeutendsten Rollen, als Wallenstein.

December 20 wurde „Der Ring", Lustspiel in 5 Akten von L. Schroeder, mit dem Bemerken angezeigt, daß das

Stück mit „Die unglückliche Ehe durch Delicatesse" von demselben Verfasser und „Die beiden Klingsberg" von Kotzebue eine Trilogie (sic) bilde, welche letztere Stücke alsbald folgen würden; Herr Gerber spielte den Vater Klingsberg und Herr Moltke den Sohn.

1834 Januar. „Die Braut von Messina." Isabella: Mad. Sonntag als Debüt; Don Caesar: Herr Lemke als Gast. Mad. Sonntag war die Mutter der berühmten Sängerin Henriette Sonntag, vermählten Gräfin Rossi.

Januar 31. Erste große Maskerade im Theater, der am 9. Februar eine zweite folgte, welche zwei große Tableaux: „Eine niederländische Bauernhochzeit" nach Teniers und „Die Punschgesellschaft" nach Hogarth brachte.

April 23. „Liebe kann Alles" nach Shakespeare von Holbein und „Die Wiener in Berlin". Franciska und Frau von Schlingen: Mad. Haizinger-Neumann, Großherzogl. Badische Hofschauspielerin, als Gast*).

April 27. „Die Stumme von Portici." Masaniello: Herr Haizinger; Fenella: Frau Haizinger.

April 28. „Die weiße Dame." George Brown: Herr Haizinger.

April 30. „Donna Diana": Frau Haizinger.

Juni 9. „Charlotte Corday." Dramatisches Gemälde in 5 Akten nach dem Französischen des Ducange. Charlotte: Dem. Enghaus, später hervorragendes Mitglied des Burgtheaters und Gattin des Dichters Fr. Hebbel; Marcat: Herr Ludwig Meyer, Regisseur des Bremer Stadttheaters.

Juni 29 folgte die Rolle der Jungfrau von Orleans.

Unter den 121 gegebenen Vorstellungen waren 17 Opern bester Gattung und auch das sonstige Repertoire war der

---

*) Frau Haizinger feierte am 10. April 1875 ihr 60jähriges Künstler-Jubiläum und wirkt noch in seltener Frische am Burgtheater.

Art, daß das Oldenburger Publikum wohl damit zufrieden sein konnte, da die Classiker gut vertreten waren; Kotzebue tritt aber bereits mit dreizehn Nummern auf, Raupach, der so lange das Repertoire beherrschen sollte, wächst an Zahl, und Frau Charlotte Birch-Pfeiffer bringt uns ihren „Hinko". —

1834/35.

Im Laufe des Sommers 1834 hatte sich eine für das dauernde Fortbestehen der Theaterunternehmung sehr günstige Thatsache, nämlich der Ankauf des dem Zimmermeister Muck bisher noch zugehörenden Theatergebäudes vollzogen. Das von Brettern aufgeführte Haus hatte doch den Einflüssen der Witterung nicht überall widerstehen können und als der Vorstand der Hof-Intendantur, Hauptmann Schorcht, berichten mußte, daß die Risse in den Dielenwänden bereits mit Werg ausgestopft seien, erschien der Ankauf des Hauses und ein Ausbau mit Backsteinen, neue Fundamentirung und andere Verbesserungen dringend geboten; beides wurde Seitens der Hofverwaltung für die Summe von etwa 7000 Thlr. Gold beschafft.

September 28. Der Eröffnung der Bühne mit: „Von Sieben die Häßlichste" und „List und Phlegma" würde das Publikum gewiß keinen Beifall geschenkt haben, wenn nicht der Zettel den Namen von Roesicke (Ambrosi und Baron Palm) getragen hätte, eines Schauspielers, der leider nur bis zum 14. Juni 1837, wo ein früher Tod ihn hinraffte, eine Zierde der Bühne und ein erklärter Liebling des Publikums sein sollte. — Als geistreicher Mann sicher im Erfassen seiner Rollen, selbst wenn sie die größten Gegensätze boten, führte er diese sicher und consequent, aber einfach und ohne Effecthascherei durch. Auf der Bühne wie im Leben heiter, offen, voll des köstlichsten Humors, erfreute er sich einer seltenen allgemeinen Beliebtheit; sein Portrait, als Wallheim in Holtei's Lenore, war als Zimmerschmuck weit in Oldenburg verbreitet. — Auch Carl Grube, später „der alte Grube", begegnet uns hier zum ersten Mal und wie oft ist er uns von da an nicht begegnet? — Nach seinen Kräften hat er der Oldenburger Bühne während 45 Jahren redlich gedient und seine Gerichtsdiener, Lakaien waren so drastisch dem Leben abgesehen, seine Komik war so unmittelbar wirkend, daß der Zuschauer sich der heitern Wirkung nicht entziehen konnte. — Wenn auch nicht auf dem Felde der Ehre gestorben, traf ihn doch im alten Theater, von wo aus er dem benachbarten Neubau mit großem Interesse zuschaute, ein Hirnschlag, der ihn bald hinraffte (1880).

September 30. Es folgte „Belisar", historisches Drama in 5 Akten von Eduard Schenk und tritt uns auch hier ein Name entgegen, der noch dem größten Theil der jetzigen Bevölkerung Oldenburgs lieb und werth geworden und geblieben ist, der Name Ludwig Verninger's. — Durch Gestalt, Gesichtszüge und Organ von der Natur für das Fach der ernsten und humoristischen Väter prädestinirt, hat er dasselbe bereits von seinem neunzehnten Jahre an in unzähligen Rollen gespielt, und sich in der Erinnerung des Oldenburger Publikums ein dauerndes Andenken gestiftet. Die biedern, festen Gestalten des Oberförsters in Ifflands Jägern, des Zimmermeisters Klarenbach in den Advokaten, König Friedrich Wilhelm I. in Zopf und Schwert, Katte von Mosen und Prinz Friedrich von Laube, Anselm Bloom in Rosenmüller und Finke, Weinhändler Pipenbrink in den Journalisten, sowie Falstaff in den beiden Heinrich IV., sind wohl nie lebensvoller, naturwüchsiger und zu unwiderstehlicher Heiterkeit hinreißender dargestellt worden.

November 11 bittet die Direction durch den Theaterzettel um Entschuldigung, daß das Publikum durch ungeschickte Behandlung des Kronleuchters (der in bedenkliche Schwankungen gerathen war) in Schrecken gesetzt sei; man könne nicht allen von Theatergehülfen herrührenden Verstößen und Fehlern vorbeugen.

November 26. Director Gerber macht bekannt, daß, nachdem er die Direction des Bremer Theaters aufgegeben, Opernvorstellungen nicht mehr stattfinden könnten; er würde aber durch neue und unterhaltende Vorstellungen von besonderer Art (!) dem Publikum einen pikanten Genuß zu verschaffen suchen — „vielleicht verschmerzt das Ohr der Opernfreunde das ihm entgehende Vergnügen, wenn dafür dem Auge desto mehr geschmeichelt wird — das hoffe ich soll mit Stücken, wie „Der arme Robert" und „Lumpacivagabundus" zur allgemeinen Zufriedenheit gelingen". — Der arme Robert ging denn auch schon folgenden Tages unter dem Titel: „Der arme Teufel, oder: Des Pastetenbäckers Robert Leben, Thaten und Höllenfahrt" in Scene; er hat aber keine lange Lebensdauer gehabt, während „Lumpacivagabundus" in seinem urwüchsigen, derben Humor noch manchmal vor den Lampen erscheinen darf; ob die Opernfreunde zufrieden waren, ist nicht gesagt.

December 20 fand im Theater eine musikalisch-declamatorische Abendunterhaltung unter Leitung des Professor Pott statt, welcher hier wohl zuerst als Hof-Capellmeister öffentlich auftrat, nachdem er bereits früher ein Privatconcert durch sein vortreffliches Geigenspiel unterstützt hatte.

December 21. Zum ersten Male: „Die Reise auf gemeinschaftliche Kosten," nach dem Französischen von Angely, ein seiner Zeit äußerst beliebtes Stück, in welchem Liborius-Roesicke und Brennecke-Gerber unübertrefflich gewesen sein sollen.

1835 Januar 8. Erste große Maskerade im Schauspielhause, welcher am 16. Februar eine zweite folgte. Der Zettel mit einem großen Titelbilde von Starklof's Hand geschmückt, scheint mehr Humor gehabt zu haben, als die Masken selbst, denn über das Ungeschick des Publikums, welches der Meinung zu sein scheine, daß die Maske fertig sei, wenn man sich ein hübsches Costüm habe anschneidern und ein Wachsgesicht habe vorbinden lassen, wurde allgemein geklagt.

Januar 20. Zum ersten Male: „Nathan der Weise" von Lessing. Mit Gerber=Nathan, Mad. Moltke=Recha, Templer=Moltke, Roesicke=Klosterbruder hatte Oldenburg die Genugthuung, das edle Werk gleich in edler Fassung sich vorgeführt zu sehen.

März 26. Zum ersten Male: „Hamlet's Geist". Lustspiel in 2 Akten von Th. von Kobbe. Das erste äußere Zeichen, daß die ständige Bühne auf talent= und geistvolle Männer der Stadt Oldenburg, und zu diesen gehörte Th. von Kobbe ohne Frage, anregend gewirkt und zu dramatischen Versuchen getrieben; der Versuch fiel aber, wie manche später folgende, höchst ungünstig aus, so daß sich die Presse sehr scharf dagegen aussprach); „es war gut, daß mit dem Titel noch Geist hineinkam, denn im Stück selbst will es damit nicht recht fort; — es wurde gut gespielt und das war auch, wenn irgend wo, hier von Nöthen, denn die Noth war groß!" Die von Kobbe bald folgende Replik hätte ihres sehr selbstbewußten Tones wegen nach einer ganz unzweifelhaften Niederlage besser unterbleiben sollen.

April 3. Vocal= und Instrumental=Concert, geleitet von dem Hof=Capellmeister Pott. Ueber schlechte Akustik wird geklagt und hat sich dieser Mangel im Laufe der Zeit, nachdem das Haus doch wesentlich verbessert war, wenigstens für den musikalischen Ton nicht gebessert, während das gesprochene Wort nicht übel klang.

April 9. „Minna von Barnhelm," obgleich mit dem Moltkeschen Ehepaare, Gerber=Werner, Roesicke=Just und Roepe=Ricaut gewiß vortrefflich besetzt, konnte sich den Beifall der Kritik nicht erwerben. „Dies alte Stück liegt zu weit hinter uns; Tellheim ist ein wunderlicher Kauz voll Inconsequenzen, Ricaut ist eine Figur, die nur als Tradition existiren kann; Personen, wie der zudringliche Wirth und der grobe Just finden jetzt keine passende Stelle mehr." Wie sehr befremdet dies völlige Mißverstehen eines Stückes, welches bei seinen ersten Aufführungen im vorigen Jahrhundert in Berlin bereits den tiefsten Eindruck gemacht und auf dessen nationale Bedeutung schon Goethe hingewiesen! Man spielte im modernen Costüm!

April 27. Auch „Kabale und Liebe" mit Verninger, dem Moltke'schen Paare, Mad. Sonntag, Gerber, Rosicke und Roepe fand keine Theilnahme. „Die Formen dieser Kunstschöpfung sind veraltet, ihre Gestalten haben für uns kein Leben mehr, für solche Leidenschaften finden wir keinen Maßstab; man soll aber nicht mit dem Dichter rechten, der, als er dieses Stück schrieb, noch sehr jung war!!"

April 28. Um vielleicht einer im Publikum eingetretenen Verstimmung heiter zu begegnen, schloß man die Vorstellungen mit einem unter dem Titel: „Der unzusammenhängende Zusammenhang, oder: Die verunglückte Theaterbibliothek" verfaßten Sammelsurium, das aus Brocken von 23 Tragödien, Lustspielen und Opern bestand.

April 30 gab der berühmte Taschenspieler Professor Dochler eine Vorstellung.

In 110 Vorstellungen wurden 41 Novitäten gegeben, unter denen, außer den schon erwähnten, noch Bauernfeld's „Letztes Abenteuer" und „Der Bauer als Millionär" zu nennen sind*). Die Classiker sind außer Schiller ziemlich

---

*) Es möge hier bemerkt sein, daß im weitern Verlaufe von Schauspielern nur diejenigen genannt werden sollen, welche sich entweder in Oldenburg ein dauerndes Gedächtniß gestiftet, oder sich nach ihrem Abgange auf anderen Bühnen einen Namen erworben haben, und von dramatischen Werken nur solche, welche in der Literatur bemerkenswerth oder auf dem Repertoire dauernd geblieben sind.

schwach bedacht, dagegen treten Kotzebue, Angely und Toepfer zahlreich auf.

1835/36.

Nach den unangenehmen Erfahrungen, welche man in Oldenburg mit der Bremer Oper gemacht hatte, konnte man sich, wenn man überhaupt das ganze Theaterunternehmen fortsetzen wollte, nur dahin entscheiden, die Oper vorläufig aufzugeben, und den Versuch zu machen, um die Opernfreunde einigermaßen zufrieden zu stellen, Mitglieder zu engagiren, welche etwas singen konnten, was damals leichter auszuführen war, als jetzt, wo die Operette selbst die mittelmäßigsten Kräfte an sich zieht. — Daß Oldenburg ohne ganz unverhältnißmäßige Zuschüsse, welche doch nur der Großherzogliche Hof hätte leisten müssen, eine Oper nicht erhalten könne, daß selbst mit diesen die Oper doch nur mittelmäßig sein werde, aber daß man ein den Verhältnissen entsprechendes gutes Schauspiel haben könne, das lag nach den Vorgängen des Winters klar vor Augen. Man machte sich daher bald mit dem zu fassenden Entschluß vertraut, in Oldenburg ein selbständiges Theater zu schaffen, welches sich auf Trauer-, Schau- und Lustspiele, Possen und etwa kleinere Singspiele beschränke, und durch Festhalten an diesem Grundsatze hat das Oldenburger Publikum seinen gesunden Sinn für einen soliden theatralischen Genuß sich erhalten und konnte ihm manches Erfreuliche auf diesem Felde geboten werden.

Nun mußte aber mit Eifer darauf gedacht werden, Alles dasjenige herbeizuschaffen, was zu einer Theaterverwaltung, welche ohne die Beihülfe der Bremer Mittel arbeiten sollte, bisher noch fehlte. So wurde rasch eine in Lübeck versetzte Garderobe angekauft, und für Anfertigung von Decorationen und Gründung einer Bibliothek eifrigst Sorge getragen; die Geschäftskenntniß, Findigkeit und

Thätigkeit von Starklof sind hierbei vom besten Erfolge begleitet gewesen. —

Daß das Reclamemachen der frühern Zeit nicht ganz fremd gewesen, wenn es auch erst die Neuzeit zu der Höhe des Schwindels erhoben hat, beweist eine Ansprache, welche an das Publikum vor Beginn der Saison erlassen, wegen ihrer, im Vergleich zu unsern Tagen, kindlichen Naivetät Erwähnung verdient. Sie lautet: „Seh'n wir nun unser Schauspielhaus an, wie es in einem neuen rosafarbenen Kleide uns freundlich anblickt, so werden wir nicht widerstehen können, mit Hoffnung auf angenehme Abende, durch seine mit einem sanften Grün uns einladenden Thüren in unsern Musentempel uns einzuführen, und wir wollen hoffen, daß uns auch dort Alles in einem rosenfarbenen Licht erscheine. An uns soll es wenigstens nicht fehlen, denn wir bringen heitern genügsamen Sinn mit und wollen nicht durch Kritteleien uns den Genuß verderben, indem wir das, was wir haben und haben können, unaufhörlich mit dem vergleichen, was uns unerreichbar ist. Auch das Innere des Hauses ist verschönert und besonders wird eine hübsch decorirte Gipsdecke nicht blos das Auge der Zuschauer erfreuen, sondern auch für die Verbreitung des Tones und der Wärme des Hauses wohlthätig wirken." —

Von dem vorjährigen Personal waren die Hauptkräfte geblieben und die neuengagirten Damen Mad. Schultze und Dem. Henckel, Dem. Scholz (bis 1854 vorzügliche Vertreterin des Faches der komischen Alten), sowie die Herren Burmeister, Gomansky und Bluhm zeigten sich als tüchtige Künstler. — August Bluhm war 1800 in Magdeburg geboren, fand nach längerem Wanderleben Engagement an der Oldenburger Bühne, auf welcher er als Liebhaber, Bonvivant, Regisseur in mannigfacher Weise bis zum Jahre 1880 gewirkt hat und war derselbe bei jungen Jahren in humoristischen Rollen, wie Baron Abendstern, Der Lügner und sein Sohn 2c. sehr beliebt. Eine große körperliche und geistige Frische, welche er sich bis zu seinem plötzlich eintretenden Tode bewahrt hatte, eine stets rege Theilnahme für Alles, was das Theater anging, eine heitere Liebenswürdigkeit, hatten so sehr über sein Alter, das er consequent verschwiegen, getäuscht, daß seine Freunde sehr erstaunt waren, als sie einen beinahe Achtzigjährigen begruben.

September 27. Die Saison wurde mit „Gebrüder Foster" eröffnet, welchem Drama „Die Ahnfrau" mit Dem. Hencfel als Bertha folgte. — Herr Bluhm debütirte als Herr von Thalheim in dem Lustspiel „Der unterbrochene Schwätzer", nach dem Französischen von Contessa, und wird er sehr gefallen haben, denn in dieser Gattung Rollen lag das Feld, auf welchem er wirken konnte.

October 13. „Die Braut von Messina" von Schiller. (Isabella: Mad. Schultze; Don Manuel: Herr Bluhm.)

Januar 3 begann der einst so berühmte, als Talent ersten Ranges gepriesene Carl Unzelmann, der Sohn der Bethmann und Schüler Goethe's, ein Gastspiel mit dem Truffaldino im „Diener zweier Herren", welchem „Brennicke", „Die Drillinge", Herr von Ruf in der „Schachmaschine" folgten, so daß sich ein Engagement für die Dauer der Saison daran schloß, obgleich das Publikum mit dem schon in künstlerischem Niedergang begriffenen Künstler nicht immer zufrieden war; bekanntlich sank Unzelmann sehr rasch und machte 1843 in Berlin seinem Leben ein Ende. Gleichzeitig mit Unzelmann traten die ihrer Zeit sehr bewunderten Violinisten Gebrüder Eichhorn in den Zwischenakten im Theater auf.

November 12. „Emilia Galotti" mit Dem. Henckel, Berninger, Mad. Schultze, Roepe, Bluhm, dem Moltkeschen Ehepaar und Burmeister, von welchen letzterem die Blätter eine ergötzliche „Nüance" aus seiner Rolle, dem Angelo, erzählen. — Um das Publikum nicht im Zweifel zu lassen, daß Angelo den Appiani erschossen, blieb er, nachdem der Schuß hinter der Scene gefallen, in der offenen Thüre stehen, zog ein Tuch (wahrscheinlich doch kein Taschentuch, was für einen Banditen bekanntlich ein unnöthiges Requisit), wischte ruhig und sorgsam die rauchende Pfanne seiner Pistole ab und trat dann erst zu dem in größter Spannung harrenden Marinelli.

Januar 18. In dem historischen Schauspiel: „Kaiser Friedrich der Zweite und sein Sohn" von Raupach wird uns zuerst der spätere Hoftheatermaler Theodor Presuhn genannt, welcher uns im Laufe seiner langen Dienstzeit eine Menge schöner Decorationen vor das Auge geführt hat, welche dem neuen Theater mit einiger Vergrößerung zu erhalten, eine hoffentlich gelingende Aufgabe sein wird. Was besonders ehren- und achtungswerth an einem Künstler ist, nämlich das fortwährende Streben nach Vervollkommnung, das konnte man Presuhn bis in das höhere Alter nachrühmen, und einige seiner letzten Werke, namentlich die Decorationen zur Sakuntala, ein Saal aus dem Dogenpalast in Venedig und eine griechische Landschaft, können sich mit den besten dieser Gattung messen.

Januar 25 und Februar 1 fanden Maskeraden statt.

März 6. Auf dem Zettel des „Turniers von Kronstein" findet sich der stark an die Wandertruppe mahnende Passus: „Konrad von Starkenburg, rechtmäßiger Erbe von Kronstein, nun nur noch der Besitzer seines verfallenen land- und leutelosen Stammschlosses Starkenburg."

April 6. Zum ersten Male: „Faust." Tragödie in 6 Akten von Goethe, ein bedeutungsvolles Ereigniß! Faust: Herr Moltke; Gretchen: Mad. Moltke; Mephistopheles: Herr Gerber.

April 29. Nachdem die Abonnements-Vorstellungen geschlossen waren, folgte noch ein sogenanntes Sommerabonnement bis zum 12. Juni.

Im Ganzen kann man der Saison nachrühmen, daß Tüchtiges geleistet wurde. In 120 Vorstellungen 37 Novitäten zu bringen, unter denen Faust, Götz von Berlichingen, Die Gebrüder Foster, Die Bekenntnisse, Der Ball von Ellerbrunn, Die Einfalt vom Lande, Die Bastille, Sie ist wahnsinnig, Nach Sonnenuntergang, Der reisende Student, giebt schon den Beweis einer tüchtigen Rührigkeit; auch wurden die ältern Classiker bedacht und Stücke wie: Maria Stuart, Die Räuber, Die Braut von Messina, Don Carlos, Egmont, Hamlet, Macbeth, Emilia Galotti und Das Leben ein Traum aufgeführt.

1836/37.

Bei Beginn der Vorstellungen konnte das Theatergebäude wieder einige wesentliche Erweiterungen und Verbesserungen zeigen, welche im Laufe des Sommers ausgeführt waren und das Aeußere des Hauses so hergestellt hatten, wie wir es bis zuletzt gekannt haben. — Auf beiden Langseiten waren in einer Länge von 75 und einer Breite von 12½ Oldenburger Fuß Anbauten gemacht worden, von denen die auf der rechten Seite den Aufgang zu der damals erst eingerichteten kleinen herrschaftlichen Loge nebst einem Requisiten-, einem Garderobenzimmer und einer wesentlichen Verbreiterung des Raumes hinter den Coulissen enthielt, während die auf der linken Seite eine Treppe zur Gallerie, Schneiderzimmer, Garderoben-Magazine und ein Regie-Zimmer in sich faßte. Die Kosten dieser wesentlichen Vergrößerungen hatten inclusive der Verschönerung der Facade und der Erbauung eines Decorations-Schuppens die Summe von etwa 3370 Thlr. Gold betragen.

October 2. wurde die Bühne mit „Heinrich IV.", erster Theil, von Shakespeare eröffnet, einer den Darstellern nach gewiß guten Vorstellung (Heinrich IV.-Gerber, Heinz-Bluhm, Percy-Moltke, Lady Percy-Dem. Henckel, Falstaff-Berninger,

Frau Hurtig=Dem. Scholz) und doch scheint das Stück durchaus unbefriedigend vorübergegangen zu sein. — Der Bericht sagt: „Wir dürfen es nicht den Schauspielern zuschreiben, wenn dieses Stück so wenig die Aufmerksamkeit der Zuschauer fesseln konnte; ein jeder Akt machte das Haus leerer, — nur Berninger=Falstaff erhielt einigen Beifall." Vergleichen wir diese Stimmung mit dem Jubel, welcher in späteren Jahren Berninger=Falstaff nach einer jeden Scene folgte und den glänzenden Erfolgen, welche Gustav Haeser=Heinz sich erwarb, so müssen wir annehmen, daß damals Shakespeare wirklich „Caviar fürs Volk" gewesen.

October 9. „Don Guttiere, der Arzt seiner Ehre." Trauerspiel nach Calderon von West. Dieses ergreifende Drama, welches die Ueberzeugungen des Spaniers von der Hausehre und dem Rechte des Ehemannes, die ihm als solchem zugefügte Beleidigung bis zur Consequenz des Mordes rächen zu dürfen, zum Gegenstande hat, fesselte durch das vortreffliche Spiel des Moltkeschen Paares und des Herrn Burmeister als König von Castilien in ungewöhnlicher Weise und hinterließ den tiefsten Eindruck. West hat bekanntlich den Calderonschen Schluß des Dramas, nach welchem Don Guttiere, nachdem er auf einen scheinbar unabweislichen und doch falschen Verdacht von der Untreue seiner Gattin hin diese ermordet, aber dann als im vollen Rechte gehandelt habend, aus der Hand des Königs eine zweite Gemahlin empfängt, in dem Glauben, daß ein deutsches Publikum von solchen Gräueln zu sehr abgestoßen sein würde, dahin geändert, daß er den Gatten durch Selbstmord enden läßt. West hat also dem Stück den Geist und den Sinn, welchen der Dichter hinein gelegt haben will, vollständig genommen, und das Entgegengesetzte an die Stelle gesetzt. Wenn es wirklich wahr ist, daß ein deutsches Publikum, das allerdings heut zu Tage sich nicht gern erschüttern läßt, den Calderonschen Schluß nicht ertragen kann, so sollte man das Stück überhaupt nicht geben, oder vom Zettel den Namen des Dichters streichen, dem literarisch Gewalt angethan ist.

October 19. „Die Macht der Verhältnisse." Trauerspiel in 5 Akten von Ludwig Robert, dem Bruder der Rahel, interessirte sehr als erschütterndes Gemälde der gesellschaftlichen Gebrechen jener Zeit.

October 30. In dem „goldenen Kreuz" und in den „Wienern in Berlin" gastirten Herr und Mad. Nachly vom Coburger Hoftheater mit Glück, und wurden dieselben für Schauspiel, Gesang und Tanz engagirt.

November 10. Bei Gelegenheit der Hamlet-Aufführung bemerkte die Kritik sehr richtig, daß in der vierten Scene des dritten Aufzugs zwischen Hamlet und der Königin nur gute Portraits der beiden königlichen Brüder am Platze wären; es handelte sich also jedenfalls um Gemälde an der Wand. Die Miniatur-Portraits, die gewöhnlich hier vorgebracht werden, welche die Mutter am Halse und der Sohn in der Tasche mit sich führen, haben doch etwas sehr Befremdliches, namentlich im Hinblick auf die Zeit, und möchte die Frage, was zu wählen sei, wohl einer näheren Erörterung werth sein.

November 17. „Romeo und Julie" (Herr Bluhm — Dem. Henckel), hatte, wie der Theaterreferent berichtet, zum Besuch gereizt; „es geht aber diesem Stück wie Klopstock's Messias und Müller's Schweizergeschichte, — man ist gewohnt, sie preisen zu hören, aber man liest sie nicht; das Einzelne sehr schön — das Ganze ist uns fremd. — Wir bedauern die Schauspieler, welche diesem Stück ihr Studium und ihre Kräfte widmen müssen!" — Wir haben doch seit Gervinus, Rötscher und Andern etwas Besseres gelernt.

November 20. Es beginnt hiermit die Zeit vor der

Vermählung der Prinzessin Amalie von Oldenburg mit dem Könige Otto von Griechenland, welche lebhaften Zufluß von Fremden brachte, und das Theater mußte darauf bedacht sein, den hohen Gästen eine angenehme Erheiterung und Erholung zu gewähren. In richtiger Beurtheilung, auf welchem Punkte die beste Wirkung der Oldenburger Bühne liege, hatte man größtentheils gute Lustspiele gewählt und nur bei einem Stück, welches an einem Abend gegeben werden sollte, an welchem man das hohe Brautpaar im Theater erwarten durfte, hatte man eine gewisse Beziehung zu der Gegenwart anzudeuten gesucht, aber, wie dies bei solchen Veranlassungen gewöhnlich geschieht, nicht mit glücklichem Erfolg. — Zu dem Stück: „Der Fürst und der Bürger", Drama in 3 Akten von Houwald, hatte sich ein zahlreiches Publikum eingefunden, welches das junge fürstliche Paar mit Jubel empfing, und wahrscheinlich mehr nach der fürstlichen Loge, als auf die Bühne blickte. — Referent behauptet, auch die hohen Verlobten hätten, ganz mit sich und ihrem Glücke beschäftigt, dem Stück wenig Aufmerksamkeit geschenkt, was sehr zum Vortheil desselben gereicht habe; nur der Schluß des Drama, auf den es hauptsächlich abgesehen zu sein schien und welcher lautete: Es lebe der Herzog! brachte in lauten Jubelrufen Alles zum Einklang.

November 24. Im „Ball zu Ellerbrunn" zeigte sich das neuvermählte hohe Paar wieder im Theater. Referent freut sich, daß die ganz vorzügliche Vorstellung den zahlreichen Fremden einen Begriff von demjenigen auf den Weg gäbe, was unsere Gesellschaft zu leisten vermöge; Mad. Moltke als Baronin von Gilden zeichnete sich durch wohldurchdachtes, feines, graciöses Spiel aus, Herr Moltke-Baron Jacob secundirte in glücklichster Laune und befriedigendster Wahrheit, Herr Roesicke war ein in seinem Egoismus verknöcherter Commissionsrath Zucker. Die anderen

Lustspiele, welche während der Tage der Festlichkeiten gespielt wurden, waren: „Endlich hat er es doch gut gemacht", „Der beste Ton" und „Die Bekenntnisse", doch ist Referent sehr aufgebracht über die Lauigkeit, mit welcher die wirklich sehr guten Leistungen aufgenommen wurden. „Das Publikum saß dabei, als müßte es nur so sein. Kaum, daß sich dann und wann einige Hände zum Klatschen regten. Gleichgültig kann ich die Zuschauer gerade nicht nennen, sie folgen dem Spiele mit unausgesetzter Aufmerksamkeit und es scheint, daß sie eine richtige Auffassung der feinen Nüancen wohl zu schätzen wissen, aber sie werden nicht warm und das ist unerfreulich für den Schauspieler; auch ist ein solches Verhalten weder dankbar, noch im eigenen Interesse klug. Als ich diese Bemerkungen gegen einige Leute von Geschmack und Erfahrung äußerte, fand ich, daß die, welche viel gesehen haben und das Beste kennen, immer die bereitwilligsten sind, dem Guten das ihm gebührende Lob mit heiterem Wohlwollen zu ertheilen." Diese Worte gelten für alle Zeiten.

December 8. Zum ersten Male: „Der Oheim." Schauspiel in 5 Akten von der Prinzessin Amalie von Sachsen. Die Stücke dieser verständigen dramatischen Dichterin haben zu ihrer Zeit die gerechte Würdigung gefunden und verdienen sie zum Theil auch noch, denn sie schlagen den Ton an, welcher von Iffland her dem mittleren deutschen Publikum sympathisch war und die Erfolge, welche l'Arronge mit seinen letzten Lustspielen, welche Putlitz mit „Rolf Berndt" und mit seinen „Idealisten" hatte, deuten darauf hin, daß einem Stoff aus dem deutschen Familienleben, wenn ihm bei glücklicher Erfindung die rechte Mischung von Ernst und Humor mitgegeben ist, die beifällige Stimmung unseres Publikums nicht fehlen wird.

1837 Januar 30. Zum ersten Male: „Der Alpenkönig und der Menschenfeind" von F. Raimund.

April 3. Zum ersten Male: „Bürgerlich und romantisch." Lustspiel in 4 Akten von Bauernfeld.

März 2. spielten die jungen Violinisten Gebrüder Engel in den Zwischenakten Compositionen von Hartmann und Kallivoda.

März 7. „Menschenhaß und Reue," Schauspiel von Kotzebue, nachdem es öfter aufgeschoben war, erregte großes Interesse!

April 10. Zum ersten Male: „Andreas Hofer." Historisches Drama in 5 Akten von Immermann. Berninger spielte den Hofer, Burmeister den Speckbacher und Gerber den Kapuziner Haspinger, doch sprach das Stück wenig an. Die Kritik über das Theater verstummt hier auf einige Zeit und finden sich nur einzelne sehr scharfe, aber keine gewandte Feder verrathende Recensionen mit der Unterschrift: „Das Kunstkränzchen."

April 18. Zum ersten Male: „Die gefährliche Tante," Lustspiel in 4 Akten von Albini, gefiel mit Mad. Moltke und Gerber ausnehmend.

April 26. Zum ersten Male: „Griseldis," dramatisches Gedicht in 4 Akten von Halm, wurde als „dem Reiche der Phantasie und Poesie angehörend" und als poetische Wahrheit anerkannt! Auch Adolf Stahr bezeichnete im folgenden Jahre dieses Drama als „an den wahren Begriff eines tragischen Kunstwerks hervorstreifend"; er wird im Laufe der Zeit wohl diese Ansicht geändert haben.

Mai 16. Nachdem an diesem Tage das Winterabonnement geschlossen war, ließ man noch ein Sommerabonnement von zehn Vorstellungen folgen, aus welchem hervorzuheben:

Mai 21. Zum ersten Male: „Johannes Guttenberg" von Charlotte Birch-Pfeiffer.

Mai 28. Zum ersten Male: „Der Landwirth." Lustspiel in 4 Akten von der Prinzessin Amalie von Sachsen.

Juni 1. Zum ersten Male: „Das Märchen im Traum," dramatisches Gedicht in 3 Akten von E. Raupach), welches als weder für die Bühne, noch für das Publikum geeignet bezeichnet wurde.

Juni 8. Der heutige Tag bringt zwei Theaterzettel von demselben Datum, und zwar findet sich auf dem ersten der Name des Herrn Roesicke zweimal verzeichnet, während der zweite die kurze Notiz enthält: „Herr Roesicke ist krank," eine Anzeige, deren verhängnißvollen Abschluß Niemand ahnden konnte. — Am 14. Juni erlag Roesicke einer mit großer Heftigkeit auftretenden Krankheit und schied mit ihm ein selten begabter und liebenswürdiger Mensch von der Bühne. — Am 30. fand zum Benefiz für seine hinterlassene Familie eine Aufführung der „Braut von Messina" statt. —

Das Repertoire der verflossenen Saison legte wieder einen Beweis von der Rührigkeit und dem Fleiß der Direction ab. In 111 Vorstellungen wurden 145 Stücke mit 40 Novitäten gegeben, unter denen mindestens zehn als noch heute auf dem Repertoire befindlich zu bezeichnen sind. Die Classiker sind nicht stark vertreten, Raupach findet sich dagegen 11mal, Kotzebue 10mal, Toepfer 10mal und Angely 7mal.

1837/38.

Die Bühne wurde fast mit dem vollzähligen vorjährigen Personal eröffnet, und nur für den verstorbenen Roesicke war, damals von Mainz kommend, Carl Jenke eingetreten, der berufen war, von nun an auf der Oldenburger Bühne eine einflußreiche und hervorragende Rolle zu spielen. Aus einer Schauspielerfamilie stammend, heiteren und ungebundenen Sinnes, durchkostete er anfänglich den buntesten Wechsel der Verhältnisse, den das ruhelose Leben der wandernden Bühnen mit sich bringt. Bald führte ihn aber (1835/36) sein Glücksstern nach Düsseldorf, wo Immermann seit 1833 die in der Geschichte des deutschen Theaters so interessante Episode des Aufschwunges dramatischen Strebens und Lebens begonnen hatte, und der junge, lernbegierige Künstler fühlte sich bald von der neuen ihm bisher unbekannten Kraft einer geistvollen, bewußten und energischen Theaterleitung mächtig angezogen. Eine Prüfung, bei welcher Jenke aus der Rolle des Mercutio die Erzählung der Fee Mab recitiren mußte, hatte zum Engagement geführt und so gehörte Jenke bald zu denjenigen Schauspielern, bei welchen Immermann eingehendes Verständniß und Unterstützung bei seinen dramaturgischen Unternehmungen finden konnte. Bei Gelegenheit des Einstudirens einer in den Räubern zum Schluß des zweiten Aktes befremdlicherweise eingelegten großen Schlachtscene nannte ihn Immermann schon seinen „Lieutenant". — Doch mochte die strenge Disciplin und die absolute Unterordnung unter das Machtwort der Regie dem noch nicht hinreichend abgekühlten jungen Streber zu streng erscheinen, oder andere Motive vorliegen, Jenke verließ Düsseldorf und begab sich nach Dresden, wo er unter Tieck sich freier zu entwickeln hoffte. Bald kehrte er aber reumüthig nach Düsseldorf zurück, bei welcher Veranlassung Immermann am 13. April 1836 ein Schreiben an Tieck erließ, in welchem er seinen Dank aussprach für Rückschub des Deserteurs, „der unter seiner Leitung bald in Stücken von Calderon und Shakespeare erfolgreich zu produciren war und einen recht hübschen Mercutio lieferte".

Als im Januar 1837 das Düsseldorfer Unternehmen ins Schwanken kam und der baldige Schluß vorauszusehen war, suchte Jenke wieder in Dresden bei Tieck Unterkunft und Immermann gab ihm ein glänzendes Zeugniß mit auf den Weg, in welchem er ihm natürliche Laune, charakteristische, poetische Auffassungsgabe, Fernhalten von allen

Gemeinen und eifriges Streben nachrühmt: „Es ist ihm schon gelungen einigemale jenes höhere Gebiet der Heiterkeit zu erreichen, worin Sie (Tieck) mit Calderon (Clarin im wunderthätigen Magus, Chinto in der Tochter der Luft) und Shakespeare walten," schrieb Immermann im Weiteren. — Als im Frühjahr 1837 geschlossen wurde, schrieb Immermann in Veranlassung dieses ihm schwer niederdrückenden Ereignisses an Eduard Devrient: „Die Schule in der scenischen Kunst beruht hauptsächlich darauf, daß sich ein Jeder als Glied eines Ganzen, einer Mitgenossenschaft ansieht und so wirkt," und dies Princip ist es, welches Jenke in seiner langdauernden Wirksamkeit als Regisseur und Director an der Oldenburger Bühne zur Geltung zu bringen suchte. — Daß Jenke an Moltke, Berninger und anderen gleichgesinnte Collegen schon vorfand, erleichterte das Wirken im obigen Sinne natürlich sehr und diesem einmüthigen Aufgehen der schauspielerischen Kräfte allein war es zu danken, daß sich die Leistungen der Oldenburger Bühne während einer größeren Periode über das Niveau des Gewöhnlichen erhoben haben. (Siehe Palleste in seiner Kunst des Vortrages. S. 302 ff.)

October 3. „Endlich hat er es doch gut gemacht." Lustspiel in 3 Akten nach dem Englischen von Albini. Herr Jenke spielte den Mengler als erste Antrittsrolle, welcher später Heimann Levi in „Paris in Pommern", Zwirn in „Lumpacivagabundus" folgten, freilich Rollen, welche nur den drastischen Komiker zeigen konnten, allein der Erfolg war so durchschlagend, daß ein Engagement sofort abgeschlossen wurde, von wo an die Beschäftigung Jenke's in allen komischen, namentlich ins Charakterfach hinüberragenden Rollen fest stand.

October 15. „Donna Diana." Lustspiel in 5 Akten nach dem Spanischen des Moreto von A. West. Als Gast trat in der Rolle des Perin Herr E. Lebrun auf, der bekannte Schauspieler und dramatische Dichter, welcher dieser Rolle noch dreizehn weitere folgen ließ, unter denen der Truffaldino, Chavigny, Spiegelberg, der Kammerdiener, die Zwillingsbrüder, Baron Abendstern und der Julio in der „Macht des Bluts" von Moreto-Zeitteles zu nennen sind. Daß der hervorragende Künstler für neun Abende, an welchen er spielte, ein Honorar von 90 Thlr. Gold und an zwei Abenden Benefize erhielt, spricht für die Bescheidenheit der damaligen Ansprüche. Berichte über dieses gewiß interessante Gastspiel finden sich nicht vor, da das Oldenburger Blatt „Die Mittheilungen", einen Theaterreferent für die Saison nicht hatte gewinnen können. Allein bald nahm Adolf Stahr, seit 1836 als Oberlehrer am Oldenburgischen Gymnasium angestellt, zum größten Vortheil der Bühnenverhältnisse die Kritik in die Hand und hat derselbe bis zur Hälfte der vierziger Jahre einen wesentlichen Einfluß auf die Bildung des Geschmacks im Publikum und die Förderung der Schauspieler geübt. Wenn auch frühere Recensionen in den Oldenburger und Bremer Blättern als Resultate eines lebhaften für die dramatische Kunst strebenden Geistes gelten konnten, und der Schauspieler, der es nicht verschmähte, durch die scharfen Lichter, die auf seine Leistungen geworfen wurden, sich aufklären und belehren zu lassen, Einsicht und Fortschritt gewinnen konnte, so nimmt Stahr in seinen Berichten sofort den Standpunkt des Aesthetikers ein, giebt in seiner eleganter Darstellung ein Bild des Wesens und der Bedeutung des fraglichen Stückes, und sucht auf diesem Wege in dem Darsteller ein tieferes Verständniß und eine höhere Achtung von den ihm gestellten dramatischen Aufgaben zu erregen. Ein großer Theil der so entstandenen Kritiken wurde später unter dem Titel: „Oldenburgische Theaterschau" 1845, Oldenburg, Schulze'sche Hof-Buchhandlung, gesammelt und herausgegeben.

November 12. „Prinz Friedrich von Homburg" von H. v. Kleist, ließ das Publikum theilnahmlos vorübergehen und die Stahrsche Kritik steigerte sich zur völligen Entrüstung über ein solches Machwerk. „Einen Gestorbenen solle man begraben, einen Todten ruhen lassen, und am allerwenigsten ein todtgeborenes Product zur Schau ausstellen; das sei ja Lazarethpoesie!" Die nächsten Tage brachten aber hierauf eine Entgegnung, welche in so klarer Zergliederung die Schönheiten des heute hochgeschätzten Dramas offen= legte, und in so warmen Worten für den edlen Dichter eintrat, daß Stahr von seiner irrigen Auffassung bekehrt wurde und den Verfasser um weiteren Austausch der An= sichten bat, welche Begegnung zu einer nahen und dauern= den Freundschaft von zwei geistig hochbegabten Männern führte. Verfasser der Gegenkritik war nämlich der spätere General Mosle gewesen, welcher nach den Eindrücken, welche er von dem Kleistschen Drama gehabt, im Gefühl sowohl mit dem Publikum, als mit der Kritik in völligem Gegensatz zu stehen, durch eine nähere Prüfung des Stückes sich über seine eigene Auffassung glaubte klar machen zu müssen. Der vortrefflich geschriebene Aufsatz findet sich in der Schrift: Aus dem literarischen Nachlaß von J. L. Mosle. 1879. Oldenburg. Schulzesche Hof=Buchhandlung.

December 10. „König Enzio," historisches Drama von Raupach. Die Stahrsche Kritik beginnt mit dieser „poetischen Nichtigkeit" den Kampf gegen Raupach, den sie auch mit der größten Leidenschaftlichkeit bis zuletzt durch= geführt hat.

1838 Januar 21 debütirte Dem. Meißelbach, spätere Mad. Jenke, als Agathe in Scenen aus dem „Freischütz", und als Lady Milford, worauf dieselbe, da sie sehr ge= fallen, engagirt wurde.

März 19. „Romeo und Julie" (Montecchi und Ca= puletti), Oper von Bellini. Mad. Jenke=Meißelbach: Romeo.

April 15. Gastspiel des Herrn Balletmeisters Tescher mit seinen Eleven Herren Kretschy und Dornewaß, welches mit der bekannten Affenkomödie „Domi" beschlossen wurde.

April 22. 23. 24. Diese Tage wurden im Theaterkalender mit besonderer Genugthuung notirt, denn Dem. Caroline Bauer vom Hoftheater in Dresden spielte die Maria Stuart, die Margarethe in der „Liebe auf dem Lande" von Iffland, und die Hedwig van der Gilden im „Ball von Ellerbrunn" von C. Blum. — So entzückt das Publikum nach mündlichen Berichten über die Darstellung gewesen, so blieb auffallenderweise in der Presse dieses interessante Gastspiel ohne Besprechung und selbst die von einem Anonymus in den „Mittheilungen" ausgesprochene Entrüstung darüber und eine an A. Stahr ergangene Aufforderung sich zu äußern, hatte keinen Erfolg.

September 2. Sophie Schröder, die große deutsche Tragödin, besuchte ihren an der Oldenburger Bühne für das Fach der zweiten Liebhaber engagirten Sohn, gab bei dieser Veranlassung eine musikalisch-declamatorische Soiree und riß, obgleich 57 Jahre alt, zur höchsten Bewunderung hin.

Die Saison hatte in 106 Vorstellungen 35 Novitäten, aber unter diesen wenig Dauerndes gebracht, es wären nur zu nennen: „Ich bleibe ledig" von C. Blum, die Nestroy'sche Posse: „Zu ebener Erde und im ersten Stock" und — „Clavigo"! — Angely, Kotzebue, Fr. v. Weißenthurn, Toepfer, Raupach stehen in den Zahlen am höchsten, jedoch fängt letzterer bereits an zu sinken.

1838/39.

September 30. wurde die Saison mit der „Liebe im Eckhause" und einer kleinen Novität eröffnet. Das Personal war beinahe dasselbe geblieben, nur daß für Dem. Henckel, welche wegen Kränklichkeit abgegangen war, Dem. Sieber vom Hoftheater in Carlsruhe, nachdem sie als Preciosa,

Julia und Hedwig in Körner's „Banditenbraut" debütirt, eintrat. Dem. Sieber, seit dem Jahre 1840 Frau Bluhm, ist von ihrem Entritt an, später als Hofschauspielerin auf Lebenszeit engagirt, bis zur Aufhebung des Hoftheaters und weiter unter den folgenden verschiedenen Directionen ein sehr beliebtes und geachtetes Mitglied der Bühne gewesen. Von anmuthiger sympathischer Erscheinung, mit weichem klingendem Organ und ausdrucksvollem Spiel ausgestattet, gelangen ihr vorzugsweise die Gestalten edler Weiblichkeit von etwas schwärmerischer Natur; die Hermione in Shakespeare's Wintermärchen war eine ihrer besten Rollen.

October 14. Die heutige Darstellung von „Romeo und Julie" war durch das Zusammentreffen besonderer Umstände geeignet das Mitgefühl des Publikums zu erregen, und die schmerzliche Wirkung des Dramas zu erhöhen. Herr Bluhm-Romeo hatte kurz vorher seine sehr geachtete Gattin, geborne Julie Clausius, verloren und mußte nun vor dem Publikum sich in Empfindungen und Situationen bewegen, welche lebhaft an das eben von ihm Durchgekämpfte erinnerten, so daß Scenen, wie diejenige in der Gruft, auf das Tiefste erschüttern mußten. Daß später Romeo und Julie sich zu neuem Bunde einten, wurde oben bereits angedeutet.

October 15. und 17. gab eine Balletgesellschaft unter Herrn und Mad. Benoni aus Brüssel Gastrollen.

November 8. spielte Herr Pianist Friedel aus Berlin in den Zwischenakten Compositionen von Chopin, Henselt, Weber und Mendelssohn. Demselben wurde die Direction der Theatermusik übertragen, nachdem Herr Militär-Musikdirector Roesler, welcher bisher dieses Amt mit Talent und gutem Erfolg versehen hatte, sich aber mit den Theaterverhältnissen nicht befreunden konnte, um Enthebung von diesem Posten nachgesucht hatte.

November 27. An diesem Tage fand zur 25jährigen Feier der Rückkehr des Herzogs Peter Friedrich Ludwig im Theater ein von gegen 1000 Personen besuchtes Fest statt, welches die Stadt veranstaltet hatte. Das Parterre war bis zur Höhe der Bühne aufgerichtet, die Bühne selbst hatte man zeltartig ausgeschmückt, und durch Anbau eines Saales, welcher Büffets und Garderoben enthielt, war ein stattlicher Festraum geschaffen worden.

1839 Januar 7. gab Ole Bull, unterstützt von Mad. Jenke, ein Concert im Theater, und erregte in einer Zeit, wo das Virtuosenthum noch nicht durch eine gediegenere Richtung in der Kunst des Violinenspiels, wie eine solche Spohr angebahnt und Joachim und Andere weitergeführt, begreiflicherweise großen Enthusiasmus. Und doch hätte es dem Oldenburger Publikum nicht schwer werden sollen, allen virtuosenhaften musikalischen Leistungen gegenüber bald den richtigen Standpunkt zu gewinnen, denn es besaß an dem Hofcapellmeister Professor August Pott, Schüler von Spohr, einen Geiger von der gediegendsten Richtung, dessen Vortrag im Adagio oft wahrhaft vollendet zu nennen war. — Da die musikalische Kritik zu gewissen Zeiten in Oldenburg mit großer Ausführlichkeit und oft selbst mit Leidenschaft geübt wurde, so gab die Anwesenheit eines irgend erheblichen Virtuosen sofort Veranlassung zum Vergleich und zu lebhaften Kämpfen pro und contra. Einige ergötzliche Blüthen trieb die Phantasie eines Kritikers als der Besuch des Violinisten Remmers aus Jever, der längere Zeit in Rußland gelebt, im Publikum die Frage auf das Tapet brachte, wer größer sei, Pott oder Remmers? — Nachdem die Vergleiche zwischen Goethe und Schiller, Rose und Nelke erschöpft, schließt der Enthusiast mit den Worten: „Sagt mir, wer ist schöner, der vaticanische Apollo oder die mediceische Venus? Wenn Ihr mir dies beant=

wortet, dann will ich Euch auch sagen wer ein größerer Virtuose ist, Pott oder Remmers!

Gegen das Ende der Saison klagt die Kritik, daß sich das Repertoire kaum über Ephemeres hinaus erhoben habe, daß bis auf wenige auch die großen Dramen gefehlt, und in den Blättern erhob sich eine starke Polemik über die Leistungen der Bühne.

April 18. Die Vorstellung des „Clavigo" vor einem leeren Hause gab Veranlassung eine Abwendung des Publikums vom Bessern und Besten zu constatiren, welche eben durch mangelhafte Aufführungen veranlaßt sei. Um nun das gesunkene Interesse für das Theater wieder etwas zu heben, ließ man den Director des Bremer Stadttheaters, Herr Rottmayer, gastiren und zwar in den Rollen des Antonio Allegri in dem Drama „Correggio" von Oehlenschläger, das zum ersten Male gegeben wurde, des Felix Wehr in „Der leichtsinnige Lügner", des Lord Harleigh in „Sie ist wahnsinnig" und des Mephisto im „Faust". — Dem Gast, der als früheres Mitglied großer Bühnen einen guten Ruf besaß, wird überall sich bekundendes angeborenes und mit Sorgfalt ausgebildetes Talent, Vielseitigkeit, scharfer zergliedernder Verstand und lebensvolle Action nachgerühmt, — jedoch spielt der Darsteller zu sehr auf den Effect und die augenscheinliche Absichtlichkeit verstimmt den Zuschauer. Als Mephisto spielte Rottmayer ganz nach der Seydelmann'schen Auffassung durch Herauskehren des Diabolischen und Bestialischen in der äußeren Erscheinung mit Pferdefuß, Krallen der Finger, Gliederverdrehen und Prusten; er blieb aber durchaus consequent.

Juni 3. „Paulus." Oratorium von Mendelssohn-Bartholdi, zum Benefiz des Kammermusikus Franzen als Dirigenten des Singvereins.

Juni 16. Schluß der Saison mit „Figaros Hochzeit",

Lustspiel in 5 Akten von Beaumarchais (mit eingelegten Singchören, ob aus der Oper von Mozart?), zum Benefiz des Herrn Bluhm.

In 108 Vorstellungen waren 36 Novitäten gebracht worden, unter denen drei vortreffliche Lustspiele von Bauernfeld, und „Vor hundert Jahren", Schauspiel von Raupach heute noch auf dem Repertoire. Sechs Opern und größere Singspiele wurden ohne fremde Kräfte gegeben und an musikalischen Vorträgen in den Zwischenakten durch einheimische und auswärtige Künstler war kein Mangel; von letzteren sind zu nennen: Ole Bull und der berühmte Waldhornist Lewy aus Wien. Das Uebergewicht unter den Autoren an Zahl der gegebenen Stücke hatten Raupach mit 12, Toepfer mit 9, Kotzebue, Bauernfeld, Blum und Angely mit je 7 Stücken.

1839/40.

Nach der am 29. September mit einem neuen Schauspiel „Vetter Heinrich" erfolgten Eröffnung der Bühne trat ein längeres Gastspiel der Dem. Steck vom Hoftheater in Darmstadt, für die erkrankte Mad. Moltke ein und zwar mit den Rollen des Käthchen von Heilbronn, der Walpurgis in „Goldschmieds Töchterlein", der Marie im „Landwirth", des Klärchen im „Egmont" und andern. — Im „Landwirth" gastirte gleichzeitig Herr Gustav Haeser vom Hoftheater in Detmold als Rudolf und da man bald seine guten Eigenschaften erkannte, wurde er engagirt. — Aus einer Familie stammend, welche namentlich in der Musik Hervorragendes geleistet (wir brauchen nur an Charl. Henr. Haeser, die im Anfang dieses Jahrhunderts in Italien mit dem Beinamen die Divina Tedesca geehrte Sängerin zu erinnern), hatte G. Haeser, obgleich ebenfalls musikalisch sehr tüchtig gebildet, sich doch bald der Schauspielkunst zugewandt und bereits in Weimar und unter der

Pichlerschen Direction einen tüchtigen Grund gelegt. Seine reiche künstlerische Begabung, unterstützt von wissenschaftlicher und geselliger Bildung, erwarben ihm bald die Gunst des gebildeten Publikums, welches seinen Leistungen als Prinz Heinz, Leontes, Hamlet, Tasso, Schiller, Prinz Friedrich, Graf Waldemar, mit lebhaftester Theilnahme auch dann noch folgte, als ein organisches Leiden eine merkliche Abnahme der physischen Kräfte des wackern Künstlers zur Folge hatte. Gustav Haeser hat immer eine ehrenvolle Stelle in dem gemeinsamen künstlerischen Wirken auf der Oldenburger Bühne eingenommen.

November 26. starb Mad. Luise Moltke geb. Drechsler, welche sechs Jahre eines der beliebtesten und geachtetsten Mitglieder des Theaters gewesen war. Die Theilnahme an diesem Trauerfall drückte sich in mannigfacher Weise aus; die Blätter brachten poetische Nachrufe und A. Stahr ein Gedicht in den „Mittheilungen" in Trauerrand unter dem Titel „Cypressenkränze".

Im Januarheft der „Mittheilungen" begann A. Stahr eine Reihe dramaturgischer Skizzen, welche anregend auf Schauspieler und Publikum wirken mußten und Manches enthalten, was auch heute noch von Werth ist. Es heißt z. B.: „In einer Zeit, wo das lebendige Verhältniß der Nation zu den Leistungen ihrer Bühne geständigermaßen abhanden gekommen, wo die Einheit des zuschauenden Publikums mit dem Inhalt der großen Masse der ihm vorgeführten neuen Productionen aufgelöst erscheint, muß nothwendig auch die Theilnahme am Theater, als eine in sich hohle, leere, müssiggängerische sich darstellen, die im Wesentlichen nur noch in der Ausfüllung einiger leerer Stunden oder in dem Streben nach zerstreuender Entlastung von Geschäfts= und Berufsarbeiten und Sorgen ihren letzten Anhaltspunkt besitzt. — Daß es so ist — kann sich wohl

Niemand verhehlen. Es fehlt uns ein Dichter, der die neuen veränderten Interessen einer in wenigen Decennien mit Siebenmeilenstiefeln fortgeschrittenen Zeit poetisch bewältigte und zu dramatischer Darstellung brächte, und — es fehlt uns zweitens selbst, und somit unsern Dichtern, eine neue Einigung unserer geistigen Lebensatmosphäre, wie sie jene frühere Zeit der vorzugsweise bürgerlichen und Familieninteressen, nicht blos **troy**, sondern wesentlich wegen ihrer größeren Beschränktheit besaß. Noch ist bei uns der Ernst der Wirklichkeit zu mächtig, als daß er der Poesie friedlichen Spielraum gewährt: noch treiben sich auch auf anderem Gebiete des Denkens, Wissens und Glaubens die Parteien im wildesten Getümmel des heftigsten Kampfes gegeneinander. — Hier also liegt des Uebelstandes Quelle, hier der Grund, weshalb wir fast nie von unsern neuen dramatischen Productionen sagen können: dies ist Fleisch von meinem Fleisch, Bein von meinem Bein. — Es bleibt daher einer Bühne, welche nicht an der Oper eine mächtige Reserve hat, nichts anderes übrig, als ihrem Repertoire eine so zu sagen historische Basis zu geben, und gewissenhaft alle wahrhaften dramatischen Kunstwerke, der eigenen wie der fremden Nationen, sich so weit es nur immer thunlich, zu Nutze zu machen. — Goethe selbst mußte gestehen, daß das Theater eins der Geschäfte sei, die am wenigsten planmäßig behandelt werden können; man hängt durchaus von Zeit und Zeitgenossen ab. Was der Autor schreiben, der Schauspieler spielen, das Publikum sehen und hören will, das ist's, was die Directionen tyrannisirt und wogegen ihnen fast kein eigener Wille übrig bleibt. Man kann dem Publikum keine größere Achtung bezeigen, als indem man es nicht wie Pöbel behandelt. — Der Pöbel drängt sich unvorbereitet zum Schauspielhause, er verlangt, was ihm unmittelbar genießbar ist, er will schauen, staunen, lachen, weinen, und nöthigt die Directionen, welche von ihm abhängig sind, sich mehr oder weniger zu ihm herabzulassen."

Februar 10. Zum ersten Male: „Richard Savage," Trauerspiel in 5 Akten von E. Gutzkow, zum Benefiz des Herrn Moltke, womit die Reihe der Gutzkow'schen Dramen eröffnet wird, welche von da an wohl auf keiner anderen Bühne in einer solchen Vollständigkeit, als auf der Oldenburger, vorgebracht worden sind.

Vom 28. Mai bis 8. Juni gastirte Dem. Caroline Bauer vom Hoftheater in Dresden in den Rollen: Donna Diana, Lucie im „Tagebuch", Frau von Lucy in der „jungen Pathe", Marianne in den „Verirrungen", Isabella in den „Quälgeistern" und der Maria Stuart, und wenn Stahr nach dem ersten Gastspiel sich nicht hatte hören lassen, so ergeht er sich jetzt in dem überschwänglichsten Lobe.

„Noch schwindelt mein entzückter Sinn, noch lauscht
Das Ohr den Tönen, die es hold berauscht!"

beginnt sein Bericht, in welchem er der Künstlerin die höchste Freiheit, die leichteste Ungezwungenheit und die einfachste Wahrheit in ihren Leistungen zuerkennt. — Die Persönlichkeit der Dem. Bauer ist in der letzten Zeit durch die Veröffentlichung ihres biographischen Nachlasses wieder auf einige Zeit in den Vordergrund getreten und ist über die Glaubwürdigkeit dieser Enthüllungen mannigfacher Streit entstanden. — Bei den Theaterakten vom Jahre 1840 befindet sich eine Liste der hervorragendsten Mitglieder der damaligen Dresdener Bühne, auf welcher deren Eigenschaften sowohl des Geistes als des Herzens und des Körpers ic. in derb humoristischer Weise durch beigefügte Titel von Theaterstücken charakterisirt sind und geht hieraus deutlich hervor, daß man in jener Zeit über die Eigenschaften der Dem. Bauer durchaus nicht im Zweifel gewesen ist, nicht gerade zum Vortheil ihrer moralischen Höhe.

Von Novitäten der Saison sind noch zu erwähnen: „Maria Tudor" und „Angelo, Tyrann von Padua" von Victor Hugo, „Zurücksetzung" von Toepfer, „Lorbeerbaum und Bettelstab" von Holtei, „Der Fabrikant" von Devrient, „Die Gönnerschaften" von Scribe, „Der Majoratserbe" von der Prinzessin von Sachsen, „Don Juan von Oestreich" von C. Delavigne und „Die Widerspänstige" von Shakespeare in der neuen Bearbeitung von Deinhardstein, im Ganzen an 113 Spielabenden 41 Novitäten.

In den Zwischenakten ließen sich die namhaften Virtuosen: Botgorscheck (Flöte), Cneisser (Posaune) und Schnecke (Waldhorn) hören und der Violinvirtuose Remmers gab ein eigenes Concert.

1840/41.

Im Sommer 1840 hatte Starklof, um einen Ersatz für die verstorbene Mad. Moltke zu suchen, eine Rundreise über Bremen, Hannover, Pyrmont, Düsseldorf, Mainz, Wiesbaden, Frankfurt und Mannheim gemacht, über welche ein ergötzlicher Bericht vorliegt, welcher wieder die Beweise von der Rührigkeit, der Energie und der zugreifenden Dreistigkeit des Genannten giebt. Setzte er es doch durch, daß für ihn in Pyrmont ein Gastspiel einer Schauspielerin, welche er von Hannover mitgebracht und gern sehen wollte, arrangirt wurde, und in Mannheim wurden sogar nach Schluß der Vorstellung vor ihm allein einige Scenen aus verschiedenen Stücken gespielt, wofür er sich schließlich mit einem feinen Souper revanchirte. Zu erwähnen sei noch, daß Starklof vom 19. Juli bis 3. August zwischen Frankfurt, Wiesbaden, Mainz, Mannheim, von welchen Orten damals nur Frankfurt, Wiesbaden, Castel durch Eisenbahn verbunden waren und sonst nur Dampfschiff und Eilwagen zu Gebote standen, innerhalb 15 Tagen 22mal den Ort wechselte. — Die aufgewandte Mühe lohnte sich aber auch glänzend, denn es wurde Dem. Nina Lay für die Oldenburger Bühne gewonnen, eine Darstellerin des munteren Faches, welche bis zu ihrem Scheiden im Jahr 1847 ein Liebling des Publikums gewesen ist. — Schöne Erscheinung, frische Lebendigkeit, Grazie gaben allen ihren Rollen bei scharfer und klarer Auffassung ein überzeugendes Gepräge.

October 4. wurde die Saison mit „Werner, oder Herz und Welt", Schauspiel in 5 Akten von C. Gutzkow (zum ersten Male) eröffnet, jedoch finden sich in dieser Zeit Berichte über das Theater nur in geringer Zahl, da die Frage der Mäßigkeitsvereine fast alles Interesse absorbirt zu haben schien und auch Stahr sich lebhaft an den in der Presse eröffneten Verhandlungen betheiligte. Nur das Debüt der Dem. Lay, welche als Pfefferröfel, Polyxena, Melaine (in Onkel und Nichte) und als Christine in der „Königin von 16 Jahren" aufgetreten war, mochte einiges Leben in die Theatergespräche bringen.

October 27. Zum ersten Male: „Der zerbrochene Krug," Lustspiel in 1 Akt nach Kleist von F. L. Schmidt, gab Jenke als Dorfrichter Adam Gelegenheit zu einer seiner köstlichsten Leistungen.

November 10. gastirte in „Maria Stuart" Fräulein Johanna von Zahlhas vom Königstädtischen Theater in Berlin, woran sich eine fernere Reihe von Gastrollen schloß, welche zu einem festen Engagement für die nächste Saison führte. Fräulein von Zahlhas (später Frau Gabillon, 1852 geschieden) war die Tochter des bekannten Schauspielers und Schauspieldichters Joh. Bapt. von Zahlhas, hatte ihre theatralische Laufbahn in Leipzig begonnen und kam schon wiederholt wegen Eintritts in das Oldenburger Bühnenpersonal in Frage. — Bei Gelegenheit der Correspondenz mit Seydelmann über ein Gastspiel sprach sich dieser anerkennend über Frl. von Zahlhas aus und möchten einige Stellen aus dem betreffenden Schreiben hier ange= führt werden, da doch aus solcher Jeder jede Bemerkung über Theaterverhältnisse Werth hat. Seydelmann schreibt: „Das Ausgezeichnete ist höchst selten, und das Mittelmäßige zu empfehlen bringt meist für alle Theile unangenehme Folgen. Frl. von Zahlhas ist eine verständige, geübte Schauspielerin und obwohl noch jung, scheint sie mir doch weit eher befähigt die Orsina darzustellen als die Emilia Galotti. — Und Emilia Galotti! Ich kenne an die dreißig deutsche Bühnen, vorzugsweise die stolzen Hoftheater. Ob ich aber auch Darsteller kenne für die Rollen des Prinzen und der Emilia — ? — darauf würde ich doch erst mit Zögern antworten und ich bin nichts weniger als ein strenger Richter." Dieses Urtheil über Frl. von Zahlhas ist auch für ihre weitere Wirkungszeit zutreffend geblieben, nur daß ihr später auf humoristischem Gebiete noch manche Rolle vortrefflich gelang, wie z. B. die Oberförsterin, die Köchin Christiane in den „Dienstboten" und andere.

März 20. starb Frau Veronika Jenke-Meißelbach, deren kunstgebildeter Gesang und sinnvolles, durchdachtes Spiel ihr nachgerühmt wird; Rollen wie Zerline, Aennchen, später aber auch Fidelio, Medea und Jessonda sang sie vortrefflich. Nach Engagements in Frankfurt, Gastspielen in Hannover, Berlin, Meiningen kam sie nach Auflösung des Hoftheaters in Cassel 1833 zu Director Bethmann, war 1835 in Düsseldorf bei Immermann, und fand 1837 Engagement in Oldenburg, wo sie bei ihrem entschiedenen Talente auch für das Drama zur Darstellung von Frauen auf höherer Stufe der menschlichen Gesellschaft, als Elisabeth, Marga= rethe von Parma und Orsina verwendet wurde. — Seit kaum fünf Jahren hatte der Tod der Oldenburger Bühne vier hervorragende Mitglieder entrissen.

Unter den Novitäten der Saison sind außer „Herz und Welt" noch dauernd auf dem Repertoire geblieben:

„Erziehungsresultate," „Tempora mutantur," „Viola" nach der Deinhardsteinschen Bearbeitung, „Der Heirathsantrag auf Helgoland," „Die Rückkehr ins Dörfchen," „Der Diamant des Geisterkönigs," „Das Portrait der Mutter" von Schröder nach Sheridan; in 109 Vorstellungen im Ganzen 34 Novitäten.

1841/42.

September 26. wurde die Bühne mit dem „Talisman" von Nestroy als Novität eröffnet und Jenke spielte den Titus Feuerfuchs.

October 26. debütirte Herr Haake vom Stadttheater in Hamburg als Nathan, denn es erschien durchaus geboten, Gerber, dessen Thätigkeit durch Krankheiten oft unterbrochen wurde, durch eine tüchtige Kraft zu ersetzen, und hatte man diese an Haake auch wirklich gefunden. Sein erstes Auftreten als Nathan erregte großes Interesse; man rühmte ihm ächtes Pathos und eine glückliche Verschmelzung von Naturwahrheit und Kunst nach, man glaubte in ihm die Spuren der Schule des großen Schroeder wieder zu finden und ihm das Prädikat eines Künstlers ertheilen zu können. — Gerber hatte bisher die Oberregie geführt und Starklof trat in allen Nothfällen für denselben ein, wobei sich in bewunderungswürdiger Weise sein Talent, diese Masse von scheinbar kleinlichen, aber doch oft die größten Schwierigkeiten bietenden Geschäften, die in unaufhörlicher Bewegung sich stets erneuen und aus sich selbst herauswachsen, zu bewältigen und zum Abschluß zu bringen. Dazu kam noch die Mangelhaftigkeit der baulichen Anlage des Hauses, welche, wenn auch in den letzten Jahren vielfach und mit erheblichen Kosten verbessert, doch der Verwaltung große Schwierigkeiten in den Weg legte.

Der Verlauf der Saison kann nur ein günstiger gewesen sein, denn die Zettel zeigen gute Stücke und das

Personal war den Verhältnissen nach vortrefflich zusammengesetzt. — In 121 Vorstellungen wurden 35 Novitäten gegeben, unter denen folgende zu erwähnen: „Patkul," Trauerspiel von Gutzkow, „Die Schule der Alten" von Casimir Delavigne, „Garrik in Bristol," „Treue Liebe" von Devrient, „Liebesfesseln" von Scribe, „Die neue Fanchon" von Friedrich und Schäffer. An musikalischen Genüssen gab die Saison etwas ganz Hervorragendes, denn das erste Erscheinen (25. Febr. 1842) von Frau Clara Schumann ist als ein glückliches Ereigniß für alle Musikfreunde zu verzeichnen. Vorangegangen war das Auftreten des Violinvirtuosen Gulomy, des berühmten Posaunisten Belcke aus Berlin, des Flötisten Carl Müller, des Meisters Molique aus Stuttgart und des Contrabassisten Müller aus Darmstadt, der sein kolossales Instrument wie eine Violine behandelte. Am 12. Februar hatte ein Concert zum Besten des Hermanns-Denkmals stattgefunden und am 18. März gab eine kleine französische Theatergesellschaft Lemadre, Chambery und Real eine Vorstellung, in welcher der einst sehr beliebte Schwank: „Un Monsieur et une dame ou une aventure d'auberge" von Duvert und Lauranne zur Darstellung kam.

Mit dem Beginne der nächsten Saison werden wir in einen neuen Abschnitt der Oldenburger Theatergeschichte treten, welcher uns neue geistige Impulse, ein reges Streben nach idealen Zielen und viele höchst erfreuliche Resultate zeigen wird. Wir müssen an dieser Stelle aber auch von Starklof scheiden, was wir nicht ohne Bedauern thun in dankender Anerkennung Alles dessen, was dieser Mann hier geschaffen, indem er den materiellen und geistigen Grund des Theaters legte und ihm das Gepräge aufdrückte, welches zu bewahren die Aufgabe einer jeden ferneren Theaterverwaltung sein wird. — In den aus Starklofs Feder noch vorhandenen Aufzeichnungen sagt er über seine Verhältnisse Folgendes: „Nachdem ich eine Zeit lang Intendant, Director, Regisseur, Theatersecretär, Garderobevorstand und noch manches Andere gewesen, wurde ich im Frühjahr 1842 auf mehrfach wiederholtes Ansuchen meines Amtes entlassen. Welche eigentliche Beweggründe mich veranlaßt haben, das Theater aufzugeben, dem ich gewiß recht nützlich gewesen bin und noch lange hätte nützen können, das gehört nicht hierher. Uebrigens konnte ich mich mit Ehre und gutem Gewissen davon zurückziehen. Die Hauptsache, das Organisiren, war geschehen; alle Schwierigkeiten waren überwunden, der Wagen lief nun von selbst. Ich fand aber doch, daß auf die Länge diese Leitung, welche die Thätigkeit eines ganzen Mannes verlangt, sich mit meinen Amtsgeschäften nicht vereinigen lasse, daß sie meiner Stellung im Leben nicht ferner zusage, mich von anderen Richtungen und Bestrebungen zu weit hinwegziehe — mich zu sehr isolire." — In einem im Jahr 1846 geschriebenen Bericht über seine Theaterverwaltung spricht er sich in folgenden Worten, in denen sich manche scharfe Streiflichter auf die ihm nachfolgende Verwaltung nicht verkennen lassen: „Von Theorien, hochfliegenden Plänen, ästhetischen Träumen, Anbahnung einer neuen Kunstrichtung — und all' dem Geklingel, womit die unpraktischen Begriffsspalter sich spreizen und wichtig machen — war keine Rede gewesen. Das Theater wuchs und entwickelte sich nach Innen und Außen, bekam in der Fremde einen Ruf — Alles, ohne daß darüber viel in die Trompete gestoßen wäre. Was sollte man auch posaunen? — ein kleines Theater mehr oder weniger in Deutschland — es wäre lächerlich, darüber groß Gerede zu machen." Ueber sein Verhältniß zu den Schauspielern, das er als ein gutes, sowohl im Frieden als im Unfrieden schildert, sagt er Folgendes: „Daß man mit eigenem guten Willen auch auf den guten Willen der Schauspieler oft rechnen

und Manches von ihnen erlangen könne, auch wenn sie
etwas sauer dazu sehen, habe ich oft erfahren. Mit Strenge
kann man auch zuweilen für den Augenblick etwas aus=
richten, doch wird es nachher dem Intendanten gewiß auf
die eine oder andere Weise wieder eingetrieben. Mit Härte
gewinnt man nie etwas, sondern stiftet nur Hader und
Widerspänstigkeit. Geschriebenes oder gedrucktes Gesetz kann
in Kleinigkeiten, in Polizeibeziehungen wohl etwas gelten.
Für die wichtigeren Sachen und Hauptfragen ist es nur
ein todter Buchstabe, um welchen der Schauspieler doch
bald hinwegzukommen weiß. Wer auf solche gesetzliche Be=
stimmungen zu großen Werth legt, der zeigt, daß er noch
über die Anfangsgründe des Theaterwesens nicht hinaus
ist, daß er noch viel zu lernen hat. Nach den Erfahrungen
aller Theater bleibt das Verhältniß zwischen Direction und
Schauspieler ein unaufhörliches Austauschen gegenseitiger
Gefälligkeiten. Das kann auch gar nicht anders sein. —
Wer das Gegentheil behauptet, zeigt nur, daß er vom
ganzen Kram nichts versteht oder die Wahrheit nicht sagen
will; dies ist das Resultat meiner zehnjährigen Theater=
verwaltung." Vollständig stimmen diese Worte mit dem
überein, was Iffland über diesen Punkt dachte, indem er
sagt: „Etliche der auf verschiedenen Theatern eingeführten
Gesetze enthalten eine Pedanterei, einen Druck, eine Klein=
lichkeit, welche mit Künstlergefühl nicht zu vereinigen ist.
Sie scheinen mehr für Handwerksbursche als für Künstler
entworfen. Sind freilich nur wenige Schauspieler Künstler,
so gewinnt dennoch eine Direction, wenn sie alle als
Künstler behandelt. Sie hat dann von den Schauspielern
zu fordern, was sie ihnen vorher geleistet hat — Hu=
manität! Sicher wird diese auf solchem Wege mehr er=
reicht, als auf jedem andern."

Zwölf Jahre Hoftheater.
1842/43.

Die Frage, wer für den bevorstehenden Abgang Starklof's als Vorstand eines Instituts, das sich nicht allein als lebensfähig, sondern als ein nothwendiges Bedürfniß zur Hebung des geistigen Lebens bewährt hatte, zum Ersatz eintreten sollte, wie und unter welcher Führung ein günstiges Fortschreiten des Theaterunternehmens zu bewirken sei, wurde bald dadurch gelöst, daß der Großherzog Paul Friedrich August das Theater als Hoftheater unter Hofverwaltung stellte, und den Kammerjunker Ferdinand von Gall zum Intendanten ernannte. — Das große Interesse, welches der Großherzog von Anfang an am Gedeihen des Theaters, in welchem er nach den anstrengenden Arbeiten seiner Regierungsgeschäfte eine angenehme Erholung und geistige Erfrischung finden konnte, genommen und durch erhebliche Opfer bethätigt hatte, die Befriedigung der Stadt Oldenburg durch Errichtung eines Hoftheaters mit wesentlich erhöhter Unterstützung einen neuen Glanz verleihen zu können, mögen die Beweggründe zu diesem Entschlusse gewesen sein. Herr von Gall hatte sich bisher durch einige Reiseberichte aus Schweden und Paris bekannt gemacht; er war ein Mann von rüstiger

Geschäftigkeit, der die Lebensverhältnisse geschickt zu nehmen wußte, wortreich in Rede und Schrift, gewandt im Verkehr und bemüht sein Licht leuchten zu lassen, hatte er bald die gute Meinung für sich gewonnen, er sei der rechte Mann für das Theater und das ist er für Oldenburg in vieler Beziehung auch gewesen, freilich nicht neu schöpferisch, so doch in richtiger Benutzung und Verwendung der vorhandenen sehr tüchtigen Kräfte und durch Annahme guten Rathes, der ihm geboten wurde, und darin liegt schon etwas Verdienstliches. — Vor Allem war Herr von Gall darauf bedacht, sich die Freundschaft der tonangebenden dramatischen Schriftsteller zu erwerben und mit ihnen in Verbindung zu treten, was ihm durch seinen Schwager Levin Schücking erleichtert wurde, und durch Voranstellen eines in idealen Allüren sich bewegenden Programms wußte er Manchen für sich zu gewinnen. In Oldenburg beim Personal des Theaters setzte sich Herr von Gall bald durch große Zuvorkommenheit und augenscheinlichen Eifer, mit welchem er sein neues Amt anfaßte, in Gunst und Vertrauen, und die wackere Schaar der Künstler, unter denen die Namen Berninger, Moltke, Jenke I., Haeser, Haake, Bluhm, Roepe, Frau Moltke, Frau Bluhm, Frl. von Zahlhas, Dem. Scholz sich befanden, betraten mit neuer Lust und Liebe das alte Theaterpodium, auf dem sie schon lange in gemeinsamer Hingebung für ihre Kunst thätig gewesen waren. Mit solchen Leuten war es nicht schwer eine gute Comödie zu spielen; — das ging schon von selbst.

October 2. Eröffnung des Hoftheaters ohne Prolog: Zum ersten Male: „Der Sohn der Wildniß," romantisches Drama in 5 Akten von Halm: Parthenia: Mad. Grabowsky. Das Stück, das damals mit Glanz durch ganz Deutschland ging, machte nach Stahr's Bericht keine Wirkung, einigemale aber eine bedenkliche, welche der Dichter nicht beabsichtigt.

Man lachte, wo es nicht am Platze war! Mit Recht findet Stahr einen der Hauptfehler des Stückes darin, daß sich der Naturmensch Ingomar von solchen Griechen, wie sie hier in ihrer Feigherzigkeit, Treulosigkeit und Hinterlist gezeichnet sind, nur abgestoßen fühlen konnte.

Der erste Zettel der Saison nennt uns gleich zwei Namen, welche eine nähere Besprechung verdienen, Carl Dietrich und König.

Carl Dietrich trat also bereits 1842 beim Hoftheater ein und wenn es eine Vorgeschichte von ihm zu erzählen giebt, so kann dieselbe keinenfalls lang sein, denn Dietrich ist schon beinahe 40 Jahre unter uns. Und doch bringt das erste Zettelbuch einige historische Andeutungen über ihn, welche uns mit Befremden erfüllen und uns fragen lassen, ist der Mann, der hier mit diesen Rollen verzeichnet steht, denn wirklich unser Dietrich, derselbe Dietrich, bei dessen Erscheinen auf der Bühne sich sofort ein fröhliches Behagen unserer bemächtigt, dessen wahrer Herzens=Humor uns so manche köstliche heitere Stunde gebracht? — Herr Dietrich: Brakenburg, Don Louis, Lorenzo im „Kaufmann von Venedig", Romeo's Page, Maler Roderich in der „Frau im Hause", Raimond in der „Jungfrau von Orleans", Gustav Dorner in „Ich bleibe ledig", Badecommissar Sittig in „Bürgerlich und romantisch", zweiter und oft sentimentaler Liebhaber! — Alles dies können wir kaum verstehen und doch ist es so gewesen. Es gelingt nicht jedem Künstler sofort in das ihm vortheilhafte Fahrwasser zu kommen und wir glauben, daß Dietrich bei seiner im Allgemeinen idealen künstlerischen Veranlagung nicht ohne Bedauern von seiner anfänglichen Thätigkeit geschieden ist; er fand aber bald gewiß zu seiner eigenen und unserer Befriedigung den richtigen Weg, auf dem er noch munter einherschreitet. Doch sind diejenigen Rollen, welche mit dem einen Auge lachen und mit dem andern weinen, die tiefer angelegten humoristischen Charakterrollen stets seine besten gewesen.

Der Schauspieler König ist kein anderer als Herbert König, welcher sich später als Zeichner von humoristischen Genrebildern, welche, mit scharfer Charakteristik aufgefaßt, Typen aus allen Kreisen der menschlichen Gesellschaft zum Vorwurf nahmen, einen geachteten Namen erworben hat. Als Darsteller war sein Talent gering, allein durch Geist und ein gewisses barockes Wesen wurde er bald in gebildeten Kreisen bekannt und beliebt. König starb 1880 auf seiner Villa bei Dresden.

October 6. „Kabale und Liebe" mit Mad. Grabowsky als Louise. Am folgenden Tage erließ Herr von Gall ein Schreiben an die Mitwirkenden, in welchem er seine Bewunderung, seinen Dank für die musterhafte Leistung und die Gefühle des Stolzes, einer solchen Künstlerschaar vorstehen zu dürfen, in warmen Worten ausdrückte. — Aehnliche Erlasse wiederholten sich im Laufe des Winters öfter, namentlich dann, wenn Herr von Gall der Ansicht war, das Publikum habe den Werth der Darstellung nicht gebührend gewürdigt.

Mad. Grabowsky setzte ihr Gastspiel, das am 2. October begonnen, bis zum 3. November fort und spielte außer den genannten Rollen noch Donna Diana, Christine, Lucie, Donna Isaura, Hedwig im „Ball zu Ellerbrunn", Leopoldine von Strehlen, Jungfrau von Orleans und Eugenie in den „Geschwistern" von Leutner. Der Beifall war getheilt, den geringsten fand die Jungfrau.

November 6. wurde Herr Haake zum Theaterdirector, Herr Jenke I. zum Regisseur ernannt, und für den abgehenden Dirigenten der Theatermusik Friedel trat der Kammermusikus Franzen ein.

December 8. Zum ersten Male: „Carl von Bourbon." Tragödie in 5 Akten von Prutz. Adolf Stahr beglückwünschte den Dichter in einem von den überschwänglichsten Lobeserhebungen überströmenden Schreiben wegen des großen Triumphes, den er errungen.

Im Laufe des Winters stellte Herr von Gall den Antrag auf lebenslängliche Anstellung des Herrn Moltke und Frau, Bluhm und Frau und des Inspicienten Hellwig, welches die Höchste Genehmigung erhielt mit dem Bemerken, daß die lebenslänglich engagirten Schauspieler die Zahl von 6 nicht übersteigen sollten.

Januar 12. Zum ersten Male: „Ein weißes Blatt" von Carl Gutzkow. Das Stück wurde trotz mancher Mängel in der Anlage sehr anziehend gefunden. Die Feinheit der Composition, der vortreffliche Dialog und die sehr befriedigende Aufführung, in welcher Gustav Haeser (Holm) besonders durch ergreifendes Spiel sich hervorthat, übten eine tiefe und nachhaltige Wirkung aus.

Januar 24. Zum ersten Male: „Der Sohn des Fürsten." Trauerspiel in 5 Akten von Julius Mosen. (Manuscript.) Das erste Stück von J. Mosen, das über die Oldenburgische Bühne ging; es machte einen tiefen Eindruck und war wohl das erste Glied der Kette, welche später Mosen mit Oldenburg verband. Die Aufführung war eine vorzügliche und Berninger, der hier zum ersten Male die Aufgabe hatte, die mächtige Figur des Königs Friedrich Wilhelm des Ersten zu verkörpern, feierte einen großen Triumph. Er war aber auch wunderbar für diese Rolle veranlagt. Figur und Haltung, die mächtige Körperfülle, der kräftig colorirte Kopf, aus dem die hellen Augen feurig blitzten, die Stimme, jede körperliche Bewegung, Alles dies konnte gar nicht treffender, wahrer und überzeugender wirkend gedacht werden. Als später im Jahr 1843/44 noch „Zopf und Schwert" dazu kam, vervollständigte sich das mächtige Bild des Königs noch wesentlich und die glückliche Hinzugabe des Humors führte den be=

gabten Schauspieler auf das Feld, das er vollständig beherrschte. Es ist immer ein Zeichen von bedeutendem Talente, wenn es dem Schauspieler gelingt selbst scheinbar kleine, unbedeutende Züge, Accente, Mienen, so in unserer Erinnerung fest zu setzen, daß uns das Erlebte stets klar vor Augen stehen bleibt und wir die Ueberzeugung haben, nur so und nicht anders sei die Darstellung richtig und wirkungsvoll. Berninger hat eine Menge solcher Züge in unserm Gedächtniß zurückgelassen und möchten dahin aus „Zopf und Schwert" die mit unvergleichlicher Befriedigung, Stolz und Naivetät ausgesprochenen Worte des Königs gehören: „Auch ein schönes Regiment!" (Die Glasenapp'schen Füseliere), und die Rede Falstaffs: „Ich kannte Euch so gut, wie der, der Euch gemacht hat."

Januar 27. und 28. fanden Vorstellungen einer kleinen französischen Schauspielergesellschaft statt.

Die Saison hatte in 106 Vorstellungen 25 Novitäten gebracht, unter denen sich eine erhebliche Zahl von dauernden Repertoire-Stücken befinden, als: „Der Sohn der Wildniß," „Der Sohn auf Reisen," „Einen Jux will er sich machen," „Doctor Wespe," „Der lange Israel," „Ein weißes Blatt," „Der Sohn des Fürsten," „Der Vicomte von Létorières," „Das Portrait der Geliebten," „Nacht und Morgen," „Die Wiener in Paris."

Was die musikalischen Productionen in Zwischenakten und selbständigen Concerten im Theater anbetrifft, so war der Gesang durch Dem. Schloß aus Leipzig, die Violine durch Ole Bull, Hauser aus Wien, Remmers, Adolf Krollmann, das Violoncello durch dessen Bruder Theodor und Herrn Grosse, die Flöte durch Fürstenau aus Dresden, Heinemeier und Müller aus Hannover, die Oboe durch Spindler, die Clarinette durch Herrn Springer aus Frankfurt, das Pianoforte durch Kraußé aus Paris, den dreizehnjährigen Angelo Russo und die ebenfalls dreizehnjährige

Caroline Wilkens aus Hamburg vertreten gewesen und am Schluß gab noch der bekannte Mechaniker Kaufmann aus Dresden mit seinen selbstspielenden Musikwerken zwei Vorstellungen. Mit Verwunderung zählen wir diese Masse Musikernamen, welche sich mit ihren Leistungen zwischen die Akte größerer Stücke einschoben, oder die Direction zwangen von vorn herein kleine Stücke anzusetzen; noch mehr ist es aber befremdend, daß wir in den nächstfolgenden Jahren auch noch tyroler und steyrische Sänger, Acrobaten, Beduinen, Athleten und andere Schausteller vorfinden, für welche sich glücklicherweise jetzt ein neuer Boden zur Ablagerung gefunden hat. Man muß annehmen, daß von dem Veranstalten eigener Concerte die unverhältnißmäßig hohen Kosten und die Ungewißheit des Erfolges abhielten, und daß dem Publikum damals in den Abonnementsconcerten keine auswärtigen Künstler vorgeführt wurden und die Theaterverwaltung daher nach beiden Seiten hin Rücksichten zu nehmen sich bewogen fand. — Das Ausstaffiren der Zwischenakte mit besonderen Productionen beeinträchtigt stets die dramatische Aufführung, indem diese, wenn sie bedeutend, die Aufmerksamkeit des Publikums ganz für sich in Anspruch nehmen, und wenn sie es nicht sind, so vermag immer das Theaterorchester Besseres zu leisten.

Am Schlusse der Winterberichte nimmt Stahr, welcher einige unangenehme Erfahrungen gemacht haben mochte, Abschied als Kritiker, unter dem Vorgeben, daß sich ein so kleines Theater wohl nicht für Kritik eigne. „Will man wahr sein und strenge, so stört das den Hausfrieden, auf den innerhalb so eng gezogener Grenzen doch viel ankommt. Will man nur Alles schön und trefflich finden, so nützt es nicht und macht eine Bühne nur nach Außen lächerlich." Uebrigens hat Stahr nicht lange gezürnt, sondern die Feder bald wieder ergriffen und bis zum Antritt seiner italienischen Reise zum Theil sehr tüchtige Referate gebracht.

1843/44.

Herr von Gall war während der Sommerferien eifrig bemüht gewesen, sein Institut mit allen den Apparaten und organisatorischen Bestimmungen zu versehen, welche er für nöthig hielt, um dem Ganzen nach Innen Halt und Festigkeit und nach Außen einigen Glanz zu verleihen. Es waren für die verschiedenen Geschäftszweige Instructionen entworfen, neue Theatergesetze gemacht, die Heimaths= verhältnisse der Schauspieler zur Sprache gebracht, ein Theaterarzt angestellt und an sonstigen Requisiten Manches herbeigeschafft worden. Um aber auch höheren Zielen, welche Herr von Gall sich gesteckt, näher zu kommen, so stellte er in einem sehr ausführlichen an den Großherzog gerichteten Vortrage vor, wie er sich, trotz seines Strebens, allein außer Stande sähe, die hiesige Bühne zu der Höhe zu erheben, welche sie mit den vorhandenen Mitteln erreichen könnte und müßte, und daß als nothwendige Substanz einer Hof= bühne noch etwas hinzutreten müsse, nämlich „eine dem Intendanten zur Seite stehende künstlerische Leitung durch einen zum Dramaturgen ernannten Bühnendichter". Namen wurden hierbei noch nicht genannt, wenn auch zu vermuthen, daß Herr von Gall schon damals durch Adolf Stahr auf Julius Mosen aufmerksam gemacht war; die Angelegenheit war so schon früh zur Discussion gebracht, wenn auch erst später das gewünschte Resultat erreicht wurde.

October 15. wurde die Bühne mit „König und Bauer" (zum ersten Male), Lustspiel nach dem Spanischen des Lope de Vega von Halm eröffnet, man fand aber, daß Stücke wie dieses auf uns nicht mehr so wirken können, wie sie auf vergangene, auf andere Zeiten und Menschen gewirkt haben mochten: der Ernst rührte nicht, der Scherz erheiterte nicht, — das Publikum blieb kalt. Für das Repertoire der ersten Monate war es sehr störend, daß, nachdem

Herr Gerber, eine bedeutende Kraft, durch Krankheit verhindert und Herr Roepe, ein tüchtiger sehr verwendbarer Schauspieler, gestorben war, man ohne Charakterspieler sich behelfen mußte, und daß man, um doch einmal einen Classiker vorzubringen, im „Clavigo" den Carlos mit Herrn Bluhm besetzen mußte, war allerdings ein deutliches Zeichen, in welcher Noth man sich befand. — Da trat am 26. November als Lord Lilburne im Schauspiel „Nacht und Morgen" von Charlotte Birch=Pfeiffer, als König Philipp in „Don Carlos", als Bolingbroke im „Glas Wasser" Herr Kaiser vom Hoftheater in Schwerin auf, und erwies sich sofort als ein Künstler, wie ein solcher für die Oldenburger Bühne nicht besser gedacht werden konnte. Obgleich gewiegte Kenner der dramatischen Kunst darüber einig sind, daß das ursprüngliche von der Natur mitgegebene schauspielerische Talent Kaisers nicht groß war, so wußte er doch mit seinen vortrefflichen Mitteln, scharfem Verstande, tüchtiger wissenschaftlicher und gesellschaftlicher Bildung und einer großen Consequenz in der Durchführung seiner Rollen, Figuren auf die Bühne zu stellen, welche Fleisch, Bein und Kopf hatten und gelangen ihm namentlich solche Charaktere, welche mit eiserner Logik ihrem Ziele entgegengehen und mit Menschenverachtung das Widerstrebende über den Haufen werfen. Mit dem Engagement des Herrn Kaiser war das Oldenburger Bühnenpersonal eigentlich erst vollständig geeignet größeren Aufgaben zu genügen.

December 5. Die erste Aufführung des Trauerspiels: „Herzog Bernhard der Große" von J. Mosen, welcher zum Besuch in Oldenburg anwesend, die letzten Proben geleitet hatte, wird als eine fast in allen Hauptsachen gelungene und als ein rühmliches Zeugniß von dem tüchtigen Streben der Bühne geschildert. Moltke=Herzog Bernhard, Mad. Bluhm=Marie de Vignerot, brachten ihre Aufgaben zu schöner

Erscheinung und auch die zweiten und Nebenrollen waren tüchtig vertreten. Am Schlusse wurde neben den Darstellern der Hauptrollen auch der Dichter selbst gerufen, welcher am folgenden Tage in einem Schreiben an die Intendanz seine vollste Befriedigung über die Aufführung aussprach, in welchem es heißt: „Die durchgreifende Begeisterung für die wirkliche dramatische Kunst findet man, wie sie bei dem hiesigen Hoftheater zum freudigsten Zusammenwirken heraustritt, so selten, daß man von ihr das Vorzüglichste erwarten konnte. Diese Zuversicht habe ich zu Ihnen mit hierher gebracht; sie ist jedoch von der Wirklichkeit übertroffen worden. In den Proben zu „Bernhard", welche ich mit zu leiten die Ehre hatte, fand ich eine so künstlerische Hingabe der dabei betheiligten Mitglieder an das Werk, daß ich sie mit ganzer Seele beschwören möchte, diese heilig zu bewahren; denn die Kunst kann nur in ihr sich dem Künstler offenbaren, nur in ihr den höchsten Lohn verleihen, das Bewußtsein: das Ideale zur wirklichen Erscheinung gebracht zu haben! Dieser schönen Begeisterung, welche selbst die Nebenrollen des Stückes nicht sinken ließ, verdanke ich die vorzüglich gelungene Darstellung des Werkes am gestrigen Abend." Schließlich bittet Julius Mosen die Intendanz, dieses Schreiben bei den Bühnenmitgliedern circuliren zu lassen und allen Betheiligten den wärmsten Dank des Dichters aussprechen zu wollen. Gewiß ein glänzendes Zeugniß für das, was die Oldenburger Bühne damals durch das einmüthige Wirken der Mitglieder bereits war!

Januar 14. Neu einstudirt: „Götz von Berlichingen", mit Berninger in der Titelrolle. Möchte doch dieses edle echt deutsche Volksstück endlich einmal in eine Form gebracht werden, die allgemein angenommen und verbreitet, dem fortwährenden Aendern und Zusammenschneiden der Herren Regisseure ein Ende machte!

Januar 23. Neu einstudirt: „Die Advocaten" von Iffland, mit Berninger als Zimmermeister Klarenbach, einer seiner vorzüglichsten Rollen, Kaiser als Advocat Wellenberger, Schlögell als Hofrath Reißmann thaten das Ihrige, um das tüchtige Stück zur Geltung zu bringen. Stahr meint, daß Iffland der Bühne noch nicht ersetzt sei, daß es aber auch die Schauspieler nicht seien, welche seine Stücke damals spielten, und möchte dieser Ausspruch, namentlich die zweite Behauptung, heute nach 37 Jahren an Wahrheit nichts eingebüßt haben. Ein falsch verstandener Conversationston und ein unrichtiger Begriff von Natürlichkeit sind vorzugsweise bei der Darstellung Ifflandscher Stücke störend.

Februar 29. Zum ersten Male: „Moritz von Sachsen," Trauerspiel von Prutz. Nach Stahr's Meinung sind „Bernhard von Weimar" und „Moritz von Sachsen" die beiden einzigen Gestalten der deutschen Geschichte, welche eine deutsche Tragödie historischen Styls tragen können, indem sie selbständig Deutschlands Geschick in die Hand nahmen und für Deutschland auf den Plan des Weltkampfes traten. — Beide Helden haben ihre Dichter gefunden. Die Aufführung wird gerühmt und das Stück als ein auf dem Repertoire dauerndes in Aussicht genommen.

Wir treten allmählig in die Periode der deutschen dramatischen Literatur, welche sich durch ihre Producte glanzvoll neben dem abhebt, was unmittelbar vor ihr und bald nach ihr geschaffen wurde. Gutzkow und Laube verstanden es besonders durch Wahl zeitgemäßer Stoffe die Entfremdung, welche zwischen dem Publikum und der Bühne in ihrer idealeren Bedeutung eingetreten war, wieder aufzuheben, sie wußten Theater, Literatur und Leben wieder in Annäherung zu bringen und dieser hierdurch entsprossenen glücklichen geistigbewegten Stimmung sind der Aufschwung der Bühne und die großen Erfolge derselben in dieser Zeit zu verdanken. Es war eine glückliche Zeit für eine Intendanz, wo man „Zopf und Schwert", „Das Urbild des Tartüffe", „Die Karlsschüler", „Uriel Acosta", die Dramen von Mosen und manches andere Werk der aufstrebenden Literatur in kurzen Fristen als Novitäten geben konnte und der Hingebung und der Theilnahme des Publikums stets sicher war.

März 3. Zum ersten Male: „Zopf und Schwert" von Gutzkow, mit Berninger-König, Haeser-Erbprinz, Jenke-Seckendorf, Moltke-Eckhof, Mad. Bluhm-Prinzessin, Schlögell-Eversmann, ein vortreffliches Ensemble, das den glänzendsten Erfolg verbürgen mußte.

Die Saison verlief, nachdem dem Mangel eines tüchtigen Charakterspielers in so befriedigender Weise abgeholfen war, in reger und lohnender Thätigkeit, namentlich wurden neu einstudirt: „König Lear", Iffland's „Dienstpflicht", Leopold Robert's „Macht der Verhältnisse", „Yelva" und Anderes. — Daß auch Verfehltes vorkam, soll nicht geleugnet werden, es war aber nicht so bedeutend, daß man davon viel reden sollte; nur „Der blaue Engel", Comödie (sic) in 3 Aufzügen, darf nicht unerwähnt bleiben und der Verfasser, ein geistvoller und anerkannt tüchtiger, damals in Oldenburg lebender Mann, wird es vielleicht jetzt selbst begreiflich finden, daß der Titel seines Stückes sprüchwörtlich in Oldenburg geworden ist, wenn man den Inbegriff aller Abgeschmacktheit und Langweiligkeit bezeichnen will.

In 96 Vorstellungen waren 25 Novitäten, von denen außer den genannten noch zu erwähnen: „Steffen Langer", „Der Weiberfeind" und „Der Steckbrief" von Benedix, „Die Fräulein von St. Cyr", „Cromwell's Ende" von Raupach, „Die Frau von dreißig Jahren". — Daß man mit den „Geheimnissen von Paris" nach Eugen Sue von C. Blum schloß, darf der Intendanz nicht zur Last gelegt werden, denn es war eine Benefizvorstellung, wobei man herkömmlich dem Benefiziaten in Betreff der Auswahl des Stückes einige Zugeständnisse machte. Da diese nun meistens der Ansicht waren, daß nur etwas Auffallendes, Niedagewesenes das Publikum anlocken könne (obgleich der finanzielle Theil des Benefizes durch eine bestimmte Summe festgestellt war), so begegnen wir in den Zettelbüchern in dieser Richtung den größten Sonderbarkeiten und Geschmacklosigkeiten, so daß schon aus diesem Grunde die Aufhebung der Benefize sehr zu beglückwünschen ist.

Die Zwischenakte brachten die Sängerin Mad. Micolini, den trefflichen Pianisten Mortier de Fontaine, und ein eigenes Concert gaben am 12. Mai die Schwestern Therese und Maria Milanollo, von denen Maria leider früh verstarb, Therese aber sich den Ruhm einer Geigenkünstlerin von seltener Begabung, unvergleichlichem Ton und feinstem Vortrage erwarb.

1844/45.

Nachdem Herr von Gall die Berufung von Julius Mosen zum Dramaturgen der Oldenburger Bühne beantragt, dieser Antrag vorläufig genehmigt war und eine Erklärung über eventuelle Annahme dieser Stellung vom 16. December 1843 Seitens Julius Mosen's vorlag, erfolgte am 20. Mai 1844 die definitive Ernennung, welcher der Eintritt in das Amt einige Zeit vor Beginn der Saison folgte. Die Wahl war eine sehr glückliche, die zum Gedeihen der Oldenburger Bühne wesentlich beigetragen hat. Ein Dichter, der durch hervorragende Dramen des historischen Styls sich einen geachteten Namen erworben, dessen „Andreas Hofer" und „Die letzten Zehn vom vierten Regiment" als Volkslieder in Aller Munde waren, der mit einer begeisterten Stimmung für die hohe Bedeutung der Bühne und idealem Streben seinen neuen Beruf antrat, wurde einem Institut als Förderer beigesellt, dessen Mitglieder bereits eine tüchtige Schule durchgemacht, mit Talent und Liebe zu ihrer Kunst begabt, sich geehrt und gehoben fühlten, mit einem solchen Führer gemeinschaftlich wirken zu sollen. Alle Kräfte spannten sich von neuem an, ein Jeder sah sich als Glied eines Organismus, auf dessen kommende Thaten das Publikum erwartungsvoll und mit erhöhten Ansprüchen hinsah.

September 29. wurde die Bühne mit „Kaiser Otto III." von Julius Mosen eröffnet. Ein schwungreicher Prolog von Mosen schilderte die hohe Aufgabe der Bühne und die Wechselwirkung zwischen Künstler und Zuschauer:

> „So tritt in diesen Kreis die Kunst herein,
> Von Neuem Euch mit ihrem Spiel zu fesseln,
> Die deutsche Kunst in diese freie Stätte,
> Die ihr an Eurem Heerde ist vergönnt."

Stahr erklärt die Aufführung für eine der gelungensten, welche er seit Jahren auf unserer Bühne gesehen. „Fleiß und Begeisterung der darstellenden Künstler hatten alle Schwierigkeiten überwunden und ein Zusammenspiel, das als Ganzes betrachtet, jetzt auf den deutschen Bühnen seit Immermann's Theaterleitung in Düsseldorf zu den Seltenheiten und verschollenen Dingen gehört, war die Folge eines Strebens, dem nichts als — Dauer zu wünschen ist."

Nach dem „Glas Wasser", „Zopf und Schwert", „Minna von Barnhelm" und kleinen dazwischen liegenden Stücken folgte als größere Aufgabe „Das Leben ein Traum" von Calderon.

October 20. Der Versuch, die Schiller'sche Skizze „Die Kinder des Hauses" auszuführen, konnte als vollkommen mißlungen angesehen werden.

October 27. Der Zettel zeigt die Aenderung des Titels von „Der Sohn des Fürsten" in „Katte und der Sohn des Fürsten". A. Stahr hatte schon früher darauf hingewiesen, daß Katte der eigentliche Held sei.

October 31. „Viola" nach Shakespeare's „Was Ihr wollt", für die Bühne bearbeitet von Deinhardstein. Die Rollen der Geschwister Sebastian und Viola, als Virtuosenstück oft in ein und dasselbe Tricot gesteckt, wurden hier zwar von zwei Darstellern gegeben, aber von zwei Damen und zwar von Mad. Bluhm=Sebastian und Mad. Moltke=Lay=Viola. Die richtige Besetzung wird oft an dem Vorhandensein der möglichst ähnlichen Persönlichkeiten scheitern.

November 3. Zum ersten Male: „Rokoko, oder: Die alten Herren" von H. Laube.

November 5. und 7. gastirte Herr Carlschmidt von Wiesbaden als Jacob Unfall, Said und Hamlet.

November 7. bis 27. gastirte Wilhelm Kunst als Otto von Wittelsbach, Regierungsrath Uhlen, General Morin, Wallenstein und Baron Wiburg, konnte aber, wie ein nach dem Gastspiel in den Blättern sich entwickelnder ärgerlicher Streit beweist, wenigstens in den gebildeten Kreisen nicht gefallen und konnte es auch nach der Geschmacksrichtung, welche in Oldenburg seit Jahren feststand, wohl nicht anders sein.. Stahr äußert sich folgendermaßen darüber: „Ein Gast, Herr Kunst, spielte die Titelrolle und machte seinem Namen wenigstens Ehre, denn von Natur war in seinem Spiel und namentlich in seiner Sprache auch nicht die Spur. Alles, alles, die schönsten Mittel, ein herrliches Organ, untergegangen in der falschesten, unnatürlichsten, fettgesalbten Declamationsmanier, zwischen deren unerträglichen, schwülstigen Kanzelton nur hier und da, behuf einer Wirkung auf die Gallerie, die Knalleffecte eines unter das Gewöhnliche herabsinkenden Sprachtons eingeschoben wurden. Aber Herr Kunst ist gerufen worden. Ich kenne Oldenburgs Theaterpublikum nun bald zehn Jahre, aber gestern war mir's, als hätte es sich über Nacht verändert."

December 12. „Emiliens Herzklopfen," Vaudeville=Scene aus dem Dänischen von Heiberg, Emilie: Dem. Fritze als Debüt. Daß Dem. Fritze, später unsere Frau Dietrich, mit Herzklopfen ihre Laufbahn hier begonnen hat, finden wir befremdlich, denn sie hat es wahrlich nicht nöthig Sorge um Erfolg zu haben. Seit ihrem ersten Auftreten hat dieselbe, als langjährige in Spiel und Gesang gleich ausgezeichnete Soubrette, dann in komischen Charakterrollen und selbst wo eine ernste Maske aufgesetzt werden mußte, stets den vollen Beifall des Publikums sich erworben und stets zu den Mitgliedern gehört, deren Erscheinen auf der Bühne willkommen geheißen wird.

December 15. Zum ersten Male: „Das Urbild des Tartüffe", Lustspiel in 5 Akten von C. Gutzkow. Ludwig XIV.: Haeser; Molière: Moltke; Lamoignon: Kaiser; Armande: Frl. v. Zahlhas; Madeleine: Mad. Moltke-Lay; Matthieu: Jenke I., eine tüchtige Schaar, die wohl werth war das neugeborene Kind aus der Taufe zu heben, denn es handelte sich wirklich um eine première. Stahr berichtet Folgendes: „Das neue Stück ist gestern mit einem Beifallsjubel von unserm, durch seine kritische Kälte und seine vorsichtige Ruhe für ein neues Stück sehr gefährlichen Publikum aufgenommen worden, der in der Geschichte unserer kleinen Theaterwelt kaum jemals seit zehn Jahren seines Gleichen haben dürfte. Fast Scene für Scene ward mit einem Applaus belohnt, der sich am Schlusse zu einem lange andauernden, allgemeinen Hervorrufe aller Mitspielenden steigerte. Diese Huldigung galt nicht nur den Darstellern, sie galt auch dem Dichter, der mit diesem Werke der Literatur des deutschen Lustspiels ein bisher noch völlig fremdes Terrain erobert hat. Die Ueberzeugung von der Vortrefflichkeit des Stückes hatte die Leiter des hiesigen Hoftheaters dazu vermocht, alles anzuwenden, um sich die Ehre nicht entgehen zu lassen, eine solche Bereicherung der vaterländischen Literatur auf ihrer Bühne zuerst ins Leben zu rufen. Die hiesige Bühne hat es sich entschieden zur Aufgabe gemacht, dem modernen Drama einen Stütz- und Anhaltspunkt zu bieten, und die Poesie der Gegenwart überall, wo sie wirklich das Leben und die geistigen Bewegungen der Zeit erfaßt oder zu erfassen strebt, nach Kräften zur wirkenden Erscheinung zu bringen. Es ist der einzige Weg zur Förderung eines nationalen Dramas und einer nationalen Bühne." Wir werden sehen, wie im weitern Verlauf der Zeit hier fast sämmtliche Dramen von Gutzkow zur Aufführung kamen.

Januar 5. Zum ersten Male: „Die neue Welt, oder: Die beiden Auswanderer", Schauspiel in 4 Akten von Gutzkow. Der entschiedene Mißerfolg dieses Stückes zeigte einen starken Abfall gegen „Das Urbild des Tartüffe"; Stahr legte seine Schwächen offen dar und so ist sein Name denn auch vom Repertoire verschwunden. Ob das Stück an anderen Orten gegeben wurde, ist nicht bekannt.

Februar 2. Neu einstudirt: „Faust" von Goethe, mit Musik vom Fürsten Radziwill. Mosen's Auffassung über die Art wie der Faust darzustellen sei, ist etwa folgende: In der Mythe von Faust, und so in der vorliegenden Tragödie, stellt sich der Kampf zwischen dem christlichen Geiste und dem Teufel der Sinnlichkeit äußerlich dar. Wir dürfen daher nie vergessen, daß die beiden Hauptgestalten dieser Tragödie, Faust und Mephistopheles, eigentlich nur ein in zwei Hälften zerrissener Mensch sind. Mephistopheles, welcher ja auch zuerst als Pudel erscheint, stellt das gegen den Geist und seine Ueberschwänglichkeit gerichtete Menschenthier in der Brust Faust's selbst dar. — Er wird daher in der äußeren Erscheinung die Idee einer Doppelgängerei verwirklichen müssen, wenn auch nüancirt. Sie müssen als zwei Brüder erscheinen, von welchen einer sich veredelt hat in den feinsten Geistesspeculationen, der andere aber der materiellen Lebensseite, mit Lust an ihrer Gemeinheit, sich hingegeben hat. Sie müssen sich selbst in

Tracht und Manieren ähneln. Die Darsteller müssen sich hier mit einander genau verständigen. Wenn z. B. Faust Roth trägt, muß Mephistopheles Orange tragen — wenn jener Weiß, dieser Aschgrau. Wo Mephistopheles zuerst als Scholasticus hinter dem Ofen hervortritt, muß er Faust zum Verwechseln ähnlich sein. Er ist hier selbst noch, wie Faust, ein scholastischer Philosoph, welcher über sich, die Nachtseite von Faust, tiefsinnig reflectirt. — Ferner wird der Darsteller der Rolle des Mephistopheles sich nicht, wie Seydelmann gethan, vom mythischen Teufel irren lassen; er wird aber auch kein vermittelndes Princip eintreten lassen, d. h. keinen abgedämpften Teufel, sondern die persönlich gewordene Nachtseite der Seele Faust's in derselben Weise zur Erscheinung bringen, wie der Dichter selbst gethan hat. Es wird ein feiner Cavalier, ursprünglich von cholerischem Temperament, zum Vorschein kommen; er muß den Eindruck auf die Seele machen, den eine in schönen Bewegungen sich ringelnde Schlange hervorbringt, welcher sich jedoch da bis zum Entsetzen steigert, wo das Thierwesen gereizt, aus den schönen Formen in der ursprünglichen Gemüthshäßlichkeit hervorspringt. — In der Scene mit Wagner im ersten Akt, in welcher Goethe sich selbst im Faust subjectiv darstellt, dürfen wir es wagen, Goethe's Manier und Redeweise hier in Faust objectiv hinzustellen. Wir sind gewohnt, uns Goethe mit auf dem Rücken liegenden Händen und vortretender Brust zu denken; so steht hier Faust auch dem Famulus gegenüber, zumal bei der Stelle: „Such Er den redlichen Gewinn" u. s. w.

Ob diese jedenfalls originelle und geistvolle Auffassung des Faustgedichts jemals zur consequenten schauspielerischen Durchführung auf der Bühne gekommen ist, möchte bezweifelt werden, denn sie legt dem Darsteller des Mephisto Schwierigkeiten in den Weg, die er kaum bewältigen wird, da er, sonst darauf hingewiesen, einer jeden Rolle eine möglichst scharf und deutlich gezeichnete Gestalt geben zu müssen, hier durch den geforderten Dualismus, wo es sich darum handelt „die persönlich gewordene Nachtseite der Seele Faust's in derselben Weise zur Erscheinung zu bringen, wie der Dichter selbst es gethan hat", in hundert Zweifel gerathen wird. Mit den angegebenen Beziehungen der äußeren Erscheinung und des Kostüms ist es nicht abgethan, und den Ton und die Farben in Rede, Mienenspiel und Gesten so in Einklang zu bringen, daß sie nach der obigen Auffassung auch einem größeren Publikum verständlich sind, ist eine Aufgabe, der nur wenige Schauspieler gewachsen sein möchten. — Ein Parterre von Faustkennern würde aber gewiß mit größtem Interesse einer Aufführung nach der Auffassung Mosen's beiwohnen.

Februar 3. „Faust" wurde wiederholt, wobei man sich erzählt, daß Schauspieler Kaiser, welcher den Mephisto gespielt, durch neues Studium in der zwischen den beiden Vorstellungen liegenden Nacht, seine Darstellungsweise, welche sich in der ersten Vorstellung der Seydelmann'schen Auffassung angeschlossen hatte, völlig umgestaltete, und nun in der zweiten Vorstellung als flotter Cavalier und Humorist erschien.

Februar 9. Zum ersten Male: „Monaldeschi", Tragödie in 5 Akten von Laube.

Februar 11. Wegen heftiger Kälte unterblieb die Vorstellung.

Februar 20. und 23. „Herz und Welt" und „Zopf und Schwert" von Gutzkow, folgten sich unmittelbar

März 13. Die Vorstellung mußte wieder wegen all zu großer Kälte ausgesetzt werden, und fand die nächste Vorstellung erst am 25. März statt.

März 25. Zum ersten Male: „Don Johann von Oestreich", Trauerspiel in 5 Akten von J. Mosen, Prolog von demselben, gesprochen von Frl. von Zahlhas. Die einführende Volksscene, das Rencontre mit Perez in der dumpfschwülen Gewitternacht, die Logen-Scene, Don Johann und König Philipps kurze Begegnung, das Lager vor der Stadt und die Schlußscene in Namür machten großen Eindruck und wurden lebhaft applaudirt. Mit dem „Johann von Oestreich" schließt sich die Reihe der Mosenschen Dramen, über deren Bedeutung und Werth neuerdings eingehende Untersuchungen von Vogler, Adolf Stern und Johannes Scherr veröffentlicht sind. Man kann sich nur mit dem Wunsche Voglers einverstanden erklären, daß die Mosenschen Dramen wegen ihres tiefen historischen Inhalts, ihres idealen Pathos, ihres rhetorischen Schwunges und ihrer edlen poetischen Haltung als Gegensatz gegen den Realismus unserer Zeit auf dem Repertoire bleiben möchten.

März 27. „Don Johann von Oestreich" wurde am nächsten Spielabend wiederholt, desgleichen am 13. April.

Mai 25. Schluß der Bühne mit „Erich XIV.", Trauerspiel von Prutz (zum ersten Male).

In 95 Vorstellungen waren 25 Novitäten gegeben worden, unter denen, außer den bereits genannten, „Der verwunschene Prinz", „Er muß aufs Land", „Die Vorleserin", „Christoph und Renate", „Doctor Robin" zu nennen. — Schiller war 2mal, Goethe durch 3 Faustaufführungen, Shakespeare 2mal, Lessing 3mal, Iffland 4mal, Gutzkow 8mal, Mosen 8mal, Laube 4mal und Prutz 2mal vertreten.

1845/46.

September 28. wurde die Bühne mit einem von J. Mosen gedichteten Prologe eröffnet, welchem der „Richter von Zalamea", Schauspiel in 4 Akten von Calderon, eingerichtet von Immermann, folgte.

September 30. Zum ersten Male: „Die Marquise von Vilette", Original-Schauspiel in 5 Akten von Charl.

Birch-Pfeiffer, und zwar debütirte Mad. Höffert vom Hoftheater in Schwerin als Marquise von Maintenon. Als einzige Tochter Ludwig Devrients, „die mit des Vaters Physiognomie wenig von seiner Befähigung ererbt hatte", wie ihr Vetter Eduard Devrient sie in seiner Geschichte der Schauspielkunst kurz abfertigt, erregte sie doch um ihres Namens willen einiges Interesse und hat auch bis zum Jahre 1851 das Fach der Heldenmütter in genügender Weise ausgefüllt.

October 5. Im „Käthchen von Heilbronn" gastirte Elise Höffert, die Tochter der vorgenannten, ein hübsches aber auch nicht hervorragend talentirtes junges Mädchen, die bis zum Jahre 1848 Mitglied der Bühne blieb.

October 7. Zum ersten Male: „Torquato Tasso" von Goethe, mit den Herren Moltke, Kaiser, Haeser, und den Damen Bluhm und Zahlhas; sämmtliche Personen in vorzüglicher Weise für ihre Rollen geeignet.

October 26. Prolog von J. Mosen, dann zum ersten Male: „Cola Rienzi", Trauerspiel in 5 Akten von Mosen, wobei der Theatermaler Presuhn Gelegenheit hatte, durch Anfertigung der Decorationen des alten Forum in Rom, des Capitols und der Laterankirche sein Talent zu zeigen.

November 18. Zum ersten Male: „Der dreizehnte November", dramatisches Seelengemälde in 3 Akten von Carl Gutzkow.

Vom 17. bis 24. November gab Quirin Müller einige seiner bekannten Vorstellungen lebender Bilder und mimisch-plastischer Gruppen. Die Bedeutung derartiger Schaustellungen im Theater wurde bereits oben besprochen.

Der Eintritt von zwei Bühnenmitgliedern ist hier noch zu erwähnen, von denen Dem. Kemper (später Mad. Jenke I.) bereits in voriger Saison hinzugetreten war, und Herr Ferdinand Wenzel, welcher anfänglich für das Fach der zweiten Liebhaber engagirt, sich zu einem tüchtigen Schauspieler und später auch Director herausgearbeitet hat.

December 7. Zum ersten Male: „Ein deutscher Krieger", Schauspiel in 3 Akten von Bauernfeld, ein tüchtiges Stück von deutsch-patriotischer Stimmung.

Januar 18. Zum ersten Male: „Gottsched und Gellert", Charakter-Lustspiel in 5 Akten von H. Laube; Gottsched: Herr Berninger; Gellert: Herr Kaiser.

Februar 3. „Vor hundert Jahren" von Raupach. — Als Darstellerin der Philippine finden wir in der Reihe des Personals, ohne weitere Angabe, woher kommend, ob als Debütantin oder einen ersten theatralischen Versuch machend, Dem. Auguste Bärndorf verzeichnet; sie war vom 1. Januar 1846 bis zum Schluß der Saison engagirt, spielte aber außer der Jungfrau von Orleans am 22. März keine weiteren Rollen. Mit blendender Schönheit begabt und besonders für das Salonstück veranlagt, hat dieselbe später in Petersburg und Hannover ihr schönes Talent ausgebildet.

Februar 22. Zum ersten Male: „Die drei Paletots", Lustspiel in 3 Akten von H. Lambrecht; das Stück fand Beifall und wurde wiederholt; vorher zum ersten Male: „'s letzte Fensterl'n", Alpenscene von Seydel und Müller. Herr Dietrich und Dem. Fritze: Da Jag'r Matthies und d'Schwoagrin Rosel.

März 1. Zum ersten Male: „Anonym", Lustspiel in 5 Akten von Carl Gutzkow. — Auf dem Zettel findet sich die Randbemerkung: „Wurde nicht gegeben" —, denn auf der Generalprobe waren die Bedenken und die Verstimmung der Mitwitwirkenden über die Qualität des Stückes so groß geworden, daß man sich veranlaßt sah, das Stück gänzlich vom Repertoire abzusetzen. Wenn auch der gute Wille, der jungen deutschen aufstrebenden dramatischen Literatur in Oldenburg einen Boden zu gewähren und den

Eifer zu neuen Schöpfungen zu beleben, höchst löblich war, so wäre es doch geboten gewesen, Stücke wie „Liesli", „Die Auswanderer" und „Anonym", welche beiden letzteren der Verfasser in richtiger Erkenntniß ihres Werthes nicht in seinen gesammelten Schriften aufgenommen hat, des Publikums und der Darsteller wegen gar nicht zum Einstudiren zu bringen.

Februar 21. Die Saison sollte nicht ohne einen Scandal schließen, welcher, an sich widerwärtig, nicht ohne ernste Folgen für einen der Betheiligten blieb. Ein höherer Staats- und Hofdiener hatte sich durch einen in den „Grenzboten" (IV. Jahrgang, 2. Serie, Nr. 28) erschienenen Artikel, welcher der Bühnenverwaltung des Herrn von Gall das übertriebenste Lob spendete, veranlaßt gesehen, in den „Mittheilungen" unter dem Titel: „Dichtung und — keine Wahrheit" eine Gegenkritik zu bringen und in ungeschickter Form und in gehässiger Weise die Bühnenleitung des Herrn von Gall herunter zu reißen, namentlich aber dessen Bestreben, die Presse für sich zu gewinnen, durch die Angabe zu charakterisiren, daß man hier in Oldenburg hungrige Schriftsteller und ausgewiesene Literaten, wenn auch nur zu Bedientenrollen tauglich, zum Theater engagire. Dieser Passus sollte sich auf Arnold Schloenbach beziehen, welcher in einer augenblicklichen Differenz mit der Censur und anderen Behörden mit Rötscher's Empfehlung bei Mosen in Oldenburg Zuflucht gesucht, und nach einigen freilich ganz ungenügenden Proben seines Talentes dennoch ein Engagement gefunden hatte. Nach diesem Mißerfolge wurde freilich die Kündigung ausgesprochen, allein nachdem Herr Schloenbach ein Gesuch eingegeben und Herr von Gall dieses unterstützte, so hatte der Großherzog die Gnade gehabt, ihn in seiner Stelle zu belassen, um ihm Gelegenheit zu geben, sich ohne Sorgen zu einer rein literarischen Stellung vorbereiten zu können.

Sofort nach Erscheinen des erwähnten Artikels ließ Schloenbach ein fliegendes Blatt in der Stadt verbreiten unter der Bezeichnung: „Offener Brief an einen vornehmen Mann", in welchem er für seinen Chef Partei nahm, welches opus aber ebenfalls die größte Entrüstung erregen mußte, denn es war mit dem Knüppel geschrieben. Daß sich die ärgerlichsten Verhandlungen hieran knüpften, ist begreiflich; der Ehrenpunkt zwischen Herrn von Gall und dem Angreifer wurde durch ein unblutiges Duell ausgeglichen, eine Familie verließ die Stadt, und Herr von Gall, der damals bereits Aussicht hatte, die Stelle eines Intendanten des Hoftheaters in Stuttgart zu erhalten, folgte im Sommer nach. — Schloenbach verließ ebenfalls Oldenburg, lebte später als Redacteur freisinniger Zeitungen in Coburg, wo er sich mit Auguste Schroeder, Schwester der Schroeder-Devrient, verheirathete, dann in Dresden, Leipzig, Mannheim und schließlich wieder in Coburg, wo er 1866 starb.

Ein verdienstliches Unternehmen, die Gründung des sogenannten Theater-Cartell-Vereins, bereits 1829 durch Küstner angeregt, aber jetzt wesentlich eine Schöpfung des Herrn von Gall, sollte auch in dieser Zeit zur Ausführung kommen und die Acten ergeben, wie eingehend sich Gall mit seinen Plänen beschäftigte. Charakteristisch ist der Wortlaut der Genehmigung, welche der Großherzog Paul Friedrich August seinem Intendanten zum Beginn des Werkes und definitiven Beitritt ertheilte, und ein Zeichen, wie sehr dem Großherzog alles ostentatiöse Wesen zuwider war; es wird darin nämlich unverhohlen gesagt, „man solle alles Aufsehenmachen, Wichtigthun und Pressiren vermeiden"!

März 15. Zum ersten Male: „Richard III." von Shakespeare, durch Herrn Kaiser dargestellt, machte einen mächtigen Eindruck.

März 29. Bei Gelegenheit der Aufführung der

„Iphigenie" sagt ein Berichterstatter im Sonntagsblatt zur Weserzeitung Folgendes, was manches Wahre enthält: „Ein Stück wie „Iphigenie" darf nicht zu oft gegeben werden (beim theatre français und an der Burg in Wien ist das etwas anderes), denn für die Schauspieler, welche trotz ihrer angeeigneten Bildung doch immer einen Hang zum Comödiantenwesen behalten — ihn behalten müssen und gar nicht ganz davon los kommen können, — ist es gut, daß ihnen ein solches Stück immer eine Art Scheu und Respect einflößt. Werden sie damit zu vertraut, so verlieren die Helden ihren Nimbus, die Schauspieler fangen an mit ihnen umzugehen, wie mit gewöhnlichen Theaterfiguren und spielen sie zuletzt ganz fibel herunter, wie Raupach und Kotzebue. — Weiter heißt es: man hat sich in Oldenburg daran gewöhnt, auch das Mittelmäßige als etwas Vortreffliches auszuschreien, weil — es unser ist. Man kann vor einer solchen Verirrung, welche eine große Abschwächung des Urtheils zur Folge hat, nicht ernstlich genug warnen!"

Vom 31. März bis zum 19. April gastirte Herr Gerstel vom Hoftheater in Wiesbaden als Essighändler, Robert, Scheva, Elias Krumm, Franz Moor, Marinelli, Claudius im „galanten Abbé" und Graf Wartensleben im „Ratte".

April 26. gastirte Herr Burmeister als Nathan, Doctor Murr, Lorenz Kindlein, und folgte ihm am 5. Mai Herr Henckel vom Stadttheater in Zürich als Rath Presser, Don Lope de Figueroa, Mephistopheles, Zanga, Graf in „Trau, schau, wem". Der Abgang des Herrn Kaiser, welcher einem Ruf nach Hannover folgen wollte, stand bevor und prüfte man mehrere Charakterspieler, um den unvermeidlichen schmerzlichen Verlust zu ersetzen; Herr Henckel wurde gewählt. Um Oldenburg noch einmal die Freude und den Genuß zu gewähren, Herrn Kaiser in

Hauptrollen zu sehen, wurde in würdigster Weise mit den Aufführungen der „Iphigenie", des „Richard III." und des „Tasso" die Saison geschlossen.

In 100 Vorstellungen wurden 22 Novitäten gebracht. Goethe war 8mal, Schiller 2mal, Shakespeare 7mal, Lessing 5mal, Kleist 1mal, Calderon 3mal, Gutzkow 6mal, Mosen 4mal, Laube 4mal, Prutz 1mal, Bauernfeld und Iffland je 3mal vertreten.

Drei Concerte wurden veranstaltet, von denen das erste der Oldenburgische Hofcomponist Louis Pape mit eigenen Compositionen gab, ein sehr begabter Musiker, der leider an dem Glauben, daß zum Genie auch das Kneipen gehöre, zu Grunde gegangen ist; das zweite gab Professor Pott und das dritte die Kaiserlich Oesterreichische Kammersängerin Fräulein Emilie Walter.

1846/47.

Nach dem Abgange des Intendanten von Gall trat der Kammerherr Graf Bocholtz an dessen Stelle. Wenn diesem auch, namentlich anfänglich, eine umfassende Uebersicht der dramatischen Literatur fehlte und seine Kenntniß vom Theaterwesen sich auf das beschränken mochte, was ein fleißiger Theaterbesucher sich erwerben kann, so brachte derselbe doch einen regen Eifer für sein neues Amt, einen klaren, tüchtigen Verstand, ausdauernde Arbeitskraft, Gerechtigkeitssinn und Wohlwollen mit, welche Eigenschaften während der siebenjährigen Dauer seiner Amtsführung ihm die Achtung, Liebe und Dankbarkeit der Theatermitglieder erworben haben.

October 4. wurde die Bühne mit einem Prolog von J. Mosen, gesprochen von Frl. von Zahlhas eröffnet, welchem „Faust" folgte. — In der Rolle der Gretchen debütirte Dem. Sidonie Senger, eine junge Dame von angenehmem Aeußern und nicht übeln Mitteln, die in

Berlin ihre Studien gemacht und von Rötscher empfohlen wurde. Da es bekannt war, daß sie noch Anfängerin sei, so war das Publikum nachsichtig und nahm die erste Leistung wohlwollend auf. Ferner debütirte Herr Louis Gabillon vom Hoftheater in Hannover als Brander und ließ damals wohl nicht ahnen, daß aus ihm sich eine der vielbeschäftigtsten und geachtetsten Persönlichkeiten des Wiener Burgtheaters entwickeln sollte. Für das Studium der Medicin bestimmt, welches er bereits begonnen hatte, wurde Gabillon bald vom lebhaften Drange nach der Bretterwelt hinweggezogen und nach Anfängen auf Wanderbühnen, dann in Schwerin, Cassel und Hannover, kam er nach Oldenburg, wo er bis zum Jahre 1848 blieb. Nach seinem Abgange von Oldenburg war er als Mitglied einer von Emil Devrient nach London geführten Schauspielertruppe thätig, gastirte 1853 in den Rollen des Don Caesar, Schiller und Carlos an der Burg in Wien, wurde engagirt, konnte aber keinen festen Boden für seine Beschäftigung finden, bis er als Stellvertreter für einen erkrankten Collegen einspringend als Caligula im „Fechter von Ravenna" einen für seine spätere Künstlerlaufbahn entscheidenden Erfolg errang. Lange Zeit in Rollen wie Geßler, Richard III., Jago, Mephisto, Carlos im „Clavigo" beschäftigt, beherrschte er später vorzugsweise, neben seiner Mitwirkung im höheren Drama, das chargirte Charakterfach im Conversationsstück. — Im Jahr 1878 feierte er, gleichzeitig mit seiner zweiten Frau, Zerline geb. Würzburg, sein 25jähriges Jubiläum als Burgschauspieler. — Dem. Senger ließ die Rollen der Elise von Valberg, Donna Diana (in welchem Stück auffallenderweise Frl. von Zahlhas die kleine Rolle der Laura spielte), Christine in der „Königin von 16 Jahren" und der Margarethe in den „Erziehungsresultaten" folgen; je mehr aber das Feld ihrer Thätigkeit sich erweiterte, um so mehr wurde es ersichtlich, daß die bisher gespielten

Rollen nur von einem fleißigen Studium, oder vielmehr Einstudiren, nicht aber von einem ursprünglichen schauspielerischen Talente getragen waren, und so wurde Dem. Senger von da an mehr in zweiten Rollen beschäftigt.

October 25. Zum ersten Male: „Das Pfand der blauen Schleife", historisches Intriguenspiel in 5 Akten von Gustav Mansen.

November 1. „Wilhelm Tell." Landvogt Geßler: Herr Emil Palleske als Debüt. Emil Palleske, in Tempelburg in Pommern geboren und für das theologische Studium bestimmt, hatte sich bald mehr der Philologie, Aesthetik, Geschichte und Dramaturgie zugewendet, versuchte sich, mit poetischem Talent begabt, an dramatischen Arbeiten, und wurde im Streben nach Vollendung und Erzänzung seines Wissens zu einem mehrjährigen Lehrgang auf die Bühne geführt. Ueber Posen und Stettin kam er nach Oldenburg, wo er als zweiter Charakterspieler angestellt, sich durch gründliche Bildung, frisches, strebsames Wesen und solides gesellschaftliches Verhalten bald auf und außer der Bühne Freunde erwarb. Sein schauspielerisches Talent war nicht erheblich; das später so voll tönende Organ noch spröde und trocken, Gesten und Haltung waren eckig und steif, so daß ihm namentlich beim gebildeteren Theil des Publikums nur dann ein Beifall wurde, wenn er durch die geistige Durchdringung der Rolle und den klaren Ausdruck des poetischen Gedankens wirken konnte. — Was Palleske als geistiges Element für die Oldenburger Bühne gewesen, liest sich am besten aus seinen eigenen Worten heraus, wenn er in seinem schon erwähnten Buch „Die Kunst des Vortrages" seine Oldenburger Lehrjahre schildert.

November 22. Neu eingerichtet und einstudirt: „Götz von Berlichingen".

Im Laufe des Monats December trat leider zwischen dem Intendanten Graf Bocholtz und Julius Mosen ein

Zerwürfniß ein, welches, obgleich im Aeußern schließlich geschlichtet, doch einer ferneren Annäherung der beiden Männer und einem gedeihlichen Zusammenwirken derselben störend und hindernd in den Weg trat. „Sixtus V.," Trauerspiel von Julius Minding, erschien und erregte gerechtes Aufsehen durch die Kühnheit des Entwurfes und die gedankenreiche Sprache, so daß selbst aus Privatkreisen, welche sich mit den neuen Erscheinungen unserer Literatur bekannt gemacht, Gesuche um Aufführung des Stückes eingingen. — „Sixtus V." wurde von Julius Mosen vorgeschlagen, Graf Bocholtz hatte aber bereits Stellung dagegen eingenommen; er war Katholik und fühlte sich, nicht so wohl in seinem eigenen religiösen Gefühl dadurch verletzt, als daß er sich dafür verantwortlich hielt, daß seine Glaubensgenossen, die das Theater besuchten, nicht in ihren heiligsten Gefühlen verletzt würden, was jedenfalls durch den Sixtus eintreten würde. Die Presse nahm Partei für den Sixtus, und ein Artikel der „Bremer Zeitung" prognosticirte in voreiliger Weise für die Entwickelung der Oldenburger Bühne, welche bisher die aufstrebende dramatische Literatur in liberalster Weise gefördert habe, einen höchst ungünstigen und Rückgang drohenden Wendepunkt. Da zwischen dem Grafen Bocholtz und Julius Mosen eine Einigung nicht herbeizuführen war, mußten die weiteren an diese Angelegenheit sich anknüpfenden Differenzen durch Erlasse des Großherzogs Paul Friedrich August beigelegt und die Competenzen zwischen dem Intendanten und dem Dramaturgen genau begrenzt werden. Einige Stellen des auf diese Angelegenheiten bezüglichen Rescriptes dürften hier einen Platz finden, da dieselben bezeichnend sind für den Standpunkt, welchen der geistvolle, edle und milde Fürst sowohl den Künsten und Wissenschaften, als auch seinen Regentenpflichten gegenüber einnahm. Nachdem in dem erwähnten Rescript die dienstlichen Verhältnisse geordnet, heißt es weiter: „So wenig ich geneigt bin, der Wissenschaft und Kunst Fesseln anlegen zu wollen, so können doch einzelne Fälle vorkommen, wo Zeit und Verhältnisse es vorziehen lassen, gewisse Stücke nicht auf das Repertoire zu bringen. Es ist immer unangenehm, wenn dergleichen innere Verhältnisse der Oeffentlichkeit übergeben werden, und die Indiscretion des hiesigen Correspondenten der „Bremer Zeitung" ist um so unangenehmer, als dadurch diese Angelegenheit eine gewisse Wichtigkeit erhält, die sie meiner Meinung nach nicht hat. „Sixtus V." ist ein schönes Stück, das keine Partei beleidigt oder ihr zu nahe tritt. In unseren Zeiten aber, wo die Religionsparteien sich so schroff gegenüber stehen, muß ich in meiner Stellung besonders, da unglaublicherweise dieses Stück zur Parteisache geworden ist, wünschen, daß die Aufführung desselben bis weiter ausgesetzt bleibe, um Verdrießlichkeiten und unrichtige Deutungen zu ersparen. Ich glaube übrigens, daß die mir zur Verwendung stehenden Mittel nicht groß genug sind, die Oldenburger Bühne zu einer Normalbühne zu erheben, ich werde mich begnügen müssen, hier in Oldenburg der Bühne die Stellung zu geben, die sie haben muß, um dem wissenschaftlich gebildeten Publikum eine würdige Erholung und Erheiterung durch gut gewählte und in der Aufführung möglichst vollkommen dargestellte Stücke zu gewähren."

„Sixtus V." wurde unmittelbar nach seinem Erscheinen und in seiner ersten Form, so weit bekannt, nur von dem tüchtigen Director Adolf Dibbern in Altona auf die Bühne gebracht und erst im Jahr 1870 unternahmen der damalige Oldenburger Theaterdirector August Becker und der in Oldenburg engagirt gewesene Oberregisseur am Stadttheater in Zürich Clemens Rainer, eine sehr verdienstliche Umarbeitung des Dramas, (Oldenburg, Schulze'sche Hof-Buchhandlung, 1870), das denn auch in den Jahren 1870 und

71 in Oldenburg zur Aufführung kam. Es folgten die Bühnen in Riga, Leipzig, Preßburg, Schwerin, das National=theater in Berlin und das Hoftheater in Meiningen, welches die große Conclave=Scene, den Glanzpunkt des Stückes, in vollendeter Ausstattung und Ausführung gebracht haben soll. —

Januar 24. Zum ersten Male: „Die Raben von Marseille", Schauspiel in 4 Akten, nach einer Novelle bearbeitet von H. Lambrecht.

Januar 31. Zum ersten Male: „Die lustigen Weiber von Windsor", Lustspiel in 5 Akten von Shakespeare. Falstaff, obgleich gegen seinen unverwüstlichen Humor in Heinrich IV. hier bedeutend abgeschwächt, bot Berninger doch Gelegenheit, auch einmal die Schwachheiten des dicken Ritters zu zeigen.

Februar 8. Zum ersten Male: „Eine Familie", Original=Schauspiel in 5 Akten von Charl. Birch=Pfeiffer, gefiel und hielt sich durch die Rolle der Mad. Brunn in einer Zeit, wo die Birch=Pfeifferschen Dramen überhaupt noch mehr Anklang fanden.

Februar 14. Zum ersten Male: „Die Karlsschüler"; Schauspiel in 5 Akten von H. Laube. Das viel ange=fochtene Drama machte mit Haeser=Schiller, Moltke=Herzog, Jenke=Bleistift, Palleske=Koch, Henckel=Rieger, Dietrich=Nette, Mad. Bluhm=Franziska, Frl. von Zahlhas=Generalin, Mad. Moltke=Laura, Bluhm=Silberkalb, einen großen Ein=druck, so daß es am 18. schon wiederholt werden mußte.

Februar 19. folgte „Clavigo" als Ergänzung des interessanten Literaturbildes des vorigen Abends.

März 7. Zum ersten Male: „Uriel Acosta", Trauer=spiel in 5 Akten von C. Gutzkow, nach durchschlagendem Erfolge am folgenden Tage wiederholt. Haeser's (Uriel) Individualität war besonders geeignet, Charaktere wie der vorstehende, in dem sich schmerzliche Seelenkämpfe, ein

Ringen gegen die Außenwelt ohne moralische Kraft des Widerstandes, Schwanken und Umschlagen der Stimmung in einem verdüsterten Aeußern verkörpern müssen, zur Darstellung zu bringen, Mad. Bluhm war eine leidenschaftliche warmblütige Judith, Dem. Höffert ein reizender Spinoza; außerdem machten die Herren Moltke=Ben Akiba, Heuckelbe Silva, Berninger-Vanderstraten, Palleske=Ben Jochai ein vortreffliches Ensemble aus.

Am 11. März hatte Herr Gabillon den Consens zu seiner Verheirathung mit Frl. von Zahlhas, desgleichen am 27. März Herr Dietrich mit Dem. Fritze nachgesucht und erhalten.

März 21. "Wallensteins Lager" mit Prolog von J. Mosen, gesprochen von Frl. von Zahlhas, dann die "Piccolomini" und am Sonntag den 28. März darauf "Wallensteins Tod".

März 30. spielte Herr Gabillon den Ingomar im "Sohn der Wildniß" mit gutem Erfolge als erste größere Rolle, welche ihm anvertraut wurde.

April 11. Carl von Holtei las im Theater den Coriolan.

Vom 18. bis 25. April gastirte Herr Friedrich Schenk vom Hoftheater in München als Belisar, Stephan Foster, Doctor Loewe und Otto von Wittelsbach. Obgleich der wohlgeschulte, gediegene Schauspieler überall hervortrat, so war doch eine gewisse Gespreiztheit und Selbstgefälligkeit in Sprache und Bewegungen einem tiefer wirkenden Eindruck hinderlich.

Mai 11. Im "Nathan" versuchte sich Herr Palleske zum ersten Male in einer bedeutenden Rolle, die ihm auch ihres rhetorischen Charakters wegen wohl gelang.

Mai 20. Es schloß die Saison mit der Oper "Fra Diavolo" von Auber, welche mit einigen auswärtigen Kräften ausgestattet (Fra Diavolo: Herr Baumhauer von

Bremen; Zerline: Mad. Henckel von Zürich und Lorenzo: Herr Lay aus Wiesbaden) recht gelungen von Statten ging.

In 99 Vorstellungen waren 19 Novitäten gegeben worden, unter denen mehrere bedeutende Repertoirestücke. Außer den schon genannten sind noch zu erwähnen: „Der Vetter" von Benedix, „Doctor Faust's Zauberkäppchen", „Die Gefangenen der Czarin" nach Bayard von Friedrich, „Marianne, oder: Ein Weib aus dem Volke" nach Dennery und Mallian, deutsch von Draexler-Manfred. — Schiller war 7mal, Goethe 6mal, Gutzkow 4mal, Mosen 3mal, Benedix 4mal, Shakespeare 1mal, Lessing 1mal, Laube 3mal, Prutz 1mal und Iffland 3mal vertreten.

Musikalische Vorträge in den Zwischenakten gaben der Cellist Carl Schuberth aus Petersburg und der Fagottist Schmitbach aus Hannover; ein eigenes Concert veranstaltete die Sängerin Frl. Minka Cohn.

1847/48.

September 19. wurde die Saison mit einem Prolog, gedichtet und gesprochen von Emil Palleske, welchem „Prinz von Homburg" von Kleist folgte, eröffnet. Aus dem Umstande, daß, während sonst Julius Mosen es sich nicht nehmen ließ, die ersten Worte an das Publikum zu richten und Stimmung für die bevorstehende dramatische Aufführung zu wecken, hier ein Anderer für ihn eintrat, ist schon ersichtlich, daß Mosen's Thätigkeit durch zunehmende Krankheit gehemmt, jetzt nach und nach der Bühne entzogen wurde. Vom Herbst 1847 an besuchte Mosen auch die Proben nicht mehr und durch Höchsten Erlaß vom 1. Mai 1848 wurde seine Mitwirkung auf Beurtheilung von Novitäten, Einrichtung älterer und neuerer Stücke zur Darstellung, Berathung und Specialproben mit den darstellenden Mitgliedern, und gelegentliche Dichtungen bei besonderen Veranlassungen beschränkt. Daß eine solche Einwirkung auf die Bühne von fernher keine erhebliche und wesentliche sein konnte, wird ein jeder begreiflich finden, welcher weiß, was die Probe bedeutet, wo es sich darum handelt, den scenischen Gedanken in Fleisch und Blut treten zu lassen, wie sich dort erst so Manches, was als ausdrucks= und wirkungsvoll gedacht war, schließlich als unpraktisch und wirkungslos herausstellt. Und doch erinnern sich diejenigen Bühnenmitglieder, denen es um ihre künstlerischen Aufgaben Ernst war, mit Befriedigung und Dankbarkeit der Stunden, wo sie sich in Mosen's Hause Raths erholen, Stellen aus ihren Rollen recitiren und eine neue Belebung und Kräftigung ihres Künstlerberufes holen durften.

September 21. Zum ersten Male: „Die Schule der Verliebten", Lustspiel in 5 Akten nach Sheridan Knowles von C. Blum. Mad. Julius vom Stadttheater in Bremen: Rustika, als erstes Debüt, welches nach einigen weiteren Rollen zum Engagement führte. Es war dies die Folge des für die Oldenburger Bühne sehr schmerzlichen Abganges der Mad. Moltke=Lay, welche durch ihr anmuthiges, heiteres und vielseitiges Talent lange Zeit die Gunst des Publikums besessen hatte; dieselbe wirkt noch heute als Frau Bellosa am Coburger Hoftheater. Mad. Julius konnte ihre Vorgängerin nicht ersetzen, wenn ihr auch Talent und eine gewisse Frische und Lebendigkeit der Darstellung nicht abzusprechen war.

October 5. Zum ersten Male: „König René's Tochter", lyrisches Drama in 1 Akt von Henrik Herz (aus dem Dänischen übersetzt), ein Stück, welches besonders bei den Damen großes Wohlgefallen erregte.

October 12. Zum ersten Male: „Mutter und Sohn", Schauspiel in 5 Akten von Charl. Birch=Pfeiffer, freilich die Dramatisirung eines Romanes, aber doch wieder mit einer Rolle, die der Generalin von Mannsfelt, ausgestattet, in welcher die Verfasserin geglänzt haben soll und welche von allen späteren Heldenmüttern mit großer Vorliebe gespielt wurde.

October 14. Zum ersten Male: „Das Sonntagsräuschchen", Lustspiel in 1 Akt von Floto, zeigte Herrn Gustav Haeser in der Rolle des Studenten Förster in seiner bisher nicht beobachteten Befähigung auch für das humoristische Genre.

November 11. Zum ersten Male: „Achilles", Drama in 3 Akten von Emil Palleske, vorher Prolog in Gestalt eines Herolds von demselben. Das Stück behandelt die Mission des Odysseus und des Nestor nach Phthia, um den dort verborgenen Achilles für den Zug gegen Troja zu gewinnen. Mit vollkommener Kenntniß des Alterthums aufgefaßt und entworfen, machte das Stück durch poetische Gedanken und edle Sprache einen guten Eindruck, wenn es auch über einen Succès d'estime nicht herauskam.

November 14. Zum ersten Male: „Ein Stündchen in der Schule", Posse in 1 Akt nach dem Französischen von Friedrich, gab Herrn Jenke I. Gelegenheit, uns in der Rolle des Schulmeisters Henne eine seiner köstlichsten Chargen vorzuführen.

November 16. Herr Grevenberg vom Theater in Aschaffenburg trat zum ersten Male in einer Scene aus „Romeo und Julie" von Bellini im Verein mit Herrn Haeser II. und Herrn Dietrich auf und sollte, wenn auch damals, was Gesangskunst anbetrifft, kaum über die ersten Anfangsgründe hinaus, doch durch seine wohlklingende, sympathische Tenorstimme für einen längeren Zeitraum die Vorführung von kleinen Spielopern und Opernscenen, bei welchen er an Mad. Dietrich eine vortreffliche Partnerin hatte, zur besonderen Befriedigung des musikliebenden Publikums möglich machen. Herr Grevenberg ist nach seinem Abgange von Oldenburg als Tenorist an mittleren Bühnen thätig gewesen und hat schließlich mit Uebernahme von

Directionen, dem Abgrunde, welcher schon so manchen wackeren Künstler verschlungen hat, seine künstlerische Laufbahn beendet.

November 23. „Das Urbild des Tartüffe." Erstes Auftreten des Herrn Schneider vom ständischen Theater in Prag als Lamoignon. Die Befähigung des Herrn Palleske, das Fach eines Charakterspielers völlig auszufüllen, hatte sich doch nicht als ausreichend erwiesen und war man daher bedacht gewesen, diesen Posten, welcher nach der Beschaffenheit des Oldenburger Repertoires immer hervorragend besetzt sein mußte, wieder durch eine tüchtige Kraft zu ergänzen; diese schien sich in Herrn Schneider, nachdem er noch den Bolingbroke und den Lord Lilburne gespielt hatte, gefunden zu haben, und wurde er daher engagirt. Wenn sich auch im weiteren Verlaufe des Engagements des Herrn Schneider bis zum Schlusse der Hofbühne im Jahre 1854 herausstellte, daß ihm für eine Anzahl von Rollen die edle Würde der Repräsentation und die feineren gesellschaftlichen Formen fehlten, so hat er doch in allen denjenigen Parthien, welche mehr zur Intrigue und zur Charge sich hinneigen, sehr Anerkennenswerthes geleistet.

November 30. Zum ersten Male: „Eine Schwester", Trauerspiel in 3 Akten von Hermann Rollet, wurde, schon seines etwas bedenklichen Stoffes wegen, abgelehnt.

Januar 4. Zum ersten Male: „Phaedra", Trauerspiel in 5 Akten von Racine, übersetzt von Schiller. Mad. Gabillon: Phaedra; Moltke: Theseus; Haeser I.: Hippolyt; Palleske: Theramen standen völlig auf der Höhe ihrer Aufgaben und durfte das edle Werk nach vollem Erfolge im Laufe der Saison wiederholt werden.

Januar 6. wegen anhaltender Kälte fiel die Vorstellung aus.

Januar 16. Zum ersten Male: „Dorf und Stadt", Schauspiel in 5 Akten nach der Auerbach'schen Erzählung von Frau Birch=Pfeiffer, hat sich der Rolle des Lorle wegen gehalten und taucht auch von Zeit zu Zeit wieder einmal auf; Mad. Julius als Lorle war recht brav.

Nachdem bereits im October 1847 bei vorgekommenem Unwohlsein des Großherzogs zweimal im Schlosse, wo eine kleine Bühne aufgeschlagen wurde, leichte Lustspiele gespielt worden waren, führte man am 10. Januar zum ersten Male ein kleines Stück von Bauernfeld „Großjährig" auf, welches zur Zeit einiges Interesse erregte und mancherlei Auslegungen erfuhr, da es die dem österreichischen Volke zu lange dauernde Vormundschaft des Kaisers Franz Joseph und das Verhältniß zu seiner Mutter zum Gegenstande haben sollte.

Januar 28. mußte das Theater wieder wegen der Kälte geschlossen bleiben.

Februar 1. „Liebe kann Alles" nach Shakespeare's „bezähmten Widerspänstigen", kam immer noch in der alten Bearbeitung von Holbein vor.

Februar 8. fand leider eine Vorstellung von fünf schwarzgefärbten Amerikanern, Negersängern, statt, welche später der Schauspieler Haeser II. in einem Gesangquartett so ergötzlich parodirt hat.

Februar 10. Zum ersten Male: „Wullenweber", dramatisches Gemälde aus der Geschichte der Hansa in 5 Akten von C. Gutzkow. Wullenweber: Herr Berninger; Marcus Meyer: Herr Haeser I.; Graf Christoph von Oldenburg: Herr Moltke, konnten den Erfolg des Stückes nicht retten, denn es erfüllte die Ansprüche an eine Tragödie nicht, welche es seinem Inhalte nach doch immer war, wenn auch der Titel vielleicht absichtlich die Ansprüche daran herabmindern sollte. Eine Menge von Abenteuern und Begebenheiten geben keine tragische Verwickelung, welche folge=

richtig zu lösen wäre; der Held, welcher in Folge seiner Schuld zu Grunde gehen sollte, indem er sie durch seinen Untergang abbüßt, kommt hier eigentlich ganz zufällig um, und so erregte das Stück, welches beinahe vier Stunden, trotz mancher Kürzungen, in Anspruch nahm, kein gesteigertes Interesse und ermüdete schließlich.

März 7. Heute begrüßte das Publikum den Großherzog und den von der Universität Leipzig zurückgekehrten Erbgroßherzog bei ihrem Eintritt in die Loge mit lauten und herzlichen Hochrufen, worauf das Oldenburgische Volkslied angestimmt wurde.

Es läßt sich nicht läugnen, daß das herannahende politische Gewitter von 1848 seine Schatten auch auf das Theater vorausgeworfen hatte; daß die Theilnahme des Publikums, welches sich in steter Spannung befand über die täglich eintreffenden und sich oft widersprechenden Nachrichten von den großen Ereignissen, die sich in unseren Hauptstädten abspielten, bereits sehr gesunken war, und daß die Intendanz, die außerdem noch mit außergewöhnlich zahlreichen Erkrankungen der Schauspieler (vom 22. Febr. bis zum 7. März sind 8 Kranke auf den Zetteln verzeichnet) Sorge und Mühe hatte, das Repertoire aufrecht zu erhalten und ansprechend zu machen. Und selbst bis in die sonst nur den Musen geweihten Räume des Theaters drang eines Tages der politische Lärm und machte sich in einer, freilich sehr harmlosen Weise, breit. Am Tage der Aufführung der „Iphigenie" hatte der Großherzog durch einen Erlaß einige für die Entwickelung des Landes sehr wichtige Bestimmungen getroffen, und eine große Schaar der Einwohner Oldenburgs, welcher diese frohe Nachricht erst spät zugegangen war, fühlte sich gedrungen, ihrer Dankbarkeit durch eine Ovation Ausdruck zu geben, wodurch der Großherzog sich veranlaßt sah, vor der Thür des Theatereinganges das ihm gebrachte Hoch entgegen zu nehmen und einige Worte darauf zu erwiedern. Ein Theil der vor dem Theater Anwesenden glaubte sich nun berechtigt, am weiteren Verlaufe der Vorstellung Theil nehmen zu dürfen; man drang ungehindert in Vorplätze, Parquet und Logen, nahm sich Plätze, wo sie zu finden waren und bildete so ein seltsames Auditorium der Iphigenie gegenüber, die in ihrer klassischen Ruhe, als wollte sie sagen: „laß Dich nicht irren des Pöbels Geschrei", in gemessenem Schritte auf der Bühne weiter wandelte. — Eine besonders hervorragende Rolle spielte dabei Anhot Harms, ein Apfelsinen- und Häringsverkäufer, „unser Proletarier", als einziger Vertreter dieser später allerdings erheblich vermehrten Species der menschlichen Gesellschaft. Harms schien sich auf seinem Logenplatz sehr behaglich zu fühlen, machte rechts und links lebhaft Conversation, konnte aber den Goethe'schen Versen keinen rechten Geschmack abgewinnen.

März 19. Zum ersten Male: „Prinz Friedrich", Schauspiel in 5 Akten von H. Laube. Nach vielfachen, durch die erwähnten Krankheitsfälle entstandenen Hindernissen konnte endlich dies Schauspiel, das schon dreimal angekündigt gewesen war, in Scene gehen. Berninger wußte wieder in der Rolle des Königs Friedrich Wilhelm I. das bereits in zwei anderen Stücken von ihm geschaffene Charakterbild zu vervollständigen, Haeser I. war vortrefflich für den Kronprinzen geeignet und so zeigte das Drama des Bedeutenden, Erschütternden und wahrhaft Dramatischen so viel, daß man nicht umhin konnte, dasselbe den hervorragenden Erscheinungen im dramatischen Gebiete zuzuzählen. — Im Uebrigen sagte die Kritik, im Hinblick auf die Zeitereignisse: „Die Bretter, welche die Welt bedeuten, können in dieser Zeit nicht gleichen Schritt halten mit der Welt selbst, mit den großen Gedanken und Thaten, die sie entstehen läßt."

April 15. schloß die Saison würdig mit „Richard III.",

den Herr Schneider, seinen Kräften entsprechend, recht befriedigend zur Geltung brachte.

In 95 Vorstellungen wurden 24 Novitäten gegeben, von denen einige noch zu erwähnen, nämlich: „Eine Frau, die sich aus dem Fenster stürzt", nach dem Französischen von Börnstein, und „Eigensinn" von Benedix. Der Gebrauch, auf dem Zettel die Vorstellung des folgenden Tages anzuzeigen, brachte in dieser Saison, wo so viele Unpäßlichkeiten vorkamen, der Intendanz manche Verlegenheiten, indem an 14 Tagen das vorher Angekündigte nicht innegehalten werden konnte.

In den Zwischenakten ließen sich vernehmen: die Sängerinnen Frl. Heintze vom Theater in Riga und Mad. Garcia (ohne Garantie des berühmten Namens), der Violoncellist Herr Demunck aus Brüssel, der Clarinettist Herr Kammermusikus Seemann aus Hannover und an vielen Abenden erfreute Herr Grevenberg durch seinen sich immer mehr vortheilhaft ausbildenden und ansprechenden Gesang.

1848/49.

Nach einem durch wichtige politische Ereignisse und den Krieg in Schleswig-Holstein, an welchem die Oldenburgischen Truppen rühmlich Theil nahmen, in Spannung und Aufregung durchlebten Sommer, wurde die Bühne am 24. September mit dem Schauspiel „Ludwig der Baier" von Ludwig Uhland eröffnet (zum ersten Male).

September 26. Zum ersten Male: „Die Valentine", Schauspiel in 5 Akten von Gustav Freitag, und debütirte darin Dem. Löhn vom Stadttheater in Magdeburg als Valentine, einer Rolle, welche dem Temperament der jungen Dame wohl gut zusagen mochte, denn es wurde ihr darin guter Anstand, lebhaftes Spiel, deutliche, wenn auch nicht ganz dialektfreie Aussprache zuerkannt; der Beifall, den sie heute erhielt, ist ihr aber nicht immer dauernd geblieben. Das

Stück selbst bildete eine sehr erfreuliche Erscheinung in einer Zeit, wo der in den letzten Jahren so frisch und lebendig sich ergießende dramatische Literaturstrom schon sehr nachgelassen hatte und zu versiegen begann; ein von dem Geiste der Zeit getragener kräftiger Pulsschlag belebte die geistvolle Rede und wenn man auch nicht überall mit der Handlung einverstanden sein konnte, so war sie doch ereignißvoll und spannend. Herr Moltke war ein stattlicher Georg Winegg, Herr Wenzel ein warmblütiger junger Fürst und Herr Jenke I. ein köstlicher Spitzbube Benjamin, voll ächten Galgenhumors. Die „Valentine" wurde bald wiederholt und hält sich noch jetzt auf unserem Repertoire.

October 24. Zum ersten Male: „Der Puff, oder: Zeitungs- und Tages-Lügen", Lustspiel in 5 Akten von Scribe. Dieses Lustspiel gehört zur Klasse derjenigen Stücke, welche wegen ihres auf speciell französischen Zuständen beruhenden Stoffes dem Publikum einer mittleren Stadt kaum verständlich sind und nur von französischen Schauspielern gespielt eines Erfolges sicher sein können. Herr Jenke I. als Buchhändler Bouvard gab eine köstliche Charge.

October 29. Zum ersten Male: „Coriolanus", Trauerspiel in 5 Akten von Shakespeare, für die Bühne eingerichtet von Herrn Moltke; die neuen Decorationen waren von Herrn Presuhn. Ein so gewaltiges Drama auf die Scene zu bringen, war ein großes Wagstück, aber daß der Muth und die Thatkraft dazu vorhanden war, ist schon anerkennenswerth. In den politisch so bewegten Tagen mußte die starr aristokratische Figur des Coriolan, den Herr Moltke mit seiner vollen Gestaltungskraft ausstattete, einen tiefen Eindruck machen und die Herren Haeser I.: Aufidius; Schneider: Menenius Agrippa, und die Damen Höffert: Volumnia; Bluhm: Virgilia; Gabillon: Valeria trugen das Ihrige zum Gelingen der Aufführung bei, welche wiederholt werden konnte.

October 31. Zum ersten Male: „Die Polenwache", politische Posse in 2 Akten von E. Palleske. Der Versuch des Verfassers, ein deutsches Lustspiel im Geschmack des Holberg zu schreiben, kann nicht als gelungen betrachtet werden; da die Zeichnung der Figuren und Situationen nicht scharf genug, wurden die Darsteller zum Auftragen der Farben bis zur Caricatur verleitet.

November 28. Zum ersten Male: „Familienzwist und Frieden", Lustspiel in 2 Akten von Putlitz. Auch ein kleines politisches Lustspiel, so recht aus der damaligen Zeitstimmung herausgenommen, in welchem die hauptsächlichsten politischen Parteien in ihrer Einseitigkeit vertreten, sich in unaufhörlichem Streit und Hader befinden, und nur durch die vernünftig neutrale Hausmutter Concordia: Mad. Gabillon geschickt wieder zu Frieden und Eintracht gebracht werden. Die Herren Berninger, Haeser I. und Dietrich, welcher als Jäger Patzig das souveraine Volk zu repräsentiren hatte, aber doch „den verfluchten Respect nicht aus den Knochen kriegen" konnte, Mad. Gabillon und Mad. Julius spielten in heiterster Laune, so daß das kleine harmlose Stück einen vollen Erfolg erhielt und die Darsteller lebhaft gerufen wurden. — Es erregte große Befriedigung, daß ein dramatischer Dichter in einer Zeit, wo die Phrase noch in voller Blüthe stand, es gewagt, die einseitigen politischen Richtungen in so humoristisch drastischer Weise auf die Bühne zu bringen, und die folgenden öfteren Wiederholungen erhielten dem Stück die ungetrübteste heitere Stimmung.

December 17. Zum ersten Male: „König Johann", historisches Trauerspiel in 4 Akten von Shakespeare, für die Darstellung eingerichtet von Immermann. König Johann: Herr Haeser, welchem derartige Rollen vorzüglich gut lagen: Philipp Faulconbridge: Herr Moltke; Constanze: Mad. Gabillon; Arthur: Dem. Höffert; Hubert: Herr Schneider, brachten das Drama, das seitdem hier Repertoirestück geblieben ist, zu voller Geltung.

December 17. Zum ersten Male: „Graf Waldemar", Schauspiel in 5 Akten von G. Freitag. Troß der guten Charakterzeichnung der verschiedenen Personen, der geistvollen Sprache, der geschickten aber etwas sensationellen Anordnung des Stückes und der vortrefflichen Aufführung, bei welcher sich Herr Haeser I. als Graf Waldemar, Dem. Löhn als Fürstin Ubaschtin und Mad. Bluhm als Gertrud hervorthaten, sprach das Stück das Publikum wenig an, und hat sich diese Stimmung auch bei späteren Wiederholungen nicht geändert.

December 28. Zum ersten Male: „Prinz Eugen der edle Ritter", Vaudeville (bescheidentlich) anstatt Oper so genannt) in 3 Akten von G. Schmidt. Eine Oper, ganz mit eigenen Kräften besetzt, unter denen Mad. Dietrich und Herr Grevenberg allein als mit Gesang begabt zu bezeichnen sind, vorzubringen, war ein Wagstück, allein es gelang und Herr Haeser I. ersetzte die mangelnde Stimme durch verständnißvollen Vortrag und gutes Spiel, und namentlich gelang die Darstellung der strophenweisen Entstehung des bekannten Soldatenliedes: „Prinz Eugenius" u. s. w. ganz vortrefflich).

Am 2., 3., 4., 5. Januar fanden wegen heftiger Kälte keine Vorstellungen statt.

Januar 18. Ob der neu einstudirte „Zeitgeist" von Raupach noch Beifall gefunden, ist zweifelhaft; jedenfalls wird Herr Jenke I. als Schelle vortrefflich gewesen sein.

Januar 25. Zum ersten Male: „Die Braut von Corinth", Drama in 3 Akten von E. Palleske; vorher Prolog, gedichtet und gesprochen von demselben. — Das Unterfangen, die hochpoetische Goethesche Ballade in ein Drama umzuformen, welchem Zuthaten aus dem durch Daumer geschilderten Molochsdienst beigegeben waren, rächte sich durch den geringen Erfolg, den das Stück hatte, wenn dasselbe auch reich an poetischen Gedanken war.

Februar 22. Es wurden drei kleine Stücke aufgeführt und in den Zwischenakten Tableaux gestellt, von denen das Rettungsfloß nach Ebers so viel Beifall fand, daß es bald wiederholt werden mußte.

April 17. Da die Tableaux so sehr gefallen, wurden solche wieder nach Bildern von Unwins, Oesterlein (Die Tochter Jephta's) und Lessing (Die Hussitenpredigt) arrangirt.

April 19. Zum ersten Male: „Badekuren", Lustspiel in 1 Akt von Putlitz. Das niedliche, noch recht beliebte Stückchen machte mit Herrn Haeser: Studiosus Reinhold, Mad. Höffert und Dem. Löhn viel Glück.

April 29. Zum ersten Male: „Ottfried", Schauspiel in 5 Akten von E. Gutzkow. Mit diesem, jetzt verschollenem Stück schloß die Saison und folgte noch eine Vorstellung kleiner Stücke zum Besten der Kleinkinder-Bewahranstalt, mit einem von Herrn Moltke gedichteten und gesprochenen Prolog, welcher die in Oldenburg zum Besuch anwesende Königin Amalie von Griechenland beiwohnte.

Die Zeitverhältnisse hatten ohne Zweifel sehr ungünstig auf das Theater eingewirkt; die Gedanken der Zuschauer mochten oft abgezogen gewesen sein durch die ernsten Ereignisse, welche die Zukunft Deutschlands bedrohten; die Schauspieler fühlten das geistige Band mit dem Publikum gelockert, die völlige Hingebung an ihre Aufgaben, ohne die eine nachhaltige Wirkung unmöglich ist, wurde ihnen nicht mehr so leicht, als in den Tagen, wo ihnen die vollste Theilnahme sicher war. — Dennoch waren in 109 Vorstellungen 26 Novitäten gebracht worden, von denen „Ludwig der Baier" von Uhland, „Die Valentine" und „Graf Waldemar" von Freitag, „Coriolan", „König Johann" die bedeutendsten. Um die vorhandenen verhältnißmäßig guten musikalischen Kräfte zu verwerthen, wagte man es, drei etwas zusammengestrichene Spielopern: „Prinz Eugen der edle Ritter", „Die Regimentstochter", „Die Schwestern von Prag", das Liederspiel „Die Heimkehr ins Dörfchen" mit Melodien von C. M. von Weber und „Zwei Worte, oder: Die Herberge im Walde" von d'Alayrac zu geben, womit den Opernfreunden eine kleine Befriedigung gewährt wurde.

In den Zwischenakten hatten die Sängerinnen Dem. Ida Buck und Dem. Maria Schneider sich hören lassen und außerdem Herr Grevenberg öfter im Verein mit Mad. Dietrich kleine musikalische Scenen aufgeführt.

Schiller war 5mal, Goethe 1mal, Shakespeare 5mal, Gutzkow 4mal, Mosen 1mal, Freitag 4mal und Putlitz 9mal vorgeführt worden.

1849/50.

September 16. Zur Nachfeier des hundertjährigen Geburtstages Goethe's wurde „Torquato Tasso" aufgeführt und zum Schluß ein großes Fest-Tableau gestellt, welches der damals anwesende Bildhauer Eduard Mayer und der Maler Becker aus Düsseldorf arrangirt hatten; das Frankfurter Standbild Goethe's war plastisch imitirt, die neun Musen umgaben es in tanzender Stellung. Der Ertrag der Einnahme war nach dem Zettel für die allgemeine deutsche Goethe-Stiftung bestimmt.

September 23. Zum ersten Male: „Deborah", Volksschauspiel in 4 Akten von Mosenthal. Ein Volksstück, in welchem das Volk eine jämmerliche Rolle spielt, eine spannende Handlung, scharf gezeichnete Charaktere, die Situation der Deborah unser Mitgefühl erregend, die schließliche Lösung des Confliktes, aber ohne Genugthuung zu gewähren, und doch ist wohl kein Drama über so viele Bühnen gegangen, als dieses, das in mehrere Sprachen übersetzt und von bedeutenden Tragödinnen, wie z. B.

Frl. Janauschek, durch ganz England und Amerika getragen wurde. Mad. Bluhm: Deborah, welche besonders die edleren Seiten dieses, oft Anklänge an Medea zeigenden, Charakters herauszukehren verstand, fand großen Beifall, welcher dem Drama zu gute kam.

September 25. „Der Ball zu Ellerbrunn." Für die abgegangene Mad. Julius trat Dem. Ramler vom Hoftheater zu Hannover, durch Herrn Kaiser empfohlen, ein, und zeigte sie sich dieser Empfehlung durchaus würdig. Angenehmes Aeußere, weiches modulationsfähiges Organ, gute Aussprache, Grazie und die besondere Befähigung naive und tiefgemüthvolle Charactere darzustellen, erwarben ihr bald den Beifall, der ihr bis zu ihrem Abgang von der Oldenburger Bühne erhalten blieb. Frl. Ramler, später Gattin des in Heldenväterrollen oft genannten und gerühmten Herrn Lehfeldt, ist noch am Hoftheater in Weimar thätig. —

September 30. Zum ersten Male: „Der artesische Brunnen", Zauberposse von Räder.

October 9. Herr Bauer debütirte in dem „Geheimniß von Solié" und mit der großen Arie aus „Fra Diavolo" mit vielem Glück und wurde für den abgegangenen Tenoristen Grevenberg engagirt.

October 11. Zum ersten Male: „Vaterforgen", Lustspiel in 3 Akten von G. v. P. Nachdem man anfänglich Gustav von Putlitz für den Verfasser des Stückes gehalten, enthüllte sich später Frau Birch-Pfeiffer, welche sich mit Benutzung obiger Anfangsbuchstaben gegen Herrn v. Putlitz und das Publikum einen Scherz erlaubt hatte, als Verfasserin.

October 16. Zum ersten Male: „Liesli", Trauerspiel in 3 Akten von C Gutzkow. — Die Gutzkowsche Ueberproduction beginnt für die Erfolge der Bühne recht bedenklich zu werden. Liesli, welche ihrem auswanderungslustigen Gatten immer nur starrköpfig mit dem Refrain antwortet:

„Ich gehe nicht mit ins Amerika!" konnte, troß des vortrefflichen Spiels der Mad. Bluhm, weder Interesse noch Theilnahme erregen.

October 18. Die neu einstudirte „Minna von Barnhelm" ging mit Dem. Ramler in der Titelrolle und den übrigen bekannten Kräften, unter denen Jenke I. als Just hervorzuheben, vortrefflich von statten, nur mangelte Herrn Palleske der Schliff, welcher Ricaut, trotz seiner Verkommenheit, nicht fehlen darf.

November 8. Zum ersten Male: „Hans Jürge", Schauspiel in 1 Akt von Holtei. Als sonderbares, aus den verschiedenartigsten Elementen zusammengesetztes, Charakterbild bietet die Rolle des Hans Jürge einem tüchtigen Charakterspieler großen Spielraum, die schroffen Stimmungswandlungen zum einheitlichen Ausdruck zu bringen, und ist deshalb seit Davison der „Hans Jürge" immer als eine interessante Aufgabe betrachtet und gern gespielt worden, ob zu großer Befriedigung der Zuschauer, ist zweifelhaft. Herr Steinmetz, ein junger strebsamer, wenn auch mit bescheidenen Mitteln ausgestatteter Künstler, entledigte sich seiner Aufgabe mit anerkennenswerthem Geschick.

November 15. Zum ersten Male: „Die Comödie der Irrungen", Lustspiel in 3 Akten von Shakespeare, bearbeitet von C. Jenke I. Die Schwierigkeit für die Darstellung dieses Lustspiels, die zwei Paare der Zwillingsbrüder in überzeugender Aehnlichkeit vorzubringen, hat Jenke glücklich dadurch beseitigt, daß er jedes der Zwillingspaare von nur einer Person spielen, und nur da, wo es nöthig ist, eine stumme Figur als Doppelgänger im Hintergrunde und am Schlusse des Stückes erscheinen läßt. Nur so kommen die höchst ergötzlichen Situationen zu voller drastischer Wirkung und haben auch die Darsteller der Antipholus und der beiden Dromio die lohnende Aufgabe, die beiden Figuren durch eine klare verschiedene Charakteristik aus einander zu halten.

„Die Comödie der Irrungen" ist seitdem stets ein sehr beliebtes Repertoirestück hier geblieben.

November 25. Zum ersten Male: „Rosenmüller und Finke", Original-Lustspiel in 5 Akten von C. Toepfer. Ein tüchtiger Lustspielstoff, lebensvolle, wenn auch etwas übertrieben scharf gezeichnete Figuren, das meisterhafte Spiel Berninger's und das vortreffliche Zusammenwirken aller Mitglieder, bereitete einen der heitersten Abende des Winters.

December 4. Zum ersten Male: „Der Sommernachts= traum" von Shakespeare, übersetzt von Böttger, Musik von Mendelssohn-Bartholdy, Prolog gesprochen von Herrn Palleske. Trotz der geringen hier vorhandenen scenischen Mittel dennoch recht wirkungsvoll ausgestattet, hatte das hochpoetische Werk mit der Mendelssohnschen Musik einen glänzenden Erfolg, der ihm auch bei späteren Wiederholungen bewahrt blieb; doch darf nicht verschwiegen werden, daß ein nicht zu unterschätzender Theil des Publikums, namentlich der weibliche, noch immer nicht das volle Verständniß für den Stoff finden kann, indem er meint, die vorkommenden Situationen, die doch in ihren grellen Widersprüchen nur in den Gegensätzen der Traumeswirren ihren Ursprung haben, mit dem Maßstab der Wirklichkeit messen zu müssen. Die Damen Ramler, Löhn und Dietrich, die Herren Haeser, Wenzel, Schneider und Jenke (Zettel) hatten sich mit glücklichster Laune in das phantastische Treiben hineingedacht.

December 16. Zum ersten Male: „Ernst von Schwaben", Trauerspiel in 5 Akten von Uhland. Das edle Werk wurde würdig dargestellt und gefiel, wenn es auch nur selten einen durchschlagenden Erfolg erhalten wird. Herr Moltke (Werner von Kyburg), dessen Individualität zur Darstellung der edlen aufopfernden Männlichkeit besonders geeignet, sprach namentlich die schöne, poetische Erzählung von der Kaiserwahl mit Begeisterung und tiefer Empfindung.

Januar 2. Zum ersten Male: „Der Salzdirector", Lustspiel in 3 Akten von P. (Putlitz), kleines aus dem politischen Treiben der Zeit glücklich gewähltes humoristisches Genrebild.

Januar 10. Zum ersten Male: „Das Versprechen hinter dem Heerd" von Baumann. Herr Berninger, Bauer, Jenke (Freiherr Strizow), Mad. Dietrich waren die Darsteller. —

Januar 13. Wegen Kälte keine Vorstellung.

Januar 31. Zum ersten Male: „Viel Lärm um Nichts", Lustspiel in 3 Akten von Shakespeare, bearbeitet von Holtei. Das dritte Shakespeare'sche Stück, welches die Intendanz zum dauernden Repertoire-Bestand in dieser Saison brachte; ein glänzendes Zeichen für die gesinnungstüchtige Thätigkeit der Bühne. Haeser: Benedict; Dem. Ramler: Beatrice; Jenke und Dietrich als Ambrosius und Cyprian, sind auf der Oldenburger Bühne nie übertroffen worden.

Februar 7. Zum ersten Male: „Maximilian Robespierre", Trauerspiel in 5 Akten von Robert Griepenkerl. Herr Palleske: Robespierre konnte nicht genügen, denn es gelang ihm nicht, die dämonische Gewalt, die der Held des Stückes auf seine Umgebung ausübt, zur Anschauung zu bringen. Vorzüglich waren Herr Moltke: Danton; Schneider: Vadier; Jenke in den beiden kleineren Rollen des Mamin und des Mönchs, und die Damen Ramler: Danton's Frau; Mad. Bluhm: Desmoulin's Frau und Dem. Löhn: Therese Cabarrus. Das Unterfangen, die französische Revolution in ein Drama zusammenzudrängen, ist auch hier nicht gelungen, so wenig als die schon öfter gemachten Versuche, diesen Stoff, dessen Verwendbarkeit überhaupt sehr fraglich ist, zu bewältigen, bühnengerechte Dramen genannt werden können. Das Talent Robert Griepenkerl's ist hervorragend, aber die Arbeit ist nicht genug gesichtet und abgeklärt.

Februar 10. wurde „Robespierre", welcher durch die Zeitstimmung im Publikum eine Stütze hatte, wiederholt, desgleichen am 3. März und am 14. April, an welchem Tage Herr Hofschauspieler Kaiser ein längeres Gastspiel mit dieser Rolle begann.

Februar 21. Zum ersten Male: „Firdussi", dramatisches Gedicht von Rudolph Stark (Herr von Weiß von Starkenfels). Mehr Gedicht als Drama errang das Werk, trotz des guten Spiels des Herrn Haeser, kaum einen Achtungserfolg.

Februar 26. „Prinz Friedrich" von Laube. Herr Bittko vom Stadttheater in Cöln als Gast, welcher noch als Baron Wallenfeld, Reinhold und Jacob Unfall auftrat.

April 14. bis 19. Gastspiel des Herrn Kaiser als Robespierre, Nathan, Mazarin und Herzog Karl in den „Karlsschülern". Es wurde bemerkt, daß Herr Kaiser nicht mehr ganz derselbe war, als welcher er aus seiner Oldenburger Zeit in der Erinnerung seiner Bewunderer stand; ein singendes Pathos, Schauspielerkünste, welche an die Stelle der Naturwahrheit und Einfachheit getreten, Spielen auf Effect werden ihm nachgesagt, und nur als Nathan war er noch der Alte.

April 21. Wiederholung einer bereits am 9. April unter dem Titel: „Die deutsche Schauspielkunst in ihrer historischen Entwickelung" arrangirten Vorstellung, in welcher kleine Stücke und einzelne Scenen von Hans Sachs, Gottsched, Ilfsen, Gellert, Lessing, Schiller, Goethe, Iffland, Kotzebue, Müllner, Kleist und Raupach in eine Reihenfolge gebracht waren.

April 25. Zum ersten Male: „Der Kurmärker und die Picarde" von Schneider, Mad. Dietrich und Herr Jenke I., zum Schluß: „Die Rückkehr des Landwehrmannes" von Cohnfeld.

April 30. wurde mit dem „Sommernachtstraum" geschlossen.

In 96 Vorstellungen waren 24 Novitäten, von denen einige sehr werthvolle und das Repertoire bereichernde aufgeführt worden; außerdem die kleineren: „Das Herz vergessen" von Putlitz, „Der Proceß" von Benedix, „Ein Tag vor Weihnachten" von Toepfer. — Schiller und Goethe sind je 3mal, Shakespeare 11mal, Lessing 4mal, Iffland 2mal, Gutzkow 2mal, Putlitz 7mal, Toepfer 5mal, Holtei 4mal und Benedix und Freitag je 2mal verzeichnet.

Mit einheimischen Kräften war „Prinz Eugen" wiederholt, „Der Postillon von Lonjumeau" neu arrangirt worden; in den Zwischenakten hatte Frl. Nissen, später Frau Nissen-Salomon (als Gesanglehrerin bekannt) gesungen; Herr Elwart, Harfenvirtuose aus Belgien, gespielt; eine neue Symphonie von Louis Pape war aufgeführt worden und Herr Bauer und Mad. Dietrich hatten mehrere kleine musikalische Scenen eingelegt.

1850/51.

September 22. begann die Saison mit „Julius Cäsar" von Shakespeare (zum ersten Male), für die Bühne eingerichtet von Herrn Moltke. Als Antonius debütirte Herr Bernhard Baumeister vom Hoftheater in Hannover, als Ersatz für den ausgeschiedenen Herrn Wenzel und bekundete sofort sein eminentes Talent, das ihn bekanntlich zu einer hervorragenden Stellung am Burgtheater geführt hat, dessen Mitglied er seit 29 Jahren ist. Von der Natur mit den besten Gaben des Aeußern ausgestattet, versetzte Herr Baumeister durch sein hervorstechendes Darstellungstalent den Zuschauer unmittelbar in die Illusion, die geforderte Figur wirklich vor sich zu sehen. Schon nach dieser ersten, wahrscheinlich zum ersten Male gespielten, Rolle hatte man die Ueberzeugung, ein bedeutendes Schauspielertalent vor sich zu sehen und eine jede weitere Rolle bestätigte die gute Meinung, die man von ihm hatte. — Worin heute das Talent Baumeisters gipfelt, möchte daraus zu ersehen sein, daß er zur Feier seines Jubiläums am Burgtheater im Jahre 1877 den Falstaff spielte und ihm von einer Deputation der Mitglieder eine werthvolle Silberstatuette, den edlen Sir John darstellend, übergeben wurde. Bis auf Cäsar selbst, dessen Darstellung Herrn Palleske nicht genügend gelang, hatten die Mitwirkenden ihre besten Kräfte eingesetzt (Jenke und Dietrich waren die Wortführer in den Volksscenen) und so gelang das bedenkliche Unternehmen über Erwarten.

Es sei noch bemerkt, daß der heutige Zettel (22. September 1850) die früher als Madames und Demoiselles bezeichneten Damen zu Frauen und Fräuleins avancirt zeigte. —

Am 24. und 26. September spielte Herr Baumeister noch den jüngeren Klingsberg und den Mortimer, welche letztere Rolle ihm wohl am besten gelang, worauf er engagirt wurde.

October 1. In „Eine Familie", Original-Schauspiel von Charl. Birch-Pfeiffer, debütirte Frl. Kleb als Natalie und in der folgenden Vorstellung von „Dorf und Stadt" (wieder Birch-Pfeiffer) Frl. Weber als Lorle, und ist anzunehmen, daß nur der Wunsch der Debütantinnen die Wahl dieser Rollen bedingt hat. Von den beiden Debütantinnen trug das Lorle den Preis davon, denn Frl. Weber beherrschte den schwäbischen Dialect mit großem Geschick, und sie war jung und hübsch. — Im weiteren Verlauf der Vorstellungen zeigte es sich aber bald, daß Frl. Weber weitergehenden Anforderungen nicht entsprechen konnte, und ebenso hat sich Frl. Kleb keine feste Position erringen können.

Von ihrer Vorgängerin Frl. Anna Löhn ist hier noch zu erwähnen, daß sie in den ihrer Individualität angemessenen Rollen recht tüchtig sein konnte, und als eine gute Collegin sehr beliebt war. Von lebhaftem etwas excentrischem Temperamente, das sie aber nie die weibliche Grenze überschreiten ließ, mit einer für eine Dame seltenen Schulbildung ausgestattet (sie verstand sogar Latein!), hat sie sich später einer mehr literarischen Thätigkeit zugewandt und an Reiseberichten, Novellen und kleinen dramatischen Arbeiten manches Erfreuliche geliefert.

October 15. Zum ersten Male: „So wie es Euch gefällt", Lustspiel in 3 Akten von Shakespeare, bearbeitet von Carl Jenke. Die Bearbeitungen dieses reizenden Lustspiels, das in Dresden nach Pabst, in Carlsruhe nach E. Devrient und in München noch bis heute nach Jenke gegeben wird, macht große Schwierigkeiten, noch größere aber eine völlig genügende Besetzung, denn die phantastische Poesie, welche das ganze Stück durchweht, den tiefen Humor, die Keckheit und Grazie, in welcher sich der Dialog bewegt, zur Geltung zu bringen, erfordert ausgezeichnete Kräfte und ein ernstes Studium. Die Oldenburger Bühne hat daher seit langer Zeit auf die Darstellung dieses Lustspiels verzichten müssen. — Was die damalige Aufführung anbetrifft, so war die Inscenirung und das Ensemble sehr zu loben; Frl. Ramler als Rosalinde war ihrer Rolle völlig gewachsen und erhielt lebhaften Beifall. Die zu dem Stücke nöthige Musik war von Herrn Concertmeister Franzen componirt.

October 31. Zum ersten Male: „Ein deutsches Dichterleben", Schauspiel in 5 Akten von Mosenthal. Wir wollen uns lieber an den Dichter Bürger und seine Werke halten, als an seine kläglichen Lebensschicksale.

November 12. Zum ersten Male: „Das Wintermärchen", Schauspiel in 4 Akten von Shakespeare. Ein

glückliches Unternehmen, das schöne Früchte getragen hat. Wenn wir Oldenburger nach vielen Jahren von Dingel=
stedt's neuer Entdeckung des „Wintermärchens" und seiner Inscenirung mit der Musik von Flotow lasen, so überkam uns ein gewisses Gefühl selbstgefälliger Befriedigung, daß uns dieses Werkes schon lange Zeit vorher erfreut, und als dauernd auf dem Repertoire uns viele genußreiche Stunden bereitet hatte. Ja es giebt noch manchen alten Theater= besucher, welcher die alte hiesige Bearbeitung mit der später hinzugekommenen Musik von Louis Pape, der unter Director Becker 1871/72 eingeführten Dingelstedtschen vorziehen, und namentlich die für den Gang der Handlung so noth= wendige Aussetzung der Perdita (in Erinnerung an das köstliche Spiel von Berninger und Steinmetz) nicht ent= behren möchte. — Die Veranlassung, daß „Das Winter= märchen" hier auf die Bühne kam, war folgende: Emil Palleske hatte im Gefühl, daß die Bühnenlaufbahn ihn zu einem höheren Ziele nicht führen würde, versucht, sich als Vorleser auszubilden und bereits durch öffentlichen Vortrag der Dramen: Antigone, König Johann, Demetrius, Der zerbrochene Krug, und anderer Stücke, ein dankbares Pub= likum um sich versammelt. Nach dem Vortrage des Winter= märchens faßte nun der damalige Intendant Graf Bocholtz im Verein mit dem Regisseur Moltke sofort den Entschluß, das Stück auf die Bühne zu bringen, und Moltke machte sich rasch an die Arbeit, wobei er durch die bereits vor= liegende zum Vorlesen berechnete Einrichtung Palleske's unterstützt wurde. Die Aufführung gelang vorzüglich, der Beifall war derartig, daß bereits am 17. November eine Wiederholung folgen konnte. Besetzt war das Stück mit Herrn Haeser: Leontes; Frau Bluhm: Hermione; Frl. Ramler: Perdita; Frau Gabillon: Paulina; Herr Bau= meister: Florizel; Herr Berninger: alter Schäfer; Herr Steinmetz: sein Sohn; und Herr Jenke I.: Antolheus, nicht

zu vergessen. — Sehr richtig bemerkt der damalige Referent, daß das Auftreten der Zeit als Chorus nach Shakespeare zu ergänzen sei, um dem Zuschauer das Verständniß der Handlung zu erleichtern. Die Meininger haben bekanntlich den Chorus wieder eingeführt und ist die Oldenburger Bühne hierin gefolgt.

December 5. In „Zopf und Schwert" debütirte als Erbprinz von Baireuth Herr Zuckmeier vom Stadttheater in Stettin.

Januar 2. Letztes Auftreten des Herrn Palleske als Robespierre.

Januar 12. Zum ersten Male: „Die Erzählungen der Königin von Navarra", Lustspiel in 5 Akten von Scribe und Legouvé, eine vortreffliche Bereicherung des Repertoires.

Januar 26. Zum ersten Male: „Adrienne Lecouvreur", Drama in 5 Akten von Scribe und Legouvé. Frau Bluhm als Adrienne war vortrefflich.

Februar 9. Frl. Graff vom Wiener Burgtheater gastirte als Pfefferrösel und weiter als Königin von 16 Jahren, Betty in „Weiberfeind", Herzog von Richelieu und Müllerin Denise.

März 11. Zum ersten Male: „Der geheime Agent", Lustspiel in 5 Akten von Hackländer. Der Stoff zu diesem unterhaltenden Lustspiel findet sich in Alexander Dumas „Jugend Ludwig XIV.", oder sollte „Der geheime Agent" älter sein? Jenke I. als Oberhofmeister war unvergleichlich.

März 13. bis 16. Gastspiel der Frau Schuselka-Brüning in leichteren Lust- und Singspielen. Daß der Gast in seinem Fache sehr tüchtig und gewandt, wurde nicht bezweifelt, jedoch fand die Vortragsweise, als zu derb und frei, einige Opposition, woran sich dann ein kleiner Zeitungskrieg knüpfte. Ein Artikel aus Oldenburg in der Leipziger „Theater-Chronik" hatte behauptet, daß selbst von der Bühne her geschäftige Zungen thätig gewesen, den Gast in den Augen des Publikums zu verkleinern, und hatte hierauf das ganze Schauspielerpersonal in demselben Blatte eine Erklärung abgegeben, daß es eine solche Verdächtigung als eine freche Verläumdung von sich abweisen müsse; zugleich wurde angedeutet, daß der Redacteur eines hiesigen Blattes, „Der Beobachter", Verfasser des Artikels sein möchte. Bei einer späteren Veranlassung aber, als der erwähnte Redacteur, Herr Wilhelm Calberla, wegen Beleidigung des Intendanten Grafen Bocholtz zu einer fünfwöchentlichen Gefängnißstrafe verurtheilt war und den Beleidigten, unter Versicherung irregeführt gewesen zu sein, um Verzeihung und um Unterstützung eines Gnadengesuches beim Großherzog, welches schließlich den gewünschten Erfolg hatte, bat, fügte er seinem Schreiben die mit dem Ehrenworte bekräftigte Versicherung hinzu, daß der fragliche Artikel in Betreff der hiesigen Schauspieler und Frau Schuselka nicht von ihm verfaßt gewesen sei. Da hier des „Beobachters" Erwähnung geschehen, eines Blattes, welches seiner Zeit einen großen Einfluß auf gewisse hiesige Kreise geübt hat, so möchte das Urtheil über den Werth der von ihm gebrachten Kritiken dahin zusammengefaßt werden, daß dieselben allerdings sehr oft mit dem beißendsten Witze in boshafter und verletzender Weise verfaßt waren, daß ihnen für manche Dinge das Verständniß völlig fehlte, daß ihnen aber doch im großen Ganzen eine gesunde Anschauung über Musik und Theaterwesen zu Grunde lag, daß sich in ihnen vieles Wahre und Beherzigenswerthe findet, und daß der Verfasser nicht allein zu tadeln, sondern auch mit warmen Worten, und zwar motivirt, zu loben verstand, was bekanntlich viel schwerer ist, als mancher Kritiker glauben mag.

April 10. bis 15. dreimaliges Gastspiel des Frl. Germann vom Stadttheater in Bremen als Parthenia, Judith und Klara („Zurücksetzung" von Toepfer).

Nachdem das Abonnement am 29. April mit „Macbeth",

einer vortrefflichen Leistung Moltke's, geschlossen, begann ein Gastspiel der Bremer Oper an 20 Abenden bis zum 15. Juni mit einem sehr gediegenen Repertoire. Unter den mitwirkenden Künstlern sind Frau Kunsti-Hoffmann und Herr Rusch rühmlichst bekannt.

An 96 Spielabenden waren 21 Novitäten gebracht, unter denen außer den schon erwähnten drei großen Shakespeareschen Stücken, noch zwei Dramen von Scribe, und die Lustspiele: „Der Brockenstrauß", „Seine Frau", „Eine Frau, die zu sich selbst kommt" von Putlitz, „Einer muß heirathen" von Wilhelmi und „Der geheime Agent" von Hackländer zu nennen sind. — Schiller ist mit 4, Goethe mit 2, Kleist und Lessing mit je 1, Shakespeare mit 13, Gutzkow mit 2, Iffland und Bauernfeld mit je 3, Toepfer und Scribe mit je 4, Putlitz mit 6, Benedix und die Birch mit je 7 und Kotzebue mit 5 Vorstellungen vertreten.

In den Zwischenakten ließen sich hören: die Sängerinnen Frl. Calberla und Frau Müller aus Bremen, die Harfenspielerin Rosalie Spohr, der Cellist Coßmann aus Weimar, der Violinist Müller aus Bremen, Hofmusikus Syvarth und der Holz- und Stroh-Virtuos Jacob Eben.

1851/52.

September 14. wurde die Saison mit dem Schauspiel von Immermann „Die Bojaren", dem ersten Theil der Trilogie „Alexis" eröffnet und folgte in der nächsten Vorstellung der zweite Theil: „Das Gericht von St. Petersburg", beides zum ersten Male. Der dritte Theil „Eudoxia" wurde nicht gegeben. Die Verehrung und Dankbarkeit des Regisseur Jenke gegen seinen alten Meister und Lehrer Immermann mochten wohl die Wahl dieser Stücke veranlaßt haben. Obgleich glänzend ausgestattet, gut besetzt und einstudirt, hatten die Stücke nicht den gewünschten Erfolg. —

September 21. „Romeo und Julie," erstes Debüt des Frl. Daun vom Hoftheater zu Wiesbaden; es folgten die Rollen der Margarethe in den „Erzählungen der Königin von Navarra", und die Deborah. Frl. Daun war eine hochbegabte, mit vortrefflichen Mitteln ausgestattete Schauspielerin von hoher schlanker Gestalt (die Gesichtsbildung wurde damals „madonnenhaft" genannt) und namentlich zu denjenigen Rollen geeignet, welche einen schwunghaften, romantischen Charakter haben, wie Viola, Rosaura im „Leben ein Traum" Justina in dem „wunderthätigen Magus"; der Umfang ihrer schauspielerischen Befähigung war nicht groß und im Lustspiel war sie kaum beschäftigt, allein in ihrem Bereiche beherrschte sie die Scene völlig. Nachdem Frl. Daun am Schlusse der Saison 1852/53 die hiesige Bühne verlassen, war dieselbe am Burgtheater in Wien, in Prag und Weimar engagirt, hat aber bald aus Gesundheitsrücksichten ihrem Berufe entsagen müssen.

October 5. Zum ersten Male: „Farinelli, oder: König und Sänger", Schauspiel mit Gesang nach dem Französischen des Desforges von Friedrich. Als Carlo Broschi trat zum ersten Male Herr de Marchion auf, welcher bis zur Auflösung des Hoftheaters im Jahre 1854 ein sehr beliebtes und vielbeschäftigtes Mitglied war. Herr de Marchion besaß eine angenehme, gut geschulte, wenn auch nicht sehr kräftige, Tenorstimme, hatte eine feine liebenswürdige Spielweise und gehörte bald zu den Schauspielern, welche das Publikum immer gern auf der Bühne sah. Als Liedersänger war de Marchion sehr beliebt und füllte auch in den Oratorien-Concerten des Singvereins seinen Part zur Befriedigung aus. — Seit 26 Jahren in Dresden engagirt, nimmt Herr de Marchion als Künstler und Mensch eine sehr geachtete Stellung ein.

October 12. Zum ersten Male: „Turandot", tragikomisches Märchen nach Gozzi von Schiller. Das Beste, was diese Vorstellung brachte, waren wohl die von Presuhn gemalten, sehr geschmackvollen Decorationen orientalischen Styls, welche noch bis jetzt in einer großen Anzahl Stücke, wie Nathan, Selim III. ꝛc. gedient und uns erfreut haben.

October 14. Zum ersten Male: „Das Preislustspiel" von Eduard Mautner.

October 26. bis 30. gab Balletmeister Rathgeber vom Königlichen Theater in Hannover und zwei Solotänzerinnen Vorstellungen.

November 4. Zum ersten Male: „Der Damenkrieg", Lustspiel in 3 Akten von Scribe und Legouvé, übersetzt von H. Laube. Obgleich die Hauptrolle, Frau von Autreval, mit Frau Bluhm besetzt war, welcher der zu dieser Rolle nöthige pikante Conversationston und die Haltung der vornehmen Weltdame eigentlich fehlten, so gefiel das feine Lustspiel doch ungemein, da die übrigen Rollen vortrefflich besetzt waren. Jenke I. spielte den Grignon.

November 11. Zum ersten Male: „Tartüffe in Deutschland, oder: Die Schule der Frauen", Lustspiel in 3 Akten von Carl Immermann; gefiel nicht.

December 4. „Uriel Acosta," Uriel: Herr Gabillon vom Hoftheater in Hannover als Gast, hierauf folgten die Rollen des Philipp in „Nacht und Morgen", Richard Wanderer und Schiller.

December 11. Zum ersten Male: „Fremdes Glück", Vorspielscherz von Carl Gutzkow.

Januar 29. Zum ersten Male: „Das Gefängniß", Lustspiel in 4 Akten von Benedix, heute noch so gern gesehen, als damals.

Februar 19. Festvorstellung zum Empfang Ihrer Königlichen Hoheiten des Erbgroßherzogs und der Frau Erbgroßherzogin. Prolog der Muse Erato: Frau Bluhm, dann zum ersten Male: „Ueberraschungen", Lustspiel in 1 Akt von H. L. Zum Schluß mythologisches Ballet

„Der Triumph der Grazie", arrangirt und ausgeführt von Herrn Balletmeister Rathgeber und Gesellschaft aus Hannover.

März 21. Zum ersten Male: „Magnetische Kuren", Lustspiel in 4 Akten von Hackländer.

März 28. Zum ersten Male: „Guten Morgen Herr Fischer", Burleske nach Locroy von Friedrich, mit Herrn Jenke I., Dietrich, de Marchion und Frau Dietrich.

April 5. Zum ersten Male: „Der wunderthätige Magus", Drama in 5 Akten von Calderon, übersetzt von Gries, die zur Handlung gehörige Musik von Concertmeister Franzen, Einrichtung nach Immermann. Dies tiefsinnige Drama, dem der Beinamen des spanischen Faust zuerkannt wurde, ist jedenfalls das Höchste, was auf dem Gebiete des religiösen Schauspiels geschaffen worden ist und als etwas Einziges in der Literatur zu betrachten. Durch das meisterhafte Spiel des Frl. Dann als Justina, des Herrn Haeser als Cyprianus, Schneider als Dämon und Jenke I. als Clarin machte das Stück einen tiefen Eindruck auf ein protestantisches Publikum, welches sich einer jeden mystischen Religionsschwärmerei gegenüber sonst kühl und kritisch verhält. Da das Stück eine glänzende Ausstattung verträgt, so wäre es recht dazu geschaffen, in großen katholischen Städten zur Verherrlichung hoher Kirchenfeste aufgeführt zu werden.

An 98 Spielabenden waren 23 Novitäten gebracht worden, unter denen manche für das Repertoire dauernd gewonnen. — Goethe, Schiller und Calderon waren je 3mal, Lessing 2mal, Kleist 1mal, Shakespeare 11mal, Mosen und Moreto je 1mal, Gutzkow und Hackländer je 4mal, die Birch und Benedix je 6mal, Putlitz und Blum 2mal, Immermann und Scribe je 6mal vertreten.

Da recht ansprechende musikalische Kräfte vorhanden, zu denen sich noch Herr Othmer mit einer schönen Bariton=

stimme und Herr Berndt gesellten, so konnten häufiger kleine arrangirte Opern, einzelne Scenen und eingelegte Arien und Lieder gebracht werden. Der zehnjährige Pianist Carl Schramm aus Hamburg und die Hofmusiker Syvarth und Stoeckel (Flöte und Horn) ließen sich in den Zwischenakten hören.

1852/53.

September 19. Zum ersten Male: „Herzog Albrecht" (Agnes Bernauerin), Trauerspiel in 5 Akten von Melchior Meyer. Frl. Dann spielte die Agnes und als zwei neue Mitglieder debütirten die Herren Roesicke vom Hoftheater in Coburg als Herzog Albrecht und Herr Winkelmann vom Hoftheater in Carlsruhe als Knappe Berthold. — Herr Roesicke, Sohn des früher hier engagirten Roesicke, blieb bis zur Auflösung des Hoftheaters ein sehr gern gesehenes Mitglied der Bühne, übernahm später die Direction des Bremer Stadttheaters und leitet jetzt das Theater in Mainz.

September 30. Zum ersten Male: „Diana von Mirmanda", Schauspiel in 5 Akten nach Emile Augier von Jerrmann, eine der ersten größeren Arbeiten des jetzt, als Mitglied der französischen Akademie, auf der Höhe seines Ruhmes stehenden Dramatikers: Frl. Dann schuf in der Diana eine Meisterleistung.

October 10. Zum ersten Male: „Reginald Armstrong, oder: Die Welt des Geldes", bürgerliches Trauerspiel in 5 Akten von Alfred Meißner.

October 14. Zum ersten Male: „Das Lügen", Lustspiel in 3 Akten von R. Benedix.

November 16. Neu einstudirt: „Die Kreuzfahrer" von Kotzebue, als Festvorstellung zur Feier der Geburt des Erbgroßherzogs Friedrich August. Wie die „Kreuzfahrer" zur Ehre gekommen, diesen frohen Tag zu verherrlichen, ist nicht wohl zu ergründen. Die Aufführung des Stückes zum Benefiz des Herrn Berninger stand allerdings unmittelbar bevor, und konnte wohl nichts anderes rasch an die Stelle gesetzt werden.

November 18. Frl. Denker, Königlich Baierische Hofschauspielerin eröffnete mit ihrer Schülerin Frl. Demmer ein Gastspiel als Herzogin von Marlborough, Frl. Demmer Königin Anna. Es folgte für die erstgenannte die „Marianne, ein Weib aus dem Volke", die Generalin Mansfeldt und die Lady Milford. In allen Rollen zeigte sich der Gast als eine fertige Künstlerin von vortrefflicher Schule; durch volle Beherrschung ihrer Aufgabe, edle Haltung, Deutlichkeit und Wahrheit im Vortrage der Rede, Maß in der höchsten Leidenschaft, errang sie einen großen Beifall, der sich bis zu lebhaften Hervorrufen steigerte. — Frl. Demmer trat nicht weiter auf.

Februar 17. Zum ersten Male: „Die Journalisten", Lustspiel in 4 Akten von G. Freitag. Die erste Novität des Winters von Bedeutung und ein tüchtiges deutsches Lustspiel, so recht aus den politischen Kämpfen der Zeit geschöpft; die Wahlbewegungen und ihre Intriguen, die Presse als rüstige Streiterin für und wider, alle Figuren scharf und lebensvoll gezeichnet, daß der Darsteller sich kaum vergreifen kann, und Alles mit dem köstlichsten Humor gewürzt, — das Stück mußte einen glänzenden Erfolg haben, und errang ihn auch durch die vortreffliche Darstellung. Herr Roesicke: Conrad Bolz; de Marchion: Bellmaus; Dietrich: Schmock; Berninger: Piepenbrink; Moltke: Oberst Berg; Winkelmann: Oldendorf; Frl. Ramler: Adelheid Runeck, alle spielten mit der Lust und der Hingabe, welche den Schauspieler beseelen, wenn er seiner Aufgabe gewachsen und seines Erfolges sicher ist. — Wenn Freitag das Stück heut zu Tage zu schreiben hätte, so würde es freilich anders lauten; es könnte sich nicht in so feinen, anständigen Formen bewegen, und der Humor — wo sollte der herkommen?

Februar 22. „Der Bauer als Millionär," Benefiz für Frl. Scholz. Es war dies die letzte Vorstellung, welche der Großherzog Paul Friedrich August besuchte; nach dem am 27. Februar erfolgten Tode des edlen, hochverehrten Fürsten wurde das Theater bis auf Weiteres geschlossen. Eine Deputation der Schauspieler, unter Führung von Herrn Moltke, sprach dem Großherzog Nicolaus Friedrich Peter ihren Schmerz und ihr Beileid über den Verlust, den Fürst und Land erfahren, in warmen Worten aus.

In 71 Vorstellungen waren freilich 19 Novitäten gegeben worden, allein unter diesen für das höhere Drama und für das dauernde Repertoire wenig gewonnen. Von größeren Lustspielen sind dagegen „Die Journalisten" und „Das Lügen" hervorzuheben; unter den kleineren sind: „Spielt nicht mit dem Feuer" von Putlitz, „Er ist nicht eifersüchtig" von Elz, „Englisch" von Görner und „Buch III. Capitel I." nach dem Französischen von Elz, zu nennen. Der ganze Verlauf der Saison war überhaupt nicht glücklich, namentlich waren die durch Krankheiten verursachten Repertoirestörungen so häufig, daß während einer längeren Periode größere Werke gar nicht in Aussicht genommen werden konnten. Der Zettel des 30. November zeigt sechs Kranke, der des 2. December ebenfalls sechs und so mit geringer Verminderung bis zum 14. December inclusive fort und zwar in den ersten Fächern. — Shakespeare steht freilich 8mal, allein auch die Birch 6mal verzeichnet.

In den Zwischenakten ließ Baron von Klesheim aus Wien seine in österreichischer Volks-Mundart verfaßten Gedichte hören, der Pianist Bratfisch und der tüchtige Oboer Rose aus Hannover spielten und die Ballet-Gesellschaft Price tanzte 3mal.

1853/54.

Die Bekanntmachung des Beginnes der Vorstellungen zeigt die Aenderung, daß die Benefize aufhören und die Zahl der Abonnements-Vorstellungen um 9 vermehrt, also auf 99 gebracht werden solle, eine in mancher Hinsicht erwünschte Verbesserung. — Auch in Bezug auf das Repertoire scheint die Verwaltung gute Entschlüsse gefaßt zu haben, um die Scharte vom vorigen Jahre wieder auszuwetzen, denn sie beginnt gleich mit: „Cymbelin", romantisches Schauspiel in 5 Akten von Shakespeare, für die hiesige Bühne eingerichtet von G. Moltke (zum ersten Male). Ein kühnes Unterfangen, aber lohnend, die Inscenirung und Darstellung eines Dramas vorzunehmen, das, trotz seiner Schwächen in der Composition, allein durch die Rolle der Imogen, diesem Ideal weiblicher Tugend und Anmuth, zu den effectvollsten Werken Shakespeare's gehört. Die Besetzung der Rollen der Imogen und des Leonatus mit Frau Bluhm und Herrn Haeser I. war sehr gut, ebenso eigneten sich Frau Gabillon-Königin, Berninger-Cymbelin und Schneider-Jachimo; die Rolle des Cloten, die eigentlich einem jugendlichen Charakterkomiker zustände, lag dem Herrn Moltke nicht günstig, ebenso fehlte Herrn Schlögell-Bellarius die edle Männlichkeit mit einer gewissen philosophischen Färbung.

September 22. Zum ersten Male: „Das Haus der Barneveldt", Trauerspiel in 5 Akten von Franz Dingelstedt. Das düstere Drama, das mit einer Hinrichtung beginnt und mit einer Hinrichtung schließt, erwarb sich keine Zustimmung.

September 25. In „Dorf und Stadt" debütirte als Lorle Frl. Düringer vom Hoftheater in Mannheim für die leider abgegangene hochbegabte Künstlerin Frl. Dann;

für die ausgeschiedene Frl. Weber (Frau Haeser I.) trat eine Frl. Loew ein.

October 18. „Die Braut von Messina, Vorstellung zu Gunsten der Denkmäler, welche in Weimar den deutschen Dichter-Heroen Goethe, Schiller und Wieland gesetzt werden sollen." Frau Gabillon: Jsabella; Herr Winkelmann und Herr Roesicke: Don Manuel und Don Caesar; Frl. Düringer: Beatrice; Herr Berninger und Herr Moltke: Cajetan und Bohemund.

October 27. Zum ersten Male: „Ein Lustspiel", Lustspiel in 4 Akten von Benedix, gefiel in der Besetzung mit den Herren Schneider-Brömser (später eine vortreffliche Rolle Berninger's), Roesicke, Haeser, Winkelmann und Dietrich, und den Damen Frl. Ramler, Düringer, Frau Jenke I., Frl. Loew außerordentlich und wurde oft wiederholt. —

October 30. Zum ersten Male: „Der Doctor und der Apotheker", Oper von Dittersdorf, überstieg die vorhandenen musikalischen Kräfte.

November 10. „Der Ball zu Ellerbrunn." Der Großherzog Nicolaus Friedrich Peter mit Gemahlin besuchte zum ersten Male seit seinem Regierungsantritt das Theater, lebhaft von dem Publikum begrüßt.

November 17. Zum ersten Male: „Durchgefallen und gewonnen", Lustspiel in 3 Akten von Görner.

November 24. Zum ersten Male: „Rosa und Röschen", Schauspiel in 4 Akten von Charl. Birch-Pfeiffer.

December 8. „Der Richter von Zalamea," Schauspiel in 4 Akten von Calderon, für die Darstellung eingerichtet von Immermann. Dieses bedeutende dramatische Werk, welches seinem Inhalte nach weniger als viele andere Stücke des Verfassers auf specifisch spanischen Culturverhältnissen, als vielmehr auf dem beruht, was allen Menschen an Empfindungen und Leidenschaften gemeinsam von der Natur eingepflanzt ist, hatte sich lange auf der Oldenburger Bühne gehalten und ist erst seit dieser genannten Vorstellung nicht wieder aufgeführt worden. Obgleich der Stoff von zarten Seelen für bedenklich gehalten werden mag und das heutige Publikum es bekanntlich nicht liebt, sich stark erschüttern zu lassen, so sind neuerdings doch wieder Versuche gemacht worden, das Drama in das Repertoire aufzunehmen, welchem Unternehmen man, besonders nachdem der Verfasser so hoch gefeiert wurde, den Beifall nicht versagen kann.

December 15. Zum ersten Male: „Man sucht einen Erzieher", Lustspiel in 2 Akten nach dem Französischen von Bahn. Die Rollen des Arthur von Marsan und Abraham Meier halten das kleine Lustspiel, das schon häufig zu Gastspielen der reisenden Virtuosen gedient.

Mit dem 31. Januar 1854 trat für das Oldenburger Theater ein sehr bedeutungsvoller, tiefeingreifender Wechsel ein, nachdem der Großherzog Nicolaus Friedrich Peter auf Antrag der Finanzverwaltung in Anbetracht der hohen Zuschüsse, welche im letzten Jahre auf 23 846 Thlr., ohne die Kosten der Hofcapelle, gestiegen waren, den Entschluß gefaßt, das Hoftheater als solches aufzuheben. In dem darauf bezüglichen Circular konnte der Intendant Graf Bocholtz den Mitgliedern des Hoftheaters die Mittheilung machen, daß die Verhältnisse derjenigen Mitglieder, deren Contracte noch nicht in nächster Zeit abliefen, in einer Weise ihre Erledigung finden würden, die dieselben zufrieden stellen sollte. Im Einzelnen wurde später durch einen Erlaß des Grafen Bocholtz Folgendes bestimmt:

§. 1.

Diejenigen Mitglieder, deren Contracte bis zum 1. Mai 1855 gültig sind, erhalten bei ihrer gänzlichen Entlassung

am 1. Mai d. J., außer der fälligen, eine volle Jahres=
gage ausgezahlt.

§. 2.

Denjenigen Mitgliedern, deren Contracte noch über das
Jahr 1855 hinausgehen, bleibt es überlassen, entweder am
1. Mai d. J. mit der Hälfte der Gage, die sie bis zum
Ablauf der Contracte beziehen würden, gänzlich abzugehen,
oder bis zum Ablauf ihres Contractes hier zu verbleiben,
in welchem Falle sie dann die bisherige Gage nach wie
vor beziehen würden. Selbstredend würden diese Mitglieder
in letzterem Falle kein anderweitiges Engagement oder Gast=
rollen ohne Bewilligung der bisherigen Intendanz an=
nehmen dürfen.

§. 3.

Die Hofcasse übernimmt die Pension der Frau Roesicke
und kommt der Pensionsfond somit zur Theilung*).

§. 4.

Seine Königliche Hoheit haben erlaubt, daß den ver=
ehrlichen Damen sämmtliche seidenen Kleider verehrt werden
dürfen, und soll die Vertheilung am Schlusse durch das
Loos stattfinden.

Nachträglich wurde noch bestimmt, daß die lebenslänglich
engagirten Mitglieder, welche ein anderweitiges Engagement
auswärts annehmen wollten, die Hälfte ihres Gehaltes als
Pension beziehen würden.

Es blieben demnach in vollem Gehalte die Herren
Moltke, Jenke I., Bluhm, Frau Bluhm und Frau Gabillon;
Herr Berninger behielt einen jährlichen kündbaren Zuschuß
aus der Hofcasse. Ein Theil des Verwaltungs= und Hülfs=

---

*) Der von Herrn von Gall 1846 gegründete Pensionsfond
wurde derartig getheilt, daß ein jeder der Betheiligten das von ihm
Eingezahlte mit Zinsen zurückgezahlt erhielt.

personals blieb im Gehalt zur weiteren Beaufsichtigung des Inventars und des Theatergebäudes, worunter namentlich der tüchtige Obergarderobier und Bibliothekar Lanz. Das am 1. Mai entlassene Hülfspersonal erhielt im Ganzen etwa 1100 Thlr. an Gratificationen ausgezahlt.

Der Intendant Graf Bocholtz fügte dem an die Bühnenmitglieder gerichteten Erlasse seinen Dank hinzu, daß sie durch ihre Leistungen der Oldenburger Bühne einen guten Namen gemacht, der überall mit Achtung genannt werde, daß sie sich dadurch die ehrenvolle Meinung des Oldenburger Publikums erworben, was ihnen Bürge sei, daß sie als Künstler und Menschen noch lange im Andenken der Oldenburger leben würden. Das Schreiben schloß mit den Worten: „Gern habe ich an Ihrer Spitze gestanden und es für eine Ehre gehalten, der Intendant der Oldenburger Hofbühne zu sein und werde Sie mit Wehmuth scheiden sehen. Ich hege das Vertrauen zu Ihnen, daß Sie in Ihrem Eifer nicht nachlassen werden, und daß unser Institut glänzend und ehrenhaft, wie es bestanden, schließen wird." —

Das Schauspieler-Personal des Hoftheaters sprach schließlich dem Grafen Bocholtz seinen Dank und seine Anerkennung aus in einer von 33 Mitgliedern unterzeichneten Adresse, welche mit folgenden Worten schloß: „Wie Sie neuerdings mit ganzer Hingebung, mit voller Seele für die Fortdauer Ihrer Bühne arbeiteten und mit dem höchsten Interesse für unser Bestes rastlos strebten, wie Sie in diesen Tagen der Spannung Ihre innige Theilnahme für uns so rührend und ergreifend bethätigten und mit wahrhaft edlem menschenfreundlichem Herzen das Geschick eines jeden Einzelnen treu im Auge hatten: dafür hat nur unser Herz und unser Auge eine Sprache; das steht mit unauslöschbarer Schrift in der dankbaren Menschenseele für das Leben eingegraben. Sie sagen, es war Ihnen eine Ehre unser Chef zu sein, wir finden unsere größte Ehre, unseren schönsten Stolz darin, unter Ihrer Leitung der hiesigen Hofbühne gedient zu haben; Ihr Andenken wird uns unvergeßlich bleiben, Ihr Name wird von uns aller Orten nur mit Verehrung, Liebe und Dankbarkeit genannt werden." Unterschrieben ist diese Adresse von den Herren: Berger, Ludwig Berninger, August Bluhm, Carl Dietrich, Concertmeister Franzen, Souffleur Fritze, Carl Grube, Gustav Haefer, Carl Jenke, Robert Jenke, C. Lanz, de Marchion, Gustav Moltke, Carl Othmer, Theatermaler Presuhn, Roesicke, Schloegell, C. Schneider, Steinfeld, Fr. Steinmetz, Winkelmann, und den Damen: Albers, Johanna Bauer, Sabine Bluhm, Louise Böhn, Lina Brandt, Auguste Dietrich, Emilie Düringer, Frau Johanna Gabillon, Elise Jenke, Rosa Loew, Clara Ramler und Susanne Stolz (Scholz).

Nach dem weiteren Verlauf der Vorstellungen bis zu deren Schluß am 30. April legte die Theaterverwaltung und die Mitglieder der Bühne das sichtbare Bestreben an den Tag, im bisherigen Geiste des Institutes würdig zu enden und dem Oldenburger Publikum noch einmal die großen Werke unserer dramatischen Literatur vorzuführen und man erinnert sich noch mit großer Anerkennung dieser letzten Vorstellungen.

Januar 1. Zum ersten Male: „Philipp und Perez", historische Tragödie in 5 Akten von C. Gutzkow; die am folgenden Tage angesetzte Wiederholung giebt keine Gewähr des erhaltenen Beifalls.

Januar 12. Zum ersten Male: „Eine Mutter", Schauspiel in 4 Akten von Elisabeth Sangalli.

Januar 13. Gastspiel des Herrn Knaack.

März 23. Zum ersten Male: „Yelvo, der stumme Schneider", melodramatisches Quodlibet in 1 Akt von Carl Jenke; die Musik von verschiedenen Componisten arrangirt vom Hofmusikus Reuter. Nur mit Jenke in der Titelrolle anzusehen.

April 18. Zum ersten Male: „Richard II.", Tragödie in 3 Akten von Shakespeare, für die Bühne bearbeitet von C. Jenke. — Haeser: König Richard war für die Rolle dieses schwachen auf seine Würde stolzen und launenhaften Königs, der aber durch sein mit Würde getragenes Unglück wieder in unserer Achtung wächst, ganz besonders geeignet, so daß Scenen, wie z. B. diejenige seiner Thronentsetzung vor dem Parlamente großen Eindruck machten. Ein von C. Jenke verfaßter und von Herrn Roesicke gesprochener Prolog ging vorher. Das Drama ist auf dem Repertoire geblieben.

April 23. Zum ersten Male: „König Heinrich IV.", zweiter Theil, von Shakespeare, für die Bühne eingerichtet von C. Jenke. Nothwendige Ergänzung des ersten Theiles, namentlich Vervollständigung von Falstaff's Charakterbild.

April 27. wurde „Hamlet" auf vielfaches Verlangen gegeben, wohl um Herrn Haeser vor seinem Scheiden noch einmal in einer seiner Hauptrollen vorzuführen.

April 28. folgte „Iphigenie" in der alten Besetzung mit Frau Gabillon und den Herren Moltke, Haeser, Schneider und Schloegell.

April 30. Mit dem Trauerspiel: „Das Haus der Barnevelds" von Dingelstedt, diesem düsteren wohl nicht ohne Absicht gewählten Drama schloß die Bühne als Hoftheater ihre zwölfjährige nicht unrühmliche Laufbahn.

In 100 Vorstellungen waren 15 Novitäten gegeben worden, unter denen drei große Shakespeare's. — Schiller war 5mal, Goethe 6mal, Lessing 3mal, Kleist, Calderon, Mosen je 1mal und Shakespeare 14mal vertreten.

In den Zwischenakten ließen sich die Herren Ferdinand Laub, Großherzoglich Sächsischer Kammervirtuos (2mal),

Herr Cellist Professor Laue und die Harfenvirtuosin Frl. Leonie Peters hören.

Wir glauben, die Schilderung der Periode des Bestehens des Oldenburger Hoftheaters nicht besser beschließen zu können, als mit den Worten Eduard Devrient's in seiner Geschichte der deutschen Schauspielkunst, wo er sagt: „Immerhin bleibt das kleine Oldenburger Hoftheater in seiner Beschränkung auf das Schauspiel und kleine Liederspiel — die auch im Verfolg der Zeit festgehalten wurde — in seinem Bemühen um poetische Erhebung und Ausbildung des Zusammenspiels, ein sehr rühmliches Beispiel, dessen Nachfolge von wohlthätiger Wirkung hätte sein können."

Durch ein Höchstes Rescript vom 22. Mai wurde auch Julius Mosen von der Auflösung des Hoftheaters in Kenntniß gesetzt, unter ehrender Anerkennung des von ihm während seiner Wirksamkeit Geleisteten und unter Ausdruck des Wunsches, daß die früheren sonstigen Beziehungen erhalten bleiben möchten.

Drei Jahre unter Direction von Carl Jenke.
1854/55.

Es ist begreiflich, daß bald nach Auflösung des Hoftheaters sowohl das Publikum als der Theil der vorläufig hier bleibenden Schauspieler sich lebhaft mit Vermuthungen und Plänen beschäftigten, was nun werden sollte; denn ein völliges Aufhören des Theaters konnte als Unmöglichkeit angesehen werden. Man hörte, daß sich von außen Bewerber um die Direction gemeldet, unter denen gute Namen, wie z. B. die Pichlersche Gesellschaft, wobei aber gleich das Bedenken aufstieß, daß Pichler auch für einige Wintermonate in Detmold gebunden war, also die bisherige Spielzeit von 7½ Monaten in Oldenburg nicht inne halten konnte. Allen diesen Vermuthungen, Wünschen und Plänen wurde dadurch ein Ende gemacht, daß durch ein Höchstes Rescript vom 29. August dem bisherigen Regisseur Carl Jenke die Direction übertragen und das Theatergebäude mit sämmtlichem Inventar an Decorationen und Garderoben, sowie die Verwendung der Hofcapelle zur Theatermusik zur Verfügung gestellt wurde; außerdem erhielt Jenke eine Subvention von 4000 Thlr.

Im September bat Graf Bocholtz um seine Enthebung von allen auf das Theater und die Hofcapelle bezüglichen

Geschäften und wurde der Kammerherr von Dalwigk zum Chef der Hofcapelle ernannt.

Das Unternehmen Jenke's, das Theater nach einer verhältnißmäßig sehr erfolgreichen Verwaltungsperiode mit geringeren Kräften (die lebenslänglich engagirten Mitglieder das Ehepaar Bluhm, Herr Moltke, Frau Gabillon hatten eine Theilnahme abgelehnt, Haeser war nach Cöln engagirt, Herr Berninger schwankte noch) und mit geringeren Geldmitteln wieder in Betrieb zu setzen, hatte seine sehr bedenklichen Seiten, allein man griff die Sache im Vertrauen auf die Theilnahme und die Nachsicht des Publikums mit frischem Muthe an.

October 15. wurde die Bühne mit einem von Frl. Titze gesprochenen Prologe eröffnet, welchem „Die Jungfrau von Orleans" mit Frl. Bach in der Titelrolle folgte. Der Zettel zeigt von den früheren Mitgliedern, außer dem Jenkeschen Ehepaare, nur die Namen Dietrich, Lanz und Grube. Als Dunois debütirte Herr Flachsland (dem jüngeren Publikum aus der Saison 1873/74 als Heldenvater bekannt), Herr Droberg: Carl VII.; Herr Keller: Talbot; Herr Stemmler: Lionel; Herr Klein: Philipp von Burgund; Herr Jenke selbst hatte sich den Ritter Raoul ausgesucht. Von diesen Genannten trat besonders Frl. Bach als talentvoll hervor, und erhielt sie sich die erworbene gute Meinung auch noch in der folgenden Saison.

October 19. Zum ersten Male: „Die Waise aus Lowood", Schauspiel in 4 Akten von Charl. Birch-Pfeiffer. Die Rollen der Jane Eyre und des Lord Rochester sind bei den Darstellern beliebt geblieben.

October 29. Zum ersten Male: „Der Sonnenwendhof", Volksschauspiel in 5 Akten von Mosenthal.

November 2. und 3. tanzte Sennora Pepita de Oliva ihre bekannten Madrilena und el Ole.

November 23. Zum ersten Male: „Mathilde", Schauspiel in 4 Akten von Benedix.

November 26. Zum ersten Male: „Anna von Oesterreich", Intriguenstück nach A. Dumas von Charl. Birch-Pfeiffer.

December 12. Zum ersten Male: „Sennora Pepita mein Name ist Meyer!", an sich werthlos, doch als eine gesunde Satire auf den Pepita-Enthusiasmus sehr erheiternd. Herr Jenke als Meyer vortrefflich.

Januar 2. hatte das Publikum die Freude, Herrn Berninger als Timotheus Bloom in „Rosenmüller und Finke", einer seiner Glanzrollen, wieder begrüßen zu können und der ihm gebrachte lebhafte und herzliche Empfang zeigte deutlich, wie sehr man ihn entbehrt hatte. Der Bühne fern zu bleiben, wo er so lange gewirkt und mit dem Publikum so nahe verwachsen war, konnte der alte Mime nicht über das Herz bringen und so ist er denn auch bis zu seinem Tode der alten Fahne, wenn auch unter wechselnden Führern, treu geblieben.

Januar 4. Zum ersten Male: „Rubens in Madrid", Original-Schauspiel in 5 Akten von Charl. Birch-Pfeiffer.

Februar 6. Zum ersten Male: „Va banque!" bürgerliches Schauspiel in 4 Akten von R. Gieseke.

März 20. Zum ersten Male: „Das Concert", Lustspiel in 4 Akten von R. Benedix.

April 26. Zum ersten Male: „Helene von Seiglière", Lustspiel in 4 Akten von J. Sandeau.

In 92 Vorstellungen waren allerdings 16 Novitäten gegeben worden, aber es ist ersichtlich, daß der neuen Direction die Hände gebunden waren. Darsteller von Zugkraft waren eigentlich nur Jenke I., Berninger und Frl. Bach.

Schiller kommt 5mal vor, Goethe 0, Shakespeare 2mal, Gutzkow, Iffland und Freitag je 1mal, dagegen

Birch) 10mal, Benedix 11mal, Toepfer 6mal, Mosenthal 4mal. — In einem Zwischenakt spielte Hofmusikus Schär= nack ein Solo für die Violine.

1855/56.

September 23. begann die Saison mit „Don Carlos", und einige neue Kräfte rückten in das Feld. Herr Danielson: (ein recht verständiger Künstler, noch am Königlichen Theater in Hannover thätig) König Philipp; Herr Hafner: Carlos; Herr Herrmann: Posa; Frl. Krasemann: Eboli; Herr Siegrist (noch) am Königlichen Theater in Berlin engagirt) Graf Lerma, gaben schon ein befriedigendes Ensemble. Es folgte „Donna Diana", „Die Karlsschüler" mit Frau Bluhm als Gast, wieder eine neue Stütze für das noch schwache Haus; am 9. October fand sich Herr Bluhm auch wieder ein. Mit Novitäten nahm man einen tüchtigen Anlauf; wenn die Stücke auch nicht von großem Werthe waren. Es folgten: „Ein Ring" von Charl. Birch=Pfeiffer, drei kleine Novitäten, unter denen „Eine kleine Erzählung ohne Namen" von Görner zu nennen, dann „Die Gebieterin von St. Tropez", ein französisches Sensationsdrama, „Der Fechter von Ravenna", Trauerspiel in 5 Akten von Halm, Frau Bluhm: Thusnelde, „Der Weltumsegler wider Willen" von Räder — 7 Novitäten an 6 Abenden! Im Welt= umsegler spielte Herr Dietrich den Purzel und kam so nach und nach in das Fach Jenke's hinein, da dieser durch Direction und Regie sehr in Anspruch genommen war.

October 18. Zum ersten Male: „Fata Morgana", Lustspiel in 4 Akten von Bauernfeld.

December 6. Zum ersten Male: „Der Königslieute= nant", dramatisches Zeitbild aus Goethe's Jugend in 5 Aufzügen von E. Gutzkow. Als Festspiel zur Goethe= feier verfaßt, hat sich das Stück durch die Rolle des Grafen Thorane, welche Darsteller wie Dawison, Haase und Nachfolger in virtuoser Weise spielten, auf der Bühne erhalten.

December 27. Zum ersten Male: „Don Cäsar de Bazano", Schauspiel in 5 Akten nach dem Französischen des Denery, bekanntlich eine der bedeutendsten Rollen des berühmten französischen Schauspielers Frederic Lemaitre vom Theater der Porte St. Martin in Paris.

Januar 29. Zum ersten Male: „Cäcilie", Schauspiel in 5 Akten von Otto Prechtler.

April 29. wurde die Saison mit dem Schauspiel von Charl. Birch-Pfeiffer „Eine Frau" geschlossen.

In 106 Vorstellungen waren 23 Novitäten gebracht worden; auch hatte man sich wieder an die großen klassischen Dramen gemacht und z. B. „Faust", „Ein Wintermärchen", den „Sommernachtstraum" über die Bühne gehen lassen. Auch die Oper konnte für sehr bescheidene Ansprüche etwas cultivirt werden und so wurden „Maurer und Schlosser", „Der Freischütz", „Die Regimentstochter", „Prinz Eugen", „Czaar und Zimmermann" und „Der Dorfbarbier" wiederholt gegeben. — Schiller kommt 3mal, Goethe 1mal, Shakespeare 5mal, Mosenthal, Halm, Gutzkow, Putlitz je 3mal, Frau Birch dagegen 6mal vor.

In Zwischenakten ließ sich Herr Rohde mit seinen optischen Darstellungen 3mal sehen, Miß Lydia Thompson und die Gesellschaft Pasqualis tanzten.

1856/57.

September 21. wurde die Saison mit einem neuen Birch-Pfeifferschen Schauspiel „Die Lady von Worsley-Hall" eröffnet. Am folgenden Abend wurden zwei kleinere Stücke gegeben und dann folgte:

September 25. Zum ersten Male: „Narciß", Trauerspiel in 5 Akten von Brachvogel. Narciß Rameau: Herr Rohde; Doris Quinault: Frl. Bucher; außerdem finden wir die Namen Jendersky, Herrmann (Tenor-Buffo) und Rethwisch. Herr Rohde war ein tüchtiger solider Schauspieler, der leider unter einer schwachen Gesundheit öfter litt; Herr Jendersky, damals ein frischer, lebhafter Darsteller, dem noch das rechte Maß fehlte, hat später an Berliner Bühnen Regie geführt und sich dabei den Namen eines tüchtigen Leiters erworben, so daß er als Oberregisseur auf den glatten Boden des Stuttgarter Hoftheaters berufen wurde, welchen er aber wieder mit einer schauspielerischen Thätigkeit in Berlin vertauscht hat. Herr Rethwisch war für komische Charakterrollen und Gesang engagirt, worin er bis auf öftere Uebertreibungen Befriedigendes leistete, wenn auch das ersichtliche Talent für Chargen nicht zu feinerer Ausbildung kam. Durch Erfindung des Sören Sörensen des „tappern Landsoldaten" und die Darstellung dieser von ihm in unvergleichlicher Weise im deutschdänischen Dialect und mit dem Liede: „Die Löwe ihm is böd" vorgebrachten Rolle hat er sich später in Hamburg und Schleswig-Holstein einen gewissen Namen gemacht, ist mit seinem Stück nach Amerika hinübergegangen und machte dort damit unter der deutschen Bevölkerung Furore. Nach der Rückkehr aus Amerika am Thaliatheater in Hamburg engagirt, erlag er, unmittelbar nachdem er in der Rolle des kranken Behrmann in „Doctor Klaus" von der Scene abgegangen war, einem Schlaganfall.

December 9. Zum ersten Male: „Pitt und Fox", Original-Lustspiel in 5 Akten von R. Gottschall, die erste bedeutende Novität der Saison und zugleich ein wirklich tüchtiges historisches Lustspiel, das in das ständige Repertoire aufgenommen, hier immer wieder gern gesehen wurde; es kam in späteren Zeiten in anderer Besetzung besser zur Geltung.

Januar 11. Zum ersten Male: „Theatralischer Unsinn", Posse in 4 Vorstellungen von Morländer, Musik von Eduard Stolz. Herr Jenke, welcher für die Parodie ein besonderes Talent besaß, stattete diesen tollen Scherz sehr ergötzlich aus.

Februar 8. Zum ersten Male: „Graf Essex", Trauerspiel in 5 Akten von H. Laube, wurde noch 3mal in der Saison wiederholt.

März 5. Zum ersten Male: „Robert und Bertram", Posse von Räder.

März 19. begann Gustav Haeser, vom Hoftheater in Weimar kommend, ein Gastspiel mit dem Hamlet, welchem Stephan Foster, Garrik, Doctor Hagen, Benedikt, Ferdinand VI. und Bolingbroke folgte. Das Publikum begrüßte den gern gesehenen Künstler lebhaft, bei dem die Anziehungskraft von Oldenburg sich wirksam zeigte, zumal er fühlen mußte, daß zunehmende Kränklichkeit ihm eine befriedigende Thätigkeit nur auf der Bühne gestatten konnte, wo die Zuschauer eine tüchtige künstlerische Vergangenheit in ihm ehrten. —

April 21. An das Haefersche Gastspiel schloß sich ein ebenso befriedigendes, das des Frl. Daun vom Königlich Ständischen Theater in Prag, dem früheren erklärten Liebling des Publikums, an, welche die Jane Eyre, Donna Diana, Eine Frau und zweimal Die Grille von Charlotte Birch-Pfeiffer (zum ersten Male) spielte.

Die Saison schloß mit der „Jungfrau von Orleans" (Frl. Bucher) zum Benefiz der Versorgungs-Anstalt Perseverantia.

In 102 Vorstellungen waren 13 Novitäten gebracht, deren bedeutendste bereits genannt.

Die Violinvirtuosinnen Rosa und Catharina Treska aus Prag hatten ein Concert gegeben.

Carl Jenke trat, im Gefühle mit den vorhandenen Mitteln und Kräften nicht dasjenige erreichen zu können, was ihm als Ziel des dramatischen Bestrebens in seiner bisherigen Laufbahn stets vorgeschwebt, von der Direction zurück. Er wirkte nach Oldenburg noch in Wiesbaden und Rotterdam, und wurde schließlich als Regisseur an das Hoftheater nach München berufen, wo er nach längerer und anerkannt erfolgreicher Thätigkeit, unter Verleihung der Königlich Baierischen goldenen Ludwigs-Medaille für Wissenschaft und Kunst, in den verdienten Ruhestand versetzt wurde.

Neun Jahre unter Direction von Gustav Moltke.

1857/58.

Nach Abgang des Herrn Jenke übernahm Gustav Moltke die Direction des Theaters und seinem Einflusse gelang es, wieder eine größere Schaar der alten Hoftheater-Mitglieder um sich zu versammeln. Schon der erste Zettel zu:

September 17. „Maria Stuart" mit Prolog von E. Palleske, gesprochen von Frau Bluhm, nennt uns außer dieser, noch Frau Gabillon und Gustav Haeser als wieder hinzugetreten; von den sonstigen neu engagirten Mitgliedern sind zu erwähnen: Frl. Francke, welche als Maria Stuart debütirte, Herr Weber: Mortimer (bis 1863/64 in lebhaften und kräftigen Rollen gern gesehen) und Herr Bergmann: Burleigh, zu denen später noch Frl. Monhaupt, Frl. Rennert und Herr Platowitsch traten.

September 29. Zum ersten Male: „Tantchen Unverzagt", Lustspiel in 3 Akten von Görner, worin Frau Gabillon in der Titelrolle ihr hervorragendes Talent für fein komische Parthien zu bekunden Gelegenheit hatte.

October 15. konnte „Iphigenie" wieder in theilweise alter Besetzung in Scene gehen.

November 1. Zum ersten Male: „Der Erbförster", Trauerspiel in 5 Akten von Otto Ludwig. Obgleich die Hauptrollen in guten Händen (Berninger, Haeser, Weber und Frl. Francke) waren, so sträubte sich doch das Publikum lebhaft gegen ein Werk, welches, wenn es auch aus dichterischem Genius entsprungen und durch lebensvolle Gestalten, scharfe Charakteristik, kernige Sprache und dramatischen Halt wirkte, dennoch in seiner mystischen Düsterheit und mit seinen gegen die tragische Nothwendigkeit verstoßenden Motiven, das ästhetische Gefühl verletzen mußte; es wurde nicht wiederholt.

November 10. Zur Feier von Schiller's Geburtstag 2. und 3. Akt von Goethe's „Egmont" und hierauf zum ersten Male: „Das Lied von der Glocke" mit begleitender Musik von Lindpaintner und lebenden Bildern. Ein von Herrn Ernst gedichteter und gesprochener Prolog ging voran; die Aufführung der Glocke wurde mehrere Male wiederholt.

Februar 18. Zum ersten Male: „Fiammina", Schauspiel in 4 Akten von Mario Uchard.

Februar 25. Zum ersten Male: „Die Dienstboten", Lustspiel in 1 Akt von Benedix, mit der Köchin Christiane (Frau Gabillon) und dem Kutscher Buschmann (Dietrich) noch oft wiederholt.

März 2. bis 5. gab Herr Rottmayer mit seinen Kindern Amalie, Franziska und Friedrich drei Vorstellungen, in welchen kleine Lustspiele 2c. zur Darstellung kamen.

März 21., 23., 25., 26. gastirte Frl. Marie Seebach, damals auf der Höhe ihres künstlerischen Könnens, als Gretchen, Maria Stuart, Julie, Frau von Beaumont (am Clavier) und Margarethe Western. Die Rolle des Gretchen in ihrer Einfachheit und tiefen Innerlichkeit unstreitig die bedeutendste Leistung und wohl von keiner Fachgenossin übertroffen, ist immer als mustergültig in unserer Erinnerung geblieben.

April 29. Schluß der Saison mit „Minna von Barnhelm".

In 107 Vorstellungen waren 21 Novitäten gegeben worden. Das Streben, das frühere klassische Repertoire wieder lebendig zu machen, ist überall ersichtlich und die Anzahl der Stücke unserer größeren Dichter beläuft sich daher gegen früher schon erheblich höher; wenigstens sind die meisten doch mit einem guten Werke vertreten, so Schiller mit 4, Goethe und Shakespeare mit je 5, Lessing und Calderon mit je 2, Iffland und Laube mit je 3 Vorstellungen; Frau Birch bleibt mit 7 auf ihrer Höhe stehen. —

1858/59.

September 19. „Don Carlos" zur Eröffnung der Saison. Neu engagirt waren: Frl. Grösser (Eboli), Frl. Koch (Königin Elisabeth), Herr Sonnthal (König Philipp), Herr Stein (Alba), von denen die erstere sehr talentvoll, während ihres zweijährigen Engagements das Fach der tragischen Liebhaberinnen in sehr befriedigender Weise ausgefüllt hat. Frl. Grösser ist jetzt Mitglied des Thaliatheaters in Hamburg.

September 26. Zum ersten Male: „Heinrich von Schwerin", Schauspiel aus dänisch-deutscher Geschichte in 5 Akten von Gustav von Meyern. Das Drama hat neben manchen Schönheiten den Fehler, die mit Dänemark damals schwebenden Streitfragen in Anspielungen und Bezügen mit dem vorliegenden historischen Stoffe zu verweben und so zum Tendenzdrama sich zu gestalten.

November 11. Zur Feier von Schiller's Geburtstag: „Kabale und Liebe".

December 14. Zum ersten Male: „Der Geizige", Lustspiel in 5 Akten von Molière, bearbeitet von Dingelstedt.

December 27. Zum ersten Male: „Das Testament des großen Kurfürsten", Schauspiel in 5 Akten von G. von Putlitz, wurde noch zweimal wiederholt.

Januar 16. Zum ersten Male: „Die Anna=Lise", historisches Schauspiel in 5 Akten von Herrmann Hersch; historisch, — wie die Neu=Ruppiner Bilderbogen die Historie darstellen.

Januar 30. bis Februar 6. Gastspiel der Frau Auguste von Bärndorf vom Hoftheater in Hannover, als Maria Stuart, Catharina, Pompadour, Donna Diana, Leopoldine von Strehlen und Adele in den „Ehestands=exercitien" von R. Genée. Wer sich vom Jahre 1846 des ersten Auftretens des Frl. Bärndorf erinnern konnte, mußte freudig überrascht sein über das, was seitdem aus der jungen Künstlerin geworden war. Die Puppe war zum glänzenden Schmetterling geworden, der stolz seine bunten Flügel entfaltete; Donna Diana und die Pompadour waren Meisterleistungen.

Februar 18. „Die Grille," Gastspiel der Frl. Beckmann und Frl. Steffen vom Stadttheater in Bremen.

April 12. „Mathilde," Gastspiel der Frau Haeser (Weber); am 14. April folgte „Die Waise aus Lowood" mit derselben als Lady Georgine.

April 28. „Die Braut von Messina," womit die Saison geschlossen wurde.

In 105 Vorstellungen waren 10 Novitäten gegeben und das Repertoire brachte fast alle unsere großen Dichter=namen wieder auf die Scene. — Auch einige Opernvor=stellungen wurden mit den Herren Herrmann, Siegrist, Leszinsky, Stein, Birnstiel, Dietrich und den Damen Dietrich und Wiebe versucht. — In den Zwischenakten tanzten die Damen Döring und Trepplin, Solotänzerinnen vom Hoftheater in Berlin, und die Herren Burmester (Trompete), Ebert (Violoncello) und Utermöhlen (Violine) trugen einige Stücke vor.

1859/60.

September 18. Zum ersten Male: „Philippine Welser", historisches Schauspiel in 5 Akten von O. von Redwitz. Es folgten „Emilia Galotti" und „Der Damenkrieg", um bald die neu engagirten Mitglieder dem Publikum vorführen zu können. Der neue Charakterspieler, Herr Rainer, stellte sich als König Ferdinand, Marinelli und Baron Montrichard vor und zeigte sich als einen mit guten Mitteln begabten, verständigen Schauspieler, dem aber die Genialität fehlte, welche, wenn sie nicht mit in die Wiege gelegt wurde, selbst durch das eifrigste Streben und eine noch so tüchtige wissenschaftliche Bildung nicht zu ersetzen ist. Herr Clemens Rainer hat bis zum Jahre 1863/64 an hiesiger Bühne im besten Sinne in einer idealen Richtung zu wirken gestrebt, und sich in dieser Beziehung einen geachteten Namen erworben. — In einer im Jahre 1864 erschienenen kleinen Schrift: Die Hoffnung der deutschen Schauspielkunst, gegründet auf die Principien der Schopenhauerschen Philosophie, zwei Schauspielerbriefe (anonym erschienen, jedoch sind die beiden Briefsteller Rainer (Kreitmaier) und A. Becker, später Director des Oldenburger Theaters) versuchen die beiden Genannten ihre Grundsätze über Theater und Schauspielkunst zu erläutern. Wer aber seine Schauspielkunst, anstatt auf der Scene, mit der Philosophie beginnen zu müssen glaubt, wird in derselben selten weit kommen und so ist es auch jenen Beiden ergangen. Rainer sagt in seinem Briefe: „So beginne ich denn mit dem Grund- und Cardinalsatz der Schopenhauerschen Aesthetik: „Erkenntniß der Idee ist Zweck aller Kunst." Was ist aber Idee? Jeder denkt sich im gewöhnlichen Leben darunter, was er

Luft hat." Hiermit ist das Urtheil jener für die Schau=
spielkunst auf den Schild erhobenen Richtung ausgesprochen,
denn ein jeder Schauspieler wird für sich das Recht, die
Idee nach seiner individuellen Erkenntniß zurecht machen
zu dürfen, in Anspruch nehmen. Daß die Philosophie in
Durchdringung und Aufklärung der Dramen, ihrer Stoffe
und ihrer Gestaltung, namentlich nach Rötscher's Vorgang,
Bedeutendes geleistet und dadurch dem Darsteller oft den
rechten Weg gezeigt und ihn wesentlich gefördert hat, soll
damit nicht im Entferntesten in Abrede gestellt werden.
Von Zürich aus, wo Rainer später als Oberregisseur
wirkte, schrieb er unter dem Namen Traugott Ernst eine
Schrift mit dem Titel: Der Bürgergeist, die Bühne und
der Bühnenvorstand, worin sich, so wie in dem vorerwähn=
ten Briefe, manches gediegene und wohl zu beherzigende
Wort zur Hebung unseres Bühnenwesens findet. Im Jahr
1870 gab Rainer mit dem Director Becker zusammen eine
Bearbeitung der Tragödie „Sixtus V." von J. Minding
heraus; laut redende Beweise eines ernsten Strebens für
die Sache seiner Kunst. Dem Vernehmen nach hat Rainer
seit einigen Jahren der Bühne Lebewohl gesagt und sich
wieder zur Themis gewandt, welcher er untreu geworden war.

Herr Johannes erfüllte später die schon damals in
ihn gesetzten Erwartungen, er bildete sich zu einem tüchtigen
Schauspieler aus und wirkt jetzt als Regisseur an der
Leipziger Bühne.

September 30. „Heinrich IV.," erster Theil, von
Shakespeare, als Benefiz für Herrn Berninger, zu dessen
25jährigen Jubiläum als Mitglied der Oldenburger Bühne.
In der Probe am Morgen vor der Vorstellung war dem
Jubilar nach einer herzlichen Ansprache des Herrn Director
Moltke Namens der älteren Collegen durch Frau Gabillon
und Frl. Grösser ein geschmackvoller silberner Becher über=
reicht worden, und Abends begrüßte das gefüllte Haus

seinen Liebling mit lautem Jubel, dem am Schlusse ein Lorbeerkranz und ein Regen von Blumen folgten.

October 25. Zum ersten Male: „Feenhände", Lustspiel in 5 Akten von Scribe, bearbeitet von Graven.

Das im November dieses Jahres zu feiernde 100jährige Geburtsjubiläum Schiller's wurde von der Bühne am 6. November mit den „Karlsschülern" eingeleitet, als Vorfeier wurde „Die Braut von Messina" gegeben und am eigentlichen Festtage den 10. November „Wilhelm Tell", mit einem Prologe von Moltke.

November 17. Zum ersten Male: „Wie denken Sie über Rußland?", Lustspiel in 1 Akt von G. von Moser, sei nur erwähnt als erstes Auftreten des Namens des Verfassers vieler heiterer Schwänke.

Januar 12. Zum ersten Male: „Cato von Eisen", Lustspiel in 3 Akten von Laube, wurde noch in der Saison 1879/80 hier gern gesehen.

Februar 12. Zum ersten Male: „Wie geht's dem König?", Lustspiel in 5 Akten von Arthur Müller.

März 4. bis 8. Gastspiel des Frl. Fanny Janauschek vom Stadttheater zu Frankfurt a./M., als Elisabeth in „Essex", Hedwig von Gilden in „Komm her", Isabella in der „Braut von Messina". Mit den Herren Haeser und Weber und Frl. Grösser war die „Braut von Messina" eine unvergeßliche Vorstellung, wie denn auch die Rolle der Isabella mehr geeignet war, die bedeutenden künstlerischen Eigenschaften und das wunderbar klingende Organ des Gastes zur Geltung zur bringen, als die vorhergehenden Rollen. Den Höhepunkt ihrer Leistungen erreichte aber Frl. Janauschek bei einem im Jahr 1860/61 sich wiederholenden Gastspiel als Medea.

April 4. „Narciß" von Brachvogel, einmaliges Gastspiel des Herrn Bogumil-Dawison als Narciß Rameau. Daß Herr Dawison großen Beifall fand, ist begreiflich, denn in der Rolle des Narciß concentrirten sich alle die Licht- und Schattenseiten, welche auszudrücken im Bereiche des bedeutenden, aber nicht Jedermann sympathischen, Talentes des Gastes lag.

April 29. „Egmont" zum Schluß der Saison.

In 106 Vorstellungen waren 14 Novitäten gegeben worden, von denen die bedeutenderen schon genannt. Die Vertheilung der Zahlen der gegebenen Vorstellungen nach den Autoren ist ziemlich gleichmäßig; irgend ein bemerkbares Uebergewicht einer Richtung ist nicht vorhanden. Goethe, Schiller 4mal, Laube 5mal, Shakespeare, Lessing je 2mal, Kleist, Iffland je 1mal.

Die vorhandenen musikalischen Kräfte Herr Weidt, Kaschke, Kopka und Frau Dietrich reichten aus, kleine Opern wie „Waffenschmied", „Postillon", „Czaar und Zimmermann" und „Dorfbarbier" zu bringen.

In Zwischenakten hatten sich die Violinvirtuosinnen Frls. Bertha und Amelie Blau hören lassen.

1860/61.

Mit einem von Gustav Haeser gedichteten Prolog, von Frau Dietrich im Charakter des Puck gesprochen, und „Minna von Barnhelm" wurde die Saison eröffnet. — Von den Mitgliedern der vorigen Saison waren so viele geblieben, daß der erste Zettel keinen neuen Namen zeigt und erst in den weiteren Vorstellungen begegnen wir einem Frl. Meyer, welches die widerspänstige Catharina spielte, dann aber bald wieder verschwand, Frl. Limbach (spätere Frau Rainer), Frl. Koch, anmuthige muntere Liebhaberin und den Herren Breiter und Tetzlaff, von denen letzterer später im Verlaufe eines glücklichen Lebensganges Regisseur am Königlichen Theater in Dresden wurde, und jetzt dem Vernehmen nach als Opern-Regisseur an das kaiserliche Theater nach Wien berufen worden ist.

In den bescheidenen Rollen eines Bauernmädchens, eines Bäckerjungen, einer Bertha Piepenbrink oder eines Pagen finden wir den Namen Frl. Sperner, jetzt als Frau Moser-Sperner eine der Hauptstützen des Meininger Theaters.

September 25. Zum ersten Male: „Elisabeth Charlotte", Schauspiel in 5 Akten von Paul Heyse; durch das warme deutsch-patriotische Gefühl, welches sich in der Hauptrolle ausspricht, beliebtes Repertoirestück geblieben.

October 11. Zum ersten Male: „Ein Kind des Glücks", Charakter-Lustspiel in 5 Akten von Charl. Birch-Pfeiffer, Hermance: Frl. Koch.

October 25. Zum ersten Male: „Der Präsident", Lustspiel in 1 Akt von Kläger.

October 30. Zum ersten Male: „Des Hauses Ehre", Drama in 3 Akten von Carl Hugo.

November 13. Zum ersten Male: „Der alte Magister", Schauspiel in 4 Akten von Benedix.

November 30. Zum ersten Male: „Eine Parthie Piquet", Lustspiel in 1 Akt von Fournier und Meyer.

December 16. „Katte und der Sohn des Fürsten" von Mosen.

December 25. Zum ersten Male: „Der Zunftmeister von Nürnberg", Schauspiel in 5 Akten von Redwitz.

Januar 10. Zum ersten Male: „Die Pasquillanten", Lustspiel in 4 Akten von Benedix.

Januar 27. Neu einstudirt: „Der Sommernachtstraum" von Shakespeare.

Februar 26. Zum ersten Male: „Ein Blatt Papier", Lustspiel in 3 Akten nach dem Französischen von Gaßmann.

Am 1. März erlag Gustav Haeser mit männlicher Ergebenheit seinen langen schmerzlichen Leiden und wurde unter inniger Theilnahme seiner zahlreichen Freunde nach seinem Wunsche unter der alten Linde auf dem Gertrudenkirchhof beigesetzt. — Am 5. März veranstaltete Director

Moltke eine Vorstellung des „Katte" zum Benefiz der hinterlassenen Waisen Haeser's und am 11. März las der zufällig anwesende Emil Palleske den „Othello" im Theater zu gleichem Zwecke.

April 11. bis 17. Gastspiel des Frl. Fanny Janauschek als Medea, Thusnelde, Margarethe (Schwester des König Franz I.) und Julie.

In 105 Vorstellungen wurden 16 Novitäten gegeben, von denen noch zu erwähnen: „Der Schauspieldirector" von Schneider, mit Musik aus Mozartschen Opern und „Feuer in der Mädchenschule", Lustspiel in 1 Akt nach dem Französischen von Förster. — Das Repertoire zeigte Goethe, Iffland, Moreto, Mosen, Redwitz, Putlitz, Scribe je 2mal, Schiller 6mal, Shakespeare 11mal und die Birch 6mal.

Mit dem Herrn Breiter, welcher eine angenehme Tenorstimme besaß und musikalisch gut gebildet war, dem Bassisten Herrn Weidt und Frau Dietrich wurden einige kleine Singspiele gegeben; in einem Zwischenakt spielte Herr Capellmusikus Franz Schmidt ein Violinconcert von David.

1861/62.

September 15. Eröffnung der Bühne mit „Preciosa" (Frl. Hesse, für die abgehende Frl. Grösser engagirt), Herr Werner wurde durch Herrn Becker: Alonzo ersetzt, Herr Ludwig trat für Herrn Weidt ein und Herr Fichte als Tenor-Buffo für Herrn Breiter. Von den Neuengagirten ist, außer Frl. Hesse, welche später Engagements in Berlin, Hannover und Riga hatte und in diesem Jahre in Cleveland in Amerika gestorben ist, in erster Linie August Becker zu nennen, welcher als Schauspieler und dann als Director bei der Oldenburger Bühne bis zu seinem am 5. Februar 1874 erfolgten Tode geblieben ist, und sowohl als Bühnenleiter, als wie als Mann von hoher Bildung und vom besten Herzen sich die allgemeinste Achtung erworben hat.

Auf den Wunsch seiner Eltern sich anfänglich dem Studium
der katholischen Theologie widmend, wandte er sich bald,
ohne Befriedigung in demselben gefunden zu haben, der
dramatischen Kunst zu, bis er nach wechselvollen Wande-
rungen in Oldenburg ein Engagement erhielt. Angenehme
Formen im geselligen Umgang, eine heitere unwillkürlich
ansprechende Frische, scharfer Verstand und tüchtiges Wissen
machten ihm in den gebildeten Kreisen Oldenburgs viele
Freunde, welche in seinem Umgang geistige Belebung und
Erfrischung suchten und fanden. Die der gemeinschaftlich
mit Rainer unternommenen Bearbeitung des „Sixtus V."
von J. Minding vorausgehende „Entwickelung des Wesens
der tragischen Schuld und der poetischen Gerechtigkeit" giebt
den Beweis seines gründlichen philosophischen Wissens. —
Unter der großen Zahl von Rollen, welche er spielte und
spielen mußte, vermochte er nicht viele zu voller Geltung
zu bringen, da seine schauspielerische Kraft nicht durch hin-
reichende Mittel unterstützt wurde. Wenn sich aber alles
Erforderliche einmal vereinen konnte, so war die Wirkung
seiner Leistung tief ergreifend, und so gehörte namentlich
die Blendungs-Scene im „König Johann", welche er
1868/69 als Hubert mit Frl. Feistel: Arthur spielte, zu
dem Besten, was die Oldenburger Bühne gebracht hat.

October 3. „Die Anna-Lise." Leopold: Herr Wittmann vom Hoftheater in Hannover als Gast, welchem wir
später wieder begegnen werden.

October 10. Zum ersten Male: „Der Störenfried",
Lustspiel in 4 Akten von Benedix. Frau Gabillon als
Geheimräthin vortrefflich.

Februar 11. bis 16. Gastspiel des Herrn Wittmann
aus Hannover als Wilhelm Kraft, Felix von Warden und
Melchthal.

März 16. „Uriel Acosta," Gastspiel des Herrn Titzenthaler vom Stadttheater in Königsberg, welcher, nachdem er auch den „Narciß" gespielt, engagirt wurde.

März 27. bis 30. Gastspiel des Altmeister Doering als Banquier Müller, Elias Krumm, Nathan und Mephisto. Es waren Ehrentage für die Oldenburger Bühne, die unvergeßlich in unserer Erinnerung eingezeichnet sind.

April 27. „Egmont" schloß die Saison.

In 106 Vorstellungen waren 11 Novitäten gegeben, unter denen manche kleine auf dem Repertoire gebliebene Stücke, z. B. „Eine Tasse Thee", Lustspiel in 1 Akt nach dem Französischen von Neumann und „Der Winkelschreiber" von Adolphi. — Goethe und Shakespeare kommen je 6mal, Molière 2mal, Schiller 3mal, Lessing und Iffland je 1mal, jedoch Frau Birch immer noch 10mal und Benedix 12mal zur Darstellung.

Eine französische Sängergesellschaft aus Bearn hatte 2mal concertirt.

1862/63.

September 14. „Graf Essex," Trauerspiel von Laube. Graf Essex: Herr Titzenthaler; Gräfin Rutland: Frl. Ellen Franz, mit welcher ein Mitglied in den Kreis der Oldenburger Bühne eintrat, welches während zweier Jahre durch vielseitiges Talent die Scene fast ausschließlich beherrscht hat, und schon die Liste der Hauptrollen, welche dieselbe in dieser Zeit gespielt, bezeichnet den außerordentlichen Umfang der von ihr gelösten Aufgaben*).

---

*) Hauptrollen waren: Gretchen, Clärchen, Thekla, Käthchen von Heilbronn, die Jungfrau, Emilia Galotti, Minna von Barnhelm, Donna Diana, Rosaura, Philippine Welser, Grille, Jane Eyre, Ophelia, Lady Percy, Beatrice, Viola, Porzia, Julia, Judith (Uriel Acosta), Anna-Lise, Mathilde (Gefängniß), Valentine, Laura (Karlsschüler), Rosamunde von Kronau, Wolfgang Goethe, Armande (Urbild des Tartüffe), Hedwig von Gilden, Marie (Feuer in der Mädchenschule), Broni ꝛc.

Von der Natur mit schönen Mitteln ausgestattet, von denen freilich das Organ für manche leidenschaftliche Situationen nicht völlig ausreichte, brachte Frl. Franz eine seltene ästhetische und gesellige Bildung mit, worin sie bei Auffassung und Studium ihrer Rollen eine vortreffliche Unterstützung fand. Mit diesen durch Fleiß angeeigneten, wenn auch noch so schätzenswerthen, Eigenschaften war aber auch die Grenze ihres Könnens gezogen, und der Zuschauer hatte oft das Gefühl, daß die Darstellerin gefesselt werde von der Besorgniß über ein gewisses Maß von conventionellen Formen hinauszugehen, und so fehlte oft das Erschütternde und Ueberwältigende, was nur durch den vollen Einsatz der ganzen Persönlichkeit erreicht wird, welcher allein einen tiefen Eindruck bedingt. Daß Frl. Franz zu den beliebtesten Mitgliedern des Theaters gehörte und sich stets des vollsten Beifalls zu erfreuen hatte, braucht wohl nicht erwähnt zu werden.

September 16. Zum ersten Male: „Der Hausspion", Lustspiel in 2 Akten von Schlesinger und „Der Kurmärker und die Picarde", worin Frl. Rottmayer als muntere Liebhaberin debütirte.

September 21. Zum ersten Male: „Wilhelm von Oranien in Whitehall", Schauspiel in 5 Akten von G. zu Putlitz. —

October 5. Zum ersten Male: „Ludwig der Eiserne, oder: Das Wundermädchen aus der Ruhl", romantisches Volksschauspiel in 5 Akten von Alexander Rost.

November 2. Zum ersten Male: „Die Dithmarschen", historisches Volksdrama in 5 Akten von Ludwig Köhler.

Januar 15. und 18. gastirte Frl. Marie Rathmann vom Theater in Breslau als Deborah und Prinzessin Eboli.

Februar 1. Zum ersten Male: „Die deutschen Comödianten", Drama in 5 Akten von Mosenthal.

Februar 22. und 23. gastirte Frau von Bärndorf als Valentine und Herzogin von Marlborough.

März 26. bis April 1. gastirte Friedrich Haase als Königslieutenant, Sir Bernard Harleigh, Chevalier Rocheferrier (2mal), Cromwell, Eduard Gibbon in „Englisch", und Hamlet.

April 19. „Herzog Bernhard der Große" von J. Mosen.

April 30. „Die Comödie der Irrungen." — Schluß der Saison.

In 108 Vorstellungen kamen 19 Novitäten, von denen noch zu nennen: „Gute Nacht Hänschen" von A. Müller, „Eine verfolgte Unschuld" von E. Pohl, „Im Wartesalon erster Classe" von H. Müller, „Becker's Geschichte" von Jacobsen, „Aus Liebe zur Kunst" von Moser.

Es kamen zur Darstellung: Goethe, Schiller, Iffland je 2mal, Kleist 3mal, Moreto, Mosen je 1mal, Shakespeare 9mal, Blum und Putlitz je 6mal, Gutzkow, Benedix, Moser je 3mal, Bauernfeld 4mal.

In den Zwischenakten hatten gespielt: die Hofmusiker Ebert und Syvarth, Violoncello und Flöte, Capellmusikus Tegtmeier, Fagott und in der letzten Vorstellung wurde die vierte Symphonie von Mendelssohn aufgeführt.

1863/64.

September 17. Zum ersten Male: „Die Eine weint, die Andere lacht", Schauspiel in 4 Akten von Dumonoir und Keranion.

Neu eingetreten waren der Tenor-Buffo Herr Simon, welcher bis zum Frühjahr 1867 hier blieb und sein Fach durch drastische Komik und befriedigenden Gesang gut ausfüllte, die Soubrette Frl. Schlößl und die muntere Liebhaberin Frl. Krieg, eine sehr begabte, liebenswürdige Künstlerin, die leider oft mit Kränklichkeit zu kämpfen hatte.

October 6. Zum ersten Male: „Monsieur Hercules",

Schwank in 1 Akt von Belly, gab Herrn Simon Gelegenheit als Cäsar auch seine außerordentliche Gewandtheit in acrobatischen Kraftstücken zu zeigen.

October 11. Zum ersten Male: „Ein geadelter Kaufmann", Lebensbild in 5 Akten von Görner.

October 17. „Herzog Bernhard von Weimar" von J. Mosen; zum Schluß Festspiel zur Feier des 18. October mit begleitender Musik von C. M. von Weber.

Am darauf folgenden Sonntag den 18. October fand wegen sonstiger Feier mit Fest- und Fackelzuge zum Beverbäkenberg keine Vorstellung statt.

April 12. bis 15. Gastspiel des Herrn Friedrich Haase als Königslieutenant, Jeremias Knabe, Bonjour, Rocheferrier und Klingsberg sen.

April 26. und 28. Gastspiel der Frau von Bärndorf als Gräfin Autreval, Schauspielerin Dumesnil und „Lady in Trauer", Schauspiel nach einem englischen Roman von Trauen.

April 29. verabschiedete sich Frl. Ellen Franz als Donna Diana.

Mai 1. schloß die Bühne mit „Clavigo", als Benefiz für einige abgehende Schauspieler und Schauspielerinnen und die Besetzung konnte derartig gemacht werden, daß der Zettel nur einen einzigen Zurückbleibenden, den Herrn Becker: Clavigo zeigte. Die Herren Rainer, Weber, Stein, Ludwig, Schaefer und die Damen Frau Rainer und Frau Weber gingen ab.

In 108 Vorstellungen wurden 13 Novitäten gegeben, aber nur kleine, wenn auch recht heitere, Sachen; der Zuwachs an größeren Dramen zeigt sich immer geringer. — Mit dem alten vorhandenen Material war man aber recht fleißig; Schiller, Goethe und Gutzkow wurden je 3mal, Kleist 4mal, Lessing, Moreto, Iffland je 1mal, Shakespeare 9mal, Benedix 10mal, Putlitz 6mal, Blum 8mal, Moser und Görner je 5mal, französische Uebersetzungen und Bearbeitungen aber 22 gebracht.

Balletmeister Vogel mit corps de ballet tanzte in einem Zwischenakt.

1864/65.

September 18. Zum ersten Male: „Salon und Circus", Schauspiel in 5 Akten von Gerstäcker; wurde nicht wiederholt.

Der Zettel zeigt eine Menge neuer Namen, unter denen freilich einer von sehr gutem Klange ist, Treller, dem wir bereits vor einigen Jahren als Anfänger begegnet sind; ferner sind verzeichnet die drei Liebhaber Reinhardt, Goebel und Goebell (die gleichen Namen verursachten manche Verwechselungen), Herr Fürnrohr für zweite Charakterrollen, die erste Heldin Frl. Balitzka, Liebhaberin Frl. Rauen, die Soubrette Frl. Wolter.

September 22. Zum ersten Male: „Sammelwuth", Lustspiel in 3 Akten von Benedix.

September 25. Zum ersten Male: „Pietra", Tragödie in 5 Akten von Mosenthal.

October 2. „Narciß." Herr Treller konnte in der Rolle des Narciß Rameau zeigen, welche außerordentlichen Fortschritte er gemacht. Nach einem zweijährigen Engagement in Oldenburg wurde er Regisseur in Riga und seit mehreren Jahren fungirt er als Stellvertreter des Directors; die dortige Bühne hat er den Verhältnissen entsprechend zu einer sehr erfreulichen Höhe gebracht. — Herr Reinhardt war ein angenehmer Schauspieler, welchem nur durch seine Persönlichkeit gewisse Grenzen gezogen waren; nach seinem Abgange von Oldenburg in Weimar engagirt, ist er dort früh gestorben.

October 25. In „Kabale und Liebe" spielte Herr Becker den Hofmarschall von Kalb und wußte dieser oft verfehlten Rolle einen recht annehmbaren Charakter zu geben.

November 1. Zum ersten Male: „Männer von heute", Original=Lustspiel in 4 Akten von J. Rosen; die erste Begegnung mit diesem später oft vorkommenden Verfasser-Namen.

November 22. Zum ersten Male: „Lieschen Wildermuth", Lustspiel in 4 Akten von A. Schreiber.

November 27. Nach langer Pause spielte Herr Moltke einmal wieder den Tell.

Januar 8. In „Richard III." versuchte Treller seine Kräfte an dieser gewaltigen Aufgabe mit erfreulichem Erfolg.

Januar 17. und 19. gastirte Frau Treller als Evchen im „verwunschenen Prinz" und als Alwine im „Störenfried".

Januar 26. Zum ersten Male: „Im Wartesalon erster Classe", Lustspiel in 1 Akt von H. Müller; Frl. Krieg und Herr Reinhardt.

Februar 16. bis 19. Herr Tiszenthaler als Gast spielte den Benedict, Stephan Foster und Egmont.

Februar 26. Zum ersten Male: „Hans Lange", Schauspiel in 5 Akten von P. Heyse. Nach längerer Pause wieder einmal ein Drama, das, wenn auch nicht hervorragend, doch durch ansprechenden Stoff und einige gute Rollen ein Gewinn für das Repertoire war. Herr Berninger war für den Hans Lange wie geschaffen, Bugslav ist eine recht dankbare Rolle für einen jungen feurigen Liebhaber; es konnten noch zwei Wiederholungen stattfinden.

März 26. und 28. Gastspiel des Herrn Sontag vom Hoftheater in Hannover als Baron Wallbach im „Wartesalon erster Classe", Bergheim und Conrad Bolz, namentlich in letzter Rolle, vielleicht einer der dankbarsten des Bonvivant=Faches, höchst befriedigend.

April 2. Zum ersten Male: „Max Emanuel von Baiern", Schauspiel in 5 Akten von Georg Köberle. —

Es freut uns, Herrn Köberle hier zu begegnen und gleich=
zeitig die Oldenburgische Theaterverwaltung theilweise von
dem anderen Theatern gemachten Vorwurfe reinigen zu
können, daß dramatische Novitäten ernsterer Gattung so
wenig Berücksichtigung fänden und möchte durch die bisher
gegebenen Notizen erwiesen sein, daß Oldenburg wenigstens
in Unterstützung der aufstrebenden dramatischen Literatur
sich stets bereit und hülfreich erwiesen hat. Es ist übrigens
nicht so rasch abgemacht, wie oft die Ansicht herantritt,
eine Novität auf die Bühne zu bringen, von welcher der
Schauspieler, der immer daran denkt, sein gesammeltes
Material auch weiter und dauernd nutzbar zu machen,
nur einen halben Erfolg glaubt erwarten zu können,
und seinen Fleiß voraussichtlich nicht belohnt sieht. Herr
Köberle ist durch verschiedene Schriften, namentlich seine
„Theaterkrisis" als eifriger Kämpfer für Reformirung der
deutschen Bühne aufgetreten und wenn man ihm auch nicht
überall beipflichten kann, so hat er doch die Sache ernst
angefaßt und sehr anregend gewirkt.

April 27. bis 30. Gastspiel des Herrn Adolph Roc=
sicke als Baron Jacob von Ellerbrunn und Hamlet, womit
die Saison geschlossen wurde.

In 105 Vorstellungen waren 22 Novitäten gegeben,
von denen noch „Die Verlobung bei der Laterne" von
Offenbach, „Plauderstunden" von Gaßmann, „Der Copist"
von Hiltl und „Recept gegen Schwiegermütter" aus dem
Spanischen des Diana zu erwähnen; die Uebersetzung des
letztgenannten sehr heiteren Stückes wurde damals Sr.
Majestät dem König Ludwig I. von Baiern zugeschrieben.

Unsere großen Classiker wurden sehr ungleich bedacht,
was wohl durch den Bestand des Schauspielerpersonals
veranlaßt sein mochte. Schiller ist 5mal, Goethe, Iffland
je 1mal, Molière 3mal, dagegen Benedix 14mal, Toepfer

5mal, Blum, Rosen und Heyse je 3mal, Stücke aus dem Französischen 18mal verzeichnet.

September 11. 1865 war durch Erlaß des Großherzogs Nicolaus Friedrich Peter eine Commission, bestehend aus dem Schloßhauptmann von Dalwigk, dem Hofrath Koehler und dem Director Moltke niedergesetzt worden, welche über die zu machenden Engagements zu entscheiden haben sollte. Hiermit trat auch das Theater in Bezug auf die Finanzen ganz unter die Hofverwaltung.

1865/66.

September 17. „Faust" von Goethe. Die Eröffnung der Bühne mit dem „Faust" sollte ein Zeichen sein, daß man in der kommenden Saison durch glückliche Engagements wieder in der Lage sei, sich an größere Werke zu wagen, und wenn sich dies auch nicht ganz erfüllte, so gehört doch der Winter 1865/66 jedenfalls zu den bestbesetzten, und waren namentlich für das Lustspiel ganz vortreffliche Kräfte versammelt. Die Besetzung des „Faust" nannte als Faust den schon bekannten Herrn Titzenthaler, welcher mit schöner Figur und ausgiebigem Organ ausgestattet, doch selten die geistige Durchdringung und Belebung einer höheren Rolle erreichte; Mephisto: Herr Treller; Valentin: Herr Bergmann, bis zum Frühjahr 1871 bei der Oldenburger Bühne geblieben und in Bonvivants=Rollen ganz Vortreffliches leistend, Siebel: Herr Maneck, tüchtiger Baßbuffo, noch in Bremen sehr beliebt, und vor allem Gretchen: Frl. Engelsee, eine anmuthige mit schön klingendem weichem Organ begabte Schauspielerin. So gestaltete sich mit den vorhandenen guten Kräften ein Ensemble, das zu den besten Hoffnungen berechtigte.

September 19. Die beiden Lustspiele (zum ersten Male): „Dir wie mir", Schwank in 1 Akt von Roger und „Frauenkampf" von Scribe und Legouvé, führten die übrigen Mitglieder vor, von denen sich einige als sehr schätzenswerth erwiesen. Frl. Freystadt als muntere Liebhaberin und Salondame voll frischen und kecken Humors, Frl. Klein (Frau von Autreval), tüchtig in ihrem Fach, später in heroischen Rollen Besseres leistend und Herr Golden: Montrichard, in seiner Charakteristik humoristischer Rollen vorzüglich. Als Soubrette war Frl. Khayda, spätere Frau Simon, eingetreten.

October 1. „Graf Essex." Elisabeth: Frl. Klein.

October 31. „Clavigo" mit den Herren Bergmann, Treller, Titzenthaler und Frl. Engelsee, sehr befriedigend.

November 5. Zum ersten Male: „Ein schlechter Mensch", Original=Lustspiel in 3 Akten von Rosen. Durch das vortreffliche Spiel des Herrn Bergmann (Robert Wille), des Herrn Golden (Eisenbahndirector Grimm) und Frl. Freystadt (Emma) machte dies an sich recht frivole Stück einen sehr heiteren Eindruck.

November 9. Zum ersten Male: „Um die Krone", Lustspiel in 5 Akten von G. zu Putlitz, wurde wiederholt, auch im Jahre 1876/77.

November 10. feierte Frau Gabillon das 25jährige Jubiläum ihrer Wirksamkeit an der Oldenburger Bühne. Von der Frau Großherzogin mit einer schönen Caméen=Broche und einem huldvollen Schreiben geehrt, von den Collegen beschenkt und gefeiert, konnte die hochgeachtete Künstlerin mit größter Befriedigung sich ihres Ehrentages erfreuen.

November 23. Neu einstudirt: „Ein weißes Blatt" von C. Gutzkow.

December 7. Zum ersten Male: „Die zärtlichen Verwandten", Lustspiel in 3 Akten von Benedix. Wohl das gelungenste Lustspiel des fruchtbaren Dichters, das in vortrefflicher Besetzung, die kaum hier wieder erreicht wurde, den glänzendsten Erfolg hatte. Die Herren Golden (Barnau),

Bergmann (Schummerich), die Damen Frau Bluhm (Ulrike), Frau Dietrich (Irmgard), Frau Gabillon (Adelgunde) und Frl. Engelsee (Thusnelde) waren unübertrefflich.

Januar 2. Neu einstudirt: „Kaiser Otto III." von J. Mosen.

Februar 8. Zum ersten Male: „Sappho", Trauerspiel in 5 Akten von Franz Grillparzer; ist seitdem auf dem Repertoire ständig geblieben.

März 6. Zum ersten Male: „Y. I.", Lustspiel in 3 Akten von Dr. Otto Girndt; erstes Auftreten des später oft wiederkehrenden Verfasser-Namens.

März 11. bis 15. Gastspiel des Hannoverschen Hofschauspielers Carl Porth als Hamlet, Graf Scharfeneck im „Majoratserbe", Doctor Robin und Egmont.

März 18. Zum ersten Male: „Prinzessin Montpensier", Schauspiel in 5 Akten von Brachvogel.

April 22. Neu einstudirt: „Viola", Lustspiel in 5 Akten von Shakespeare, zum ersten Male mit der dazu componirten Musik von Julius Tausch.

April 29. Auf allgemeines Verlangen: „Die zärtlichen Verwandten". Schluß der Saison.

In 105 Vorstellungen waren 14 Novitäten gegeben, von denen noch zu erwähnen: „Singvögelchen", Lustspiel in 1 Akt von Jacobson, „Das Schwert des Damokles" von Putlitz, „Fortunio's Lied", Singspiel von Offenbach und „Hohe Politik", Lustspiel in 3 Akten von Rosen.

Das Repertoire war im Ganzen gediegen; Goethe ist 5mal, Schiller 4mal, Shakespeare 7mal, Lessing, Kleist, Moreto, Mosen je 1mal, Benedix 15mal, Görner und Frau Birch je 6mal, Putlitz und Scribe je 4mal verzeichnet.

Balletmeister Casati aus Bremen gab zwei Gastvorstellungen.

1866/67.

September 16. Neu einstudirt: „Prinz Friedrich von Homburg", Schauspiel in 5 Akten von H. von Kleist. Die Gesellschaft war größtentheils zusammen geblieben und nur die Namen: Friedhoff (für Väter und singende Rollen engagirt) und Firmanns, für zweite Charakterrollen, sind neu; Herr Carlschulz, zweiter Liebhaber, wurde bald durch Herrn Bäker ersetzt; bei den Damen waren neu eingetreten: Frl. Bußler als erste Heldin und Frl. Löhn; doch sind alle die Engagements nicht als solche zu bezeichnen, welche das bisherige Personal befriedigend ergänzt oder verbessert hätten. —

September 20. Neu einstudirt: „Iphigenie" von Goethe; konnte die Höhe früherer Vorstellungen nicht erreichen.

September 23. Festspiel zur Feier der Heimkehr unserer siegreichen Truppen von August Becker. Personen des Festspiels waren: Wilhelm, preußischer Landwehrmann, Infanterist, Albert, sein Bruder, Husar, Friedrich Barbarossa, Heinrich von Osterdingen, Konrad I. von Hohenzollern, ein Page des Kaisers erscheint als Hirtenknabe

September 25. „Lenore" von Holtei; Wiederholung des Festspiels.

November 27. und December 13. kamen zwei Einakter von Anna Löhn zur Darstellung: „Pindar's Werke" und „Rechter und linker Flügel".

Januar 2. Zum ersten Male: „Revanche", Lustspiel in 2 Akten von Charl. Birch-Pfeiffer.

März 3. bis 7. Gastspiel des Herrn Theodor Doering als Michel Perrin, Commissionsrath Frosch, König Lear, Tartüffe und Pernet im „Copisten".

März 21. bis 28. Gastspiel des Frl. Pauline Ulrich vom Hoftheater in Dresden als Donna Diana, Julie, Yelva,

Lucilie in „Buch III. Capitel I." und Beatrice in „Viel Lärm um Nichts". Frl. Ulrich errang einen glänzenden Erfolg, namentlich als Donna Diana und Beatrice.

April 9. Neu einstudirt: „Torquato Tasso" von Goethe. Man sollte „Tasso" nur mit Kräften ersten Ranges geben, denn die Aufführung wird keinen Zuschauer befriedigen, dem nicht die wunderbare Sprache, an deren Schönheit wir uns gebildet haben und die uns in ihrem innersten Wesen vertraut ist, durch ihren Gedankenreichthum vollen Ersatz für die kaum bemerkbare Handlung bietet. Diese Sprache aber verlangt die vollendetste Ausführung, ohne welche sie befremdlich und sogar verletzend auf uns wirken kann.

April 17. „Die Waise aus Lowood," Gastspiel des Herrn Piers vom Stadttheater in Bern als Lord Rochester.

April 25. „Die bezähmte Widerspänstige." Herr Piers: Petruchio und Herr Raupp vom Hoftheater in Carlsruhe: Lucentio.

April 26. „Die Jäger." Herr Raupp: Anton. Mit der Rolle der Frau Oberförsterin nahm Frau Gabillon Abschied von der Bühne.

April 28. „Egmont." Herr Piers: Egmont; Herr Raupp: Brackenburg.

April 30. Mit „Rosenmüller und Finke" wurde geschlossen.

In 106 Vorstellungen wurden 14 Novitäten gebracht, von denen zu nennen: „Flattergeister", Lustspiel in 3 Akten nach dem Französischen von Förster, „Spielt nicht mit dem Feuer", Lustspiel in 3 Akten von Putlitz.

Das Repertoire zeigte das Bestreben, sich auf der Höhe zu halten, allein die Kräfte reichten nur für das Lustspiel genügend aus. — Goethe wurde 3mal, Schiller, Lessing, Kleist, Mosen, Moreto, Molière je 1mal, Shakespeare 9mal, Toepfer und Putlitz je 5mal, Scribe, Blum,

Rosen je 4mal, Benedix 14mal und die Frau Birch 9mal, Uebersetzungen oder Bearbeitungen nach dem Französischen 23mal gespielt.

In einem Zwischenakt spielte Hofmusikus Schärnack das Violinconcert von Mendelssohn.

Mit dem Schlusse der Saison trat Gustav Moltke von der Direction zurück; derselbe blieb aber noch mehrere Jahre als Darsteller thätig und trat zur Unterstützung des Institutes, dem er seine beste Lebenskraft gewidmet, hülfreich ein, wo die Direction durch Umstände in ihrer Thätigkeit gehindert war.

Direction von August Becker.
1867/68.

September 15. „Faust" von Goethe, mit dem Vorspiel auf dem Theater als Prolog (zum ersten Male), Musik von Lindpaintner. Die Vorführung des Faust-Vorspiels auf dem Theater war gleich eine kleine That Becker's, die lebhaft begrüßt wurde, da sie zur Abrundung des großen Werkes wesentlich beitrug. Der größte Theil der vorgeführten neuen Mitglieder machte einen befriedigenden Eindruck und so durfte man einen gedeihlichen Fortgang hoffen. Herr Piers (Faust), welcher bereits aus der vorigen Saison als Gast bekannt war, von stattlicher Erscheinung, gutem Organ und in Sprache und Ausdruck Bildung verrathend, Frl. Feistel (Gretchen), eine ansprechende Erscheinung mit schön und voll klingendem Organ, Herr Pochmann (Mephistopheles), Herr Grube II. (Valentin), frisch und kräftig; auch bei den Darstellern der zweiten Rollen ließ sich Talent erblicken.

September 17. In den „Journalisten" wurden die Kräfte für das Lustspiel vorgeführt und auch hier konnte man sich größtentheils befriedigt erklären. Frl. Zabel (Adelheid Runeck), voll heiteren Lebens, fein humoristisch mit großer Sicherheit, erwarb sich sehr bald die Gunst des Oldenburger Publikums, und hat sie sich als eine der kräftigsten Stützen der Bühne bis zu ihrem Abgang im Frühjahr 1878 zu erhalten gewußt.

September 19. In „Fröhlich" und „Herrmann und Dorothea" producirte sich Herr Stritt und Frl. Schwencke, beide gesanglich genügend und von heiterem, liebenswürdigem und decentem Spiel. Frl. Schwencke blieb bis zum Frühjahr 1869, wo dieselbe bei den Meiningern engagirt wurde, bei denen sie noch wirkt, und Herr Stritt blieb bis zum Frühjahr 1870, kam dann nach einer Abwesenheit von zwei Jahren, die er in Berlin am Friedrich-Wilhelmstädtischen Theater verbracht, im Herbst 1872 wieder hierher zurück, verließ uns aber nach sechs Jahren (1878) wieder, um nach Frankfurt a./M. zu gehen.

September 24. Im „Glas Wasser" konnte Frau Börger als Herzogin von Marlborough, sowie später als Isabella in der „Braut von Messina" nicht genügen, es wurde daher ein Theil der größeren Rollen, namentlich aus dem Fache der Heldenmütter, an Frl. Zabel übertragen, und wenn diese sich mit ihrem Talente und ihrer geistigen Begabung auch bald in das neue Fach hinein zu finden wußte, so blieben doch das Lustspiel und das Conversationsstück das Feld, auf welchem sie ihre größten Erfolge errang.

Am 10. October war Julius Mosen seinen langjährigen, schweren Leiden erlegen, und die Schauspieler legten in ehrender Anerkennung dessen, was er für die hiesige Bühne gewesen, einen reichen Schmuck von Kränzen an seinem Sarge nieder. Am 31. October wurde „Katte" gegeben und am 15. December fand als Gedächnißfeier die Aufführung der „Bräute von Florenz" (zum ersten Male) mit einem Prolog und einem Epilog, gesprochen von Frl. Zabel, statt.

December 1. Im „Graf Essex" war Frl. Feistel eine unübertreffliche Rutland.

Januar 12. Neu einstudirt: „König Johann" von Shakespeare; Johann: Herr Pochmann; Hubert: Herr Becker; Arthur: Frl. Feistel, die beiden letzteren in ihrem Spiel tief ergreifend.

Januar 21. Zum ersten Male: „Paroli", Lustspiel in 3 Akten von Otto Girndt.

Januar 26. „Die Karlsschüler," Schiller: Herr Basté vom Hoftheater in Hannover als Gast.

Am 27. Januar 1868 war vom Großherzog eine Theater-Commission, bestehend aus dem Schloßhauptmann von Dalwigk und dem Hofrath Kochler ernannt worden, deren Aufgabe es sein sollte, die Theaterangelegenheiten im Allgemeinen zu überwachen, die Engagements abzuschließen, das Repertoire nach Vorschlag zu prüfen und zu bestimmen. Der finanzielle Theil der Verwaltung war bereits seit dem Jahre 1865 unter Hofverwaltung gestellt.

Januar 28. „Feenhände," Richard von Kerbriand: Herr Basté als Gast. Es folgten noch Baron von Wallbach und Peti, der Zigeuner.

Februar 11. Zum ersten Male: „Aus der Gesellschaft", Schauspiel in 4 Akten von Bauernfeld.

Februar 26. bis März 16. Gastspiel des Frl. Pauline Ulrich als Kriemhild in den „Nibelungen" von Friedrich Hebbel (zum ersten Male), Desdemona, Hortense in den „Plauderstunden", Catharina in der „bezähmten Widerspänstigen", Agnes in den „Leiden junger Frauen", Bertha in „Wenn Frauen weinen" und Elise in „Er experimentirt"; — die hochdramatischen Rollen fanden den meisten Beifall.

März 8. bis 11. Gastspiel des Herrn Hendrichs aus Berlin als Wilhelm Tell, Lord Rochester und Götz von Berlichingen und bewährte derselbe seinen Ruhm, ein Künstler der edlen idealen Richtung zu sein, welche leider von der deutschen Bühne zu verschwinden droht. Die schöne Naturwahrheit, der einfache, warme Herzenston (Scene mit Weis=

lingen beim Mahle!), das Fernhalten von aller Effect=
hascherei in den Rollen des Tell und Götz machten den
Eindruck der höchsten künstlerischen Vollendung.

März 26. Zum ersten Male: „Der Statthalter von
Bengalen", Schauspiel in 4 Akten von Heinrich Laube.
Vortreffliches Schauspiel, stets auf dem Repertoire ge=
blieben.

April 7. Zum ersten Male: „Politische Grundsätze",
Lustspiel in 4 Akten von O. Girndt.

April 14. Zum ersten Male: „König Heinrich VI.",
erster Theil, bearbeitet von Franz Dingelstedt.

April 16. Zum ersten Male: Zweiter Theil desselben
Dramas.

April 19. „König Richard III." Gewiß ein rühm=
liches Unternehmen diese drei Dramen in einer Reihenfolge
aufzuführen, das alle Anerkennung verdient. Der Beifall,
welchen die Volksscenen der socialen Revolution in Hein=
rich VI. erhielten und die Anerkennung der gebildeten Kreise
für die im Zusammenhang gebotene Aufklärung über den
Charakter Richard III., ohne welche im Drama dieses Na=
mens Vieles kaum verständlich ist, lohnten die für hiesige
Verhältnisse höchst schwierige Aufgabe.

April 23. bis 28. Gastspiel der Frau Straßmann=
Damböck, damals noch nicht an der Burg in Wien engagirt,
als Medea, Herzogin von Marlborough und Gertrud im
„Schulz von Altenbüren" (zum ersten Male). Bedeutende
Mittel und große Sicherheit errangen einen schönen Erfolg.

April 30. Nach so gewaltigen Anstrengungen im
höheren Drama wurde die Saison mit „Bürgerlich und
romantisch" geschlossen.

Man muß der Direction des Herrn Becker zuerkennen,
daß sie rüstig und umsichtig ans Werk gegangen war. —
In 109 Vorstellungen waren 23 Novitäten gegeben, 5 Trauer=
spiele, 9 Schauspiele und 12 Lustspiele waren neu einstudirt

worden; Goethe war 4mal, Schiller 3mal, Shakespeare 10mal, Calderon 1mal, Molière 1mal, Grillparzer 1mal, Hebbel 1mal, Gutzkow 2mal, Laube 4mal, Mosen 2mal, Benedix 5mal, Frau Birch 6mal, Blum 6mal, Girndt 4mal, Putlitz 5mal, Scribe 3mal vertreten und im Ganzen wurden aus dem Französischen 18 Stücke gegeben.

Großherzogliche Theater-Commission.
Technischer Director A. Becker.
1868/69.

Ein größerer Theil des Personals war geblieben und nur Frl. Francke trat für Frau Börger ein, Frl. Reinhardt, eine sehr talentvolle Schauspielerin, für Frl. Schnetz, Herr Koeth für Herrn Pochmann nnd Herr Reubke, als jugendlicher Held und Liebhaber, doch nicht dauernd, da er bald durch Herrn Wittmann ersetzt wurde.

September 13. „Uriel Acosta" mit Herrn Piers in der Titelrolle.

September 22. „Emilia Galotti." Marinelli: Herr Koeth, ließ sofort den schauspielerisch sehr begabten Künstler erkennen, jedoch lag seine Leistungsfähigkeit nicht gerade auf dem glatten Boden, auf welchem sich ein Marinelli leicht bewegen muß; es fehlte ihm die gesellschaftliche leichte Tournüre.

September 24. „Die Bastille." In der Rolle des Rochoux zeigte Herr Koeth sein großes Talent für die humoristische Charge und

September 27. im „Don Carlos" als König Philipp war er schon mehr in den Stimmungen und Situationen, welche er später mit vortrefflicher Charakteristik und Schärfe zu zeichnen und auszuprägen verstand. Herr Koeth ist bis zum Frühjahr 1873 bei der hiesigen Bühne als sehr geschätztes und stets verwendbares Mitglied geblieben; er ging von hier nach Dessau, gewann sehr bald eine gute Stellung, starb aber schon nach 2 Jahren.

October 1. In den „Geschwistern" von Goethe spielte Herr Schroeder den Fabrice unter Anerkennung des Publikums.

October 11. Zum ersten Male: „Struensee", Trauerspiel in 5 Akten von M. Beer.

October 20. Zum ersten Male: „Die Amnestie", Schauspiel in 5 Akten von A. May.

December 13. Zum ersten Male: „Catharina Howard", Trauerspiel in 5 Akten von R. Gottschall; sehr geschickt gemachtes und mit dramatisch wirkenden Requisiten ausgestattetes Stück, welches durch Frl. Feistel in der Titelrolle gut zum Ausdruck kam.

Januar 3. Zum ersten Male: „Die Welt des Schwindels", Lustspiel in 5 Akten von R. Gottschall; die bekannte durch Law bewirkte Finanz-Catastrophe in Frankreich bildet den Stoff.

Januar 21. Zum ersten Male: „Die alte Schachtel", Lustspiel in 1 Akt von Putlitz. Ein ächt deutsches Stückchen, voll Gemüth und Liebenswürdigkeit, ein glücklicher Griff ins deutsche Familienleben. Frau Dietrich (die alte Lotte) war so recht geschaffen für dies gemüthliche alte Hausmöbel; sie erntete reichen Beifall.

Februar 2. Zum ersten Male: „Die relegirten Studenten", Lustspiel in 4 Akten von Benedix. Der mit Humor gezeichnete Gegensatz der flotten Studentenlaune, unter der sich die Tüchtigkeit verbirgt, mit dem kleinlichen, nüchternen und gewinnsüchtigen Philisterthum macht das Stück zu einem höchst ergötzlichen.

Februar 16. Zum ersten Male: „Böse Zungen", Schauspiel in 5 Akten von H. Laube. Der Stoff soll mit jener berüchtigten und bedauerlichen Catastrophe des Ministers Bruck in Wien in Verbindung stehen. Das spannende

Drama ist mit der Laube eigenen eminenten Gewandtheit und Sicherheit in Verflechtung der Scenen und Zeichnung der Charaktere verfaßt.

Februar 28. Zum ersten Male: „Heydemann und Sohn", Lebensbild von H. Müller und E. Pohl. Wir erwähnen hier zum ersten Male einer Gattung von Stücken, der Possen, welche als Sonntagsaufführungen, für einen nicht zu unterschätzenden Theil des Publikums berechnet, von einem Theater vom Charakter des Oldenburger nicht zu umgehen sind. — Das Repertoire wurde aber stets sehr vorsichtig gewählt und nur die unvergleichlichen poesie=reichen Stücke von Raimund wurden ständig und in kurzen Zwischenräumen zur Darstellung gebracht. Es wäre irr=thümlich, aus dem Umstande, daß gute neue Possen jetzt so selten geschrieben werden, schließen zu wollen, daß die Posse überhaupt sich überlebt habe und ganz zu entbehren sei; ein Stück, wie „Auf eigenen Füßen" wird immer sein dankbares Publikum finden und verdient es auch.

April 4. „Don Carlos." Nicht von dem, was auf der Bühne vorging, sondern von dem, was sich vor dem Vor=hange heute ereignete, soll etwas erzählt werden, und das hier zu erwähnende tragikomische Ereigniß wird zuverlässig der Erinnerung derjenigen, welche es mit erlebt haben, nicht entschwunden sein; — die Sache hatte aber auch ihre sehr ernste Seite.

Vor wirklicher Feuersgefahr war das alte Schauspiel=haus bisher noch gnädig bewahrt geblieben und die stän=digen Theaterbesucher hatten die Besorgnisse, welche die leichte Bauart des Hauses, die engen Vorplätze und Treppen wohl als gerechtfertigt erscheinen ließen, im Gefühl einer gewissen, durch die Dauer der Zeit befestigten, aber doch geträumten Sicherheit glücklich überwunden, als das Ein=treten eines falschen Feuerlärms, diesmal glücklicherweise ohne irgend nachtheilige Folgen, die Eventualität einer wirklichen Feuer-Catastrophe vor Augen brachte und nahe legte, was denn auch Veranlassung gab, für ernstere Fälle zur Beruhigung des Publikums einige Winke zu geben und so weit als es möglich war, einige Sicherheitsmaßregeln zu treffen. Ein aus jener Zeit vorliegendes Schreiben meldet Folgendes:

„Prinzessin Eboli (Frl. Zabel) lag in Verzweiflung, händeringend vor der Thüre, welche zum Gemach der Königin Elisabeth führte — lautlose Stille —, da ertönt plötzlich vom Vestibül her an der Bretterwand, welche das Parterre davon trennt, ein lautes Pochen und Hämmern mit dem Geschrei: „'raus! 'raus! 'raus!" Die nahe an der Wand sitzenden Personen schauen sich entrüstet über diese Störung um, das Pochen wiederholt sich, man hört Scheltworte, mit derben niedersächsischen Flüchen gemischt, erschallen, Rufe, Fragen und Gegenreden gehen durch das Haus. Es tritt eine gewisse Spannung ein, was der Tumult wohl zu bedeuten haben möchte.

„Da hört man auf den höchsten Stufen
Auf einmal eine Stimme rufen:"

„Et is doch wol kin Füer?!" Doch dem war kaum das Wort entfahren, als wie auf ein Commandowort das gesammte Publikum sich erhebt, Kehrt macht und auf die Ausgänge zueilt; wie eine gehetzte Schafheerde stürzt Alles über einander, die Verwirrung ist furchtbar, die Musiker springen aus dem Orchester auf die Bühne, Flötist M. an der Spitze, aus den Sperrsitzen voltigirt man ins Orchester, ersteigt Engel's Dirigirstuhl, springt auf den blechernen Souffleurkasten, aus welchem der Inwohner ängstlich aufschreit. Ein rascher Sprung nach dem Vorplatz des ersten Ranges und der Treppe, wo das Gedränge sich schon in bedenklicher Weise gemehrt und die Damen in heller Verzweiflung, mit Zurücklassung ihrer Mäntel und Kapuzen, der engen Treppe zueilten, hatte mich überzeugt, daß an dieser Stelle wenigstens keine Feuersgefahr vorhanden, und nun versuchte ich durch einige beruhigende Worte von dem Verlassen des Hauses abzuhalten; es war aber Alles vergebens! Einige Herren nahmen sich der rathlos umherirrenden Damenschaar hülfreich an, unter ihnen Oberst L., welcher, zwei schwankende Gestalten am Arm, sich glücklich durchkämpfte und das Défilé der Treppe erreichte, wo es freilich ohne Rücksicht auf Rang und Hühneraugen toll genug her ging. Da hier nicht zu rathen war, so eilte ich, nachdem ich mich kaum zwei Minuten auf dem Vorplatz aufgehalten hatte, wieder in die Loge zurück — unglaublich — aber wahr! Gallerie und Logen völlig leer, nur im Parquet noch einige Nachzügler oder solche, welche ihre Fassung bewahrt hatten. Der Zwischenvorhang, der gefallen war, ging auf, der ganze Hof König Philipp's in ängstlichem Durcheinander auf der Bühne; Becker: Domingo, von einigen Spritzenleuten mit Löschgeräth umgeben, sucht das noch vorhandene Volk zu haranguiren, doch seine Worte verhallen in dem Getümmel. An der Haltung der Schauspieler ließ sich bald erkennen, daß auch auf der Bühne keine Gefahr vorhanden. Don Carlos (W........) sieht seine im Parquet sich befindende Gattin nach dem Ausgange zudrängen, er eilt vorn an die Rampe und ruft ihr befehlend zu: „Auguste! Auguste! bleibe doch sitzen!" — Völlig beruhigt eilte ich noch einmal auf den Vorplatz, fand aber hier niemand mehr anwesend, bis auf die Logenschließerin, welche tapfer ausgehalten hatte. In weniger als fünf Minuten hatte sich das gut gefüllte Haus geleert, ohne daß eine der mehrfach vorhandenen Noththüren, selbst nicht die für den ersten Rang so günstig gelegene Treppe zur kleinen herrschaftlichen Loge, benutzt worden wäre. — Die Vorstellung begann wieder, doch blieb das Haus ziemlich leer, nur gefüllt von einigen mit verlegenem Lächeln sich wieder einfindenden Personen. Mehrere Damen hatten in hülfsbedürftigem Zustande in das Haus eines benachbarten Arztes gebracht werden müssen, andere sollen hut= und kopflos, ohne den Blick zu wenden, bis zum Haarenthor gerannt sein. Veranlassung zu diesem Spuk gaben zwei weinlaunige Militärs, welche, in der Absicht einen Kameraden herausrufen zu lassen, das Vestibül betraten und hier, als der Betreffende nicht rasch genug erschien, ihrer Ungedulb durch Pochen in der angegebenen Weise Luft gemacht hatten. Es ist zu vermuthen, daß die Attentäter über den ungeahndeten Erfolg ihres Manoeuvres, welches, statt eines einzigen Gewünschten, das ganze Theaterpublikum aus dem Hause und aus dem Häuschen brachte, einigermaßen entsetzt gewesen sind."

Zu dem nächsten Zettel wurde eine Bekanntmachung der Theaterverwaltung ausgegeben, welche das Publikum über den Vorfall aufklärte und einige Angaben machte, welche zur Sicherung bei ähnlichen Vorkommnissen dienen sollten.

Vom 4. bis zum 25. April gastirte Herr Günther vom Hoftheater in Mannheim in den Rollen des Posa, Lambert in der „Hochzeitsreise", Hauptmann Wiese im „Tagebuch", Rolla in „Dornen und Lorbeer", Manuel in der „Braut von Messina", Bolingbroke und Carl Moor.

April 18. In der „Braut von Messina" gastirte Frl. Quint als Isabella und Herr Julius als Don Caesar,

April 20. im „Glas Wasser" dieselben als Marlborough und Masham,

April 27. in den „bösen Zungen" als Frau von der Strassen und Ferdinand von Mack, und

April 29. im „Egmont" (letzte Rolle des Herrn Piers) als Margaretha von Parma und Brackenburg; außerdem hatte Herr Julius noch den Kosinsky gespielt. Beide letztgenannten wurden für die nächste Saison engagirt.

In 104 Vorstellungen waren 25 Novitäten gegeben

worden, unter denen noch zu erwähnen: „Der Diplomat der alten Schule" von H. Müller, „Das Jahrmarktsfest zu Plundersweilern" von Goethe, „Elzevir" von Wilken, „Der gestiefelte Kater" von Putlitz und die Operetten „Flotte Bursche" von Suppé und „Das Mädchen von Elizondo" von Offenbach. Goethe kommt 5mal, Schiller 8mal, Kleist 3mal, Lessing 2mal, Shakespeare 2mal, Laube 4mal, Gottschall 3mal, Redwitz 3mal, Gutzkow, M. Beer, Moreto je 1mal, Benedix 12mal, Putlitz 5mal, Görner 8mal, Charl. Birch 1mal, Stücke aus dem Französischen 15 vor.

1869/70.

September 16. „Die zärtlichen Verwandten." Der Zettel nennt uns mehrere neue Namen: die Herren Salomon (Barnau), Julius (Wismar) und Schroeder (Offenburg), die Damen Quint (Adelgunde) und Reinhardt (Ottilie). Herr Salomon blieb diese Saison, wurde für die folgende in Weimar engagirt, kehrte dann wieder hierher zurück und trat 1872 zu dem durch Laube neugegründeten Stadttheater in Wien; augenblicklich ist er in Frankfurt a./M. engagirt. Ein tüchtiger, gediegener Künstler, besonders in allen den Rollen, in denen sein voll und schön tönendes Organ zur Geltung kommen konnte und eine edle kräftige Männlichkeit auszudrücken war; fest und sicher in seinen Aufgaben, mit vortrefflichem Gedächtniß begabt, war er eine Stütze des Theaters. Siegfried in den „Nibelungen", Werner von Kiburg, Philipp Faulconbridge, Stephan Foster, Heinrich IV. in der „Bluthochzeit", Graf von Hammerstein, Joachim von Kittlitz in „In der Mark", Tell, Benedict, Petruchio, Faust (namentlich als Gast von Wien aus hierher zurückkehrend), waren seine bedeutendsten Leistungen. Frl. Reinhardt, Schwester des früher hier engagirt gewesenen Reinhardt, war eine pikante, muntere Liebhaberin. Herr Julius, ein hübscher junger Mann von interessantem etwas ausländischem Wesen, mit östlichem Dialect behaftet und völliger Anfänger, interessirte dennoch durch die Art seiner Persönlichkeit; er hat, dem Vernehmen nach, die Bühne früh verlassen. Als zweiter Charakterspieler war Herr Wraske eingetreten.

November 2. bis 14. gastirte Frl. Hedwig Raabe in den Rollen der Grille, Marie in „Feuer in der Mädchenschule", „Pariser Taugenichts", Margarethe in den „Hagestolzen", Hedwig in „Sie hat ihr Herz entdeckt", „Der kleine Richelieu, Margarethe in „Erziehungsresultate"; in einem kleinen Bereiche ein bedeutendes Talent.

December 5. bis 9. gastirte Frl. Ellen Franz als Preciosa, Bertha in „Am Clavier" und Leopoldine von Strehlen im „besten Ton".

December 12. Zum ersten Male: Die Lancaster-Tetralogie von Shakespeare: „Richard II.", „Heinrich IV.", erster und zweiter Theil und „Heinrich V.", nach der Bearbeitung von Dingelstedt. Salomon als Richard II. war vortrefflich, Koeth spielte den Bolingbroke, später den König, Berninger den Falstaff, Bergmann den Prinz Heinz; ein glänzender Erfolg lohnte die große und anstrengende Thätigkeit, welche Einstudiren und Insceniren verursacht hatten.

Januar 25. Zum ersten Male: „Sophonisbe", Tragödie in 5 Akten von E. Geibel; Sophonisbe: Frau Bethge-Truhn als Gast.

Januar 27. spielte dieselbe die Frau von Autreval und die Bertha in „Wenn Frauen weinen".

März 10. Zum ersten Male: „Orest", Tragödie in 2 Abtheilungen nach den Grabesspenderinnen des Aeschylus von Roßmann, worauf die „Elektra", Drama in 1 Akt von Hermann Allmers, mit Musik und Chören, componirt vom Hofcapellmeister Albert Dietrich, folgte. Beides würdige, im Geiste des Alterthums geschaffene Werke.

März 13. bis 17. Gastspiel des Frl. Ulrich vom

Dresdener Hoftheater als Catharina Howard, Anna in „Maske für Maske", historisches Schauspiel von Bernhard Scholz (zum ersten Male), Agnes, Marguerite und Elise in drei kleinen Lustspielen.

April 17. bis 21. gastirte auf Engagement Herr Tormin in den Rollen des Prinz Leopold von Anhalt, des Galilei in „Sixtus V." und des Mortimer.

April 19. Zum ersten Male: „Papst Sixtus V.", Tragödie in 5 Akten von Julius Minding, bearbeitet von A. Becker und C. Rainer, in der Besetzung mit Herrn Koeth: Sixtus; Bergmann: Mariana; Moltke: Toledo; Becker: Morosini; Salomon: Tasso; Lanz: Michel Angelo; Tormin: Galilei; Schroeder: Caplan; Wraske: Buoncampagno; Frl. Zabel: Mathilde. Koeth hatte seine Rolle mit vielem Fleiße durchgearbeitet und brachte in der Conclave-Scene eine große Wirkung hervor. Sonstige Schicksale des Dramas sind bereits oben erwähnt worden.

April 29. verabschiedete sich Herr Salomon als Uriel Acosta.

In 108 Vorstellungen waren 37 Novitäten und unter diesen bedeutende Werke gebracht worden, gewiß ein glänzender Beweis für die Rührigkeit der Verwaltung. Außer den genannten Novitäten sind noch zu erwähnen: „Der Paria", Trauerspiel in 1 Akt von Michel Beer, „Adelaide" von Hugo Müller, „Die neue Gouvernante" von Otto Girndt, „Die Vermählten" von Wilbrandt, „Sie hat ihr Herz entdeckt" von Müller von Königswinter, „Unerreichbar" von Wilbrandt, „Duft" von H. Müller, „Ein einziges Wort an den Minister" und die vortreffliche Gesangsposse „Auf eigenen Füßen" von E. Pohl und H. Wilken.

Schiller war 2mal, Goethe, Uhland, Iffland je 1mal, Kleist 4mal, Shakespeare 10mal, Hebbel, Minding je 2mal, Laube 4mal, Aeschylus-Roßmann, Allmers, Michel Beer je 2mal, Gutzkow, Gottschall, Geibel je 1mal, Benedix

10mal, Moser 5mal, Wilbrandt, Toepfer und Frau Birch je 4mal, Hugo Müller 7mal vertreten; außerdem wurden 13 Stücke nach dem Französischen gegeben.

1870/71.

Das große Kriegsjahr ist nicht vorübergegangen, ohne auch der Theaterverwaltung Sorgen und Nöthe zu bereiten, ja selbst das Fortbestehen des Theaters in Frage zu stellen. Der Voranschlag für 1870/71 hatte bereits die Höchste Genehmigung erhalten, die aus der Hofcasse zu zahlende Beihülfe war festgesetzt, die Engagements waren vollzogen, als von Frankreich her das drohende Gewitter aufstieg; die Kriegserklärung folgte, die Armeen standen im heißen Kampfe sich gegenüber, der Großherzog begab sich in der Mitte des Monats August zur Armee, und die Theater-Commission stand vor der Entscheidung, ob sie es wagen dürfe unter so kritischen Verhältnissen die Bühne wieder zu eröffnen und das Risico eines unberechenbaren Deficits zu übernehmen. Nach den mit dem Schauspielerpersonal abgeschlossenen Contracten freilich war die Befugniß vorhanden in Kriegszeiten das Verhältniß zu lösen, aber welche traurigen Consequenzen würde eine ausgesprochene Kündigung gehabt haben, wo es sich um die Existenz von beinahe 100 Personen handelte. Der glückliche Beginn des Feldzuges gab Muth und Vertrauen, die gehobene zu jedem Opfer bereite Stimmung in Deutschland ließ einen glücklichen Ausgang hoffen, die Zeit drängte noch nicht, bis zur Eröffnung der Bühne am 18. September konnte sich ja die Lage klarer gestellt haben, — und so wurde denn, nachdem sich die gute Meinung immer mehr befestigt hatte, die Eröffnung gewagt.

September 18. „Wilhelm Tell," mit einem Prolog, gedichtet von Director Becker, in welchem er die Bedeutung der großen historischen Ereignisse und Deutschlands Hoffnung auf Sieg und dauernde Einigkeit, im Anschluß an die goldenen Worte, welche der Tell (Rütli=Scene) noch bringen sollte, in begeisterter Rede aussprach. Also beginnend:

>"Wenn an dem Tage, wo die heit're Welt
>Des schönen Scheins sich Euren frohen Blicken
>In steter Wiederkehr auch heut' erschließt,
>Ein ernstes Wort zum herzlichen Willkommen
>Von dieser Stätte Euch entgegen klingt,
>So zollen wir der groß=gewalt'gen Zeit
>Den schuldigen Tribut."

schloß er mit den in stürmischem Jubel aufgenommenen Worten:

>"Drum blühe auf, Du deutsche Nation!
>Ersteig' die Höhe, die nur Dir gebührt
>Vor allen Völkern, laß' von dort die Macht
>Der wahren Freiheit Deine Welt beherrschen,
>Die Dich und Deine Kraft so lang' verkannt,
>Mein ein'ges, theures, deutsches Vaterland!"

Wir werden im weiteren Verlaufe des Repertoires sehen, wie glücklich Director Becker es verstand, die Bühne dieses Jahres zum Spiegel der Zeitereignisse zu machen, und so mit dem Publikum sympathische Beziehungen zu wecken und zu nähren.

Von dem neu hinzutretenden Personal ist in erster Linie Herr Michaelis zu nennen, welcher früher für das Fach der ersten Helden in Hannover engagirt, sich bereits vom Schauplatz zurückgezogen hatte, jetzt aber im Wunsche seine Kräfte noch einmal zu versuchen, ein Engagement in Oldenburg annahm. In den Rollen des Tell, Don Caesar in „Donna Diana", Doctor Robin, P. von Scharfeneck im „Majoratserbe", Posa zeigte er sich als einen Künstler von vortrefflichen Mitteln, aus einer gediegenen Schule hervorgegangen, welcher die großen Aufgaben seines Faches klar, sicher und in künstlerischer Abrundung zur Darstellung zu bringen im Stande war. Wenn sich später eine gewisse pedantische Ausführung einiger Parthien herausstellte, welche einen tieferen Eindruck wohl schwächen konnte, so hatte der Zuschauer doch immer das Bewußtsein, einen Künstler vor Augen zu haben, welcher einem ästhetischen Anspruch durchaus genügen konnte, und so war der Eintritt des Herrn Michaelis für das Ensemble sehr vortheilhaft. Der für das Fach der jugendlichen Liebhaber eingetretene Herr Timm war noch Anfänger, da er aber Talent und gute Mittel besaß, so gelangen ihm schon manche Rollen recht befriedigend. Für zweite jugendliche Rollen war Herr Grünberg engagirt, welcher nach längerer Abwesenheit, vom Jahre 1878/79 bis 81, zum zweiten Male hier eintrat, für zweite Väterrollen und als Baß=Buffo finden wir Herrn Grosser, als Tenor=Buffo Herrn Jean Fricke.

October 18. Zum ersten Male: „Das eiserne Kreuz", Drama in 1 Akt von Wichert. Diesem folgten im Verlaufe der Saison: „Theodor Körner" von Dreher, „Ein deutscher Krieger" von Bauernfeld, „Der Fechter von Ravenna", „Des Kriegers Frau", dramatische Scene von Heigel, „Brandenburgische Eroberungen" von Putlitz, „Zopf und Schwert" von C. Gutzkow, „Frieden im Kriege" von Wilbrandt, augenblicklich in den Theaterzeitungen als eine Novität bezeichnet, „Aus der Franzosenzeit" nach Fritz Reuter von Gaßmann, die Volksstücke: „Aus bewegter Zeit", „Rom und Paris", und endlich nach glücklich beendetem Kriege, mit Prolog von A. Becker: „Unter der Linde bei Steinheim" von O. Girndt und „Deutschlands Siegesfeier", Festspiel von Hugo Müller — eine Reihe von dramatischen Werken, welche, wenn auch an sich nicht hervorragend, doch als Aeußerungen der Tagesstimmung auf das Vaterlandsgefühl eines deutschen Publikums erregend wirken mußten.

October 27. Zum ersten Male: „Der Narr des Glücks", Lustspiel in 5 Akten von Wichert.

November 10. Zum ersten Male: „Puck in Briefen", Lustspiel in 2 Akten von Lindner.

Januar 17. Zum ersten Male: „Gut giebt Muth", Lustspiel in 3 Akten von Putlitz.

März 14. Zum ersten Male: „Ehre um Ehre", Schauspiel in 5 Akten von P. Heyse.

April 25. bis 30. gastirte Herr Rahn als Mortimer, Baron Walbeck und Don Alonzo.

In 102 Vorstellungen waren 23 Novitäten gebracht worden, von denen noch zu nennen: „Die Verlobten" von Wilbrandt, „Herrn Kaudel's Gardinenpredigten" und das gute Volksstück „Die Maschinenbauer" von Weihrauch.

Es kamen zur Aufführung Stücke von Goethe 2mal, Schiller 7mal, Shakespeare 4mal, Moreto, Gutzkow, Heyse, Freitag, Halm, Hersch je 1mal, Putlitz 10mal, Bauernfeld, Prinzessin von Sachsen, Raupach, Moser, Laube, Minding, Girndt, Rosen je 2mal, Blum 3mal, Wichert 4mal und Frau Birch, H. Müller und Wilbrandt je 5mal.

Der Rechnungsabschluß zeigte allerdings ein Deficit von 1619 Thlr. 25 Grsch. 5 Pfg., welches aber in Anbetracht des glücklichen Umschwunges der Zeitverhältnisse bereitwilligst gedeckt wurde.

1871/72.

September 17. „Götz von Berlichingen." Als Götz debütirte Herr Paetsch, für Väterrollen engagirt, da Herr Berninger's Gesundheit leider nicht mehr fest war, um sicher auf ihn rechnen zu können, und an einen Ersatz gedacht werden mußte; Herr Salomon, als Sickingen wieder auftretend, wurde herzlich begrüßt; Herr Fiala (Weislingen) hielt die Saison nicht aus und wurde durch Herrn Hoppé ersetzt, ebenfalls Herr Werner (Franz), für Bonvivant-Rollen sehr begabt, schied aus Gesundheitsrücksichten, später durch Herrn Richard (vielbeschäftigtes Mitglied der Meininger) ersetzt, Herr Telgmann (Georg), für jugendliche Liebhaber engagirt, ein talentvoller junger Mann.

September 19. In den „Journalisten" stellte sich Frl. Kraute als zweite Liebhaberin vor und

September 21. in „Kabale und Liebe" Frl. Julie Kramer (Louise), welche bis 1875 blieb und namentlich in Lustspielrollen mit Charakterfärbung sehr Anerkennenswerthes leistete, wenn ihr auch für manche hochtragische Rollen Gestalt und Kraft fehlten. Die Else in den „Malern", die Adelheid in der „Jugendliebe", Lilli in „In der Mark", Aschenbrödel gelangen ihr vortrefflich, aber auch die Irmgard in „Graf Hammerstein" spielte sie gut.

October 1. Zum ersten Male: „Die Bluthochzeit", geschichtliches Trauerspiel in 4 Akten von A. Lindner. Wird auch der Historie Gewalt angethan, so gehört „Die Bluthochzeit" doch jedenfalls zu den hervorragenden Erscheinungen der neueren dramatischen Literatur. Mit den dankbaren Rollen Heinrich IV. (Salomon), Karl IX. (Koeth), Margarethe von Valois (Zabel), Coligny (Paetsch) machte das Stück einen tiefen Eindruck; Catharina von Medici (Frau Hellmuth) war den Mitspielenden nicht gleich.

November 12. Zum ersten Male: „Der Graf von Hammerstein", historisches Schauspiel in 5 Akten von A. Wilbrandt. Der große Erfolg, welchen das Stück hier wie überall gehabt, sollte ein Fingerzeig für die Dramatiker sein, wo sie ihre Stoffe zu suchen haben.

December 3. Zum ersten Male: „Colberg", historisches Schauspiel in 5 Akten von P. Heyse, giebt eine Bestätigung des oben Gesagten. Was dieses Schauspiel so anregend wirken läßt, ist das Thatkräftige darin und das Entferntbleiben alles Phrasenhaften, die Dichtung ist von dem Geiste durchdrungen, welcher zur Erhebung von ganz Deutschland und zu den Heldenthaten des Befreiungskrieges führte.

December 25. Zum ersten Male: „Eine preußische Weihnacht", Schauspiel in 3 Akten von A. Lindner.

Januar 2. Zum ersten Male: „In der Mark", Schauspiel in 5 Akten von Hans Hopfen. Originelles, höchst wirksames und hier immer gern gesehenes Stück; die Rolle des Hans Joachim von Kittlitz (Salomon, vortrefflich) bietet erhebliche Schwierigkeiten.

Januar 11. Zum ersten Male: „Drei Staatsverbrecher", Lustspiel in 5 Akten von B. von Schweitzer.

Januar 18. Zum ersten Male: „Die Veilchen", Lustspiel in 1 Akt von Eschenbach.

Februar 1. Zum ersten Male: „Jugendliebe", Lustspiel in 1 Akt von Wilbrandt.

Februar 25. Zum ersten Male: „Sakuntala", Schauspiel in 5 Akten nach Kalidasa von Wolzogen. Durch Ausmerzung des Geisterwesens im indischen Original, sehr geschickte Bearbeitung des ansprechenden Stoffes; die edle Weiblichkeit, welche sich in der Rolle der Sakuntala ausspricht, läßt auf eine hohe Kultur im indischen Alterthum schließen. Das Drama ist noch öfter wiederholt worden. Die glänzend schönen Decorationen waren das letzte größere Werk des Maler Presuhn.

März 3. und 5. gastirte Herr Karutz von Berlin als Matsch und Radebold.

April 2. bis 5. Gastspiel des Herrn Friedmann vom Stadttheater in Wien und Frau Friedmann, verwittwete Rakowitza, geb. von Dönniges, in den „Journalisten" als Conrad Bolz und Adelheid (Herr Richard spielte den Oldendorf), im „Autographensammler" als Graf Morenye und Jlda Hendrick, im „Diplomat der alten Schule" als Graf Blankenfeld und Baronin von Strahl, in „Emilia Galotti" als Marinelli und Orsina. Herr Friedmann, dem ein bedeutender Ruf voran ging, schadete dem Erfolge seines Gastspiels dadurch, daß er mit dem Conrad Bolz begann, einer Rolle, welche nicht gemacht werden kann, sondern mit dem übermüthigen Humor, dem liebenswürdigen Herzen und einem Anfluge von Schwärmerei von innen heraus gespielt werden muß; wir sahen in Herrn Friedmann aber nur den gewandten Darsteller, welcher seine Aufgabe mit einer Menge pikanter Nüancen ausgestattet hatte, aber ohne unser Gemüth zu berühren, was diese Rolle verlangt. Obgleich seine Darstellung des Marinelli von der Kritik ebenfalls scharf beurtheilt wird, so steht uns doch diese Leistung, sowohl in Auffassung als Durchführung, als eine bedeutend künstlerische in der Erinnerung und Herr Friedmann brachte Eigenschaften für dieselbe mit, welche wir bei vielen Darstellern dieser Rolle an großen Bühnen vermißten. Frau Friedmann, von eleganter Erscheinung, geistvollem Wesen, (durch ihre mit seltenem Freimuth geschriebenen Memoiren bestätigt) sich frei und sicher in den Formen der vornehmen Welt bewegend, spielte als Anfängerin in der Schauspielkunst ihre Rollen bis zu einem gewissen Genügen; zu der Orsina fehlte ihr das Organ und der Ausdruck der höchsten Leidenschaft.

April 7. Zum ersten Male: „Timon von Athen", Trauerspiel in 4 Akten von Shakespeare, bearbeitet von A. Lindner, welcher sich bewogen gefunden, den Schluß des Dramas durch eine Wandlung des menschenhassenden Charakters des Helden und die ausgesprochene Reue über seine Verirrung mildern zu müssen. Interessant war die Aufführung jedenfalls und Herr Koch in der Titelrolle sehr anzuerkennen.

April 11. und 16. gastirte Herr Naumann vom Stadttheater in Rostock in den Rollen des Dr. Helm, Camouflet, Max Leichthin und Baron Wallbach.

April 18. Zum ersten Male: „Das Stiftungsfest", Lustspiel in 3 Akten von Moser. Köstlicher Schwank; bis auf die Leistungen von Herr und Frau Dietrich und Frl. Zabel waren spätere Vorstellungen besser.

April 21. Zum ersten Male: „Die Herrmannsschlacht", Drama in 5 Akten von H. von Kleist, bearbeitet von R. Genée; eine gewaltige Aufgabe für hiesige Bühnenverhältnisse, jedoch mit befriedigender Lösung, welche dankbar erkannt wurde.

April 28. und 30. verabschiedete sich zu unserem Bedauern in den Rollen des Hamlet und Leontes Herr Salomon, um nach Wien überzusiedeln.

In 103 Vorstellungen wurden 22 Novitäten gegeben, unter denen, wie bereits angeführt, sehr bemerkenswerthe, dauernde Repertoirestücke, und ist in dieser Beziehung die Saison als eine sehr glänzende zu bezeichnen.

Aufführungen von Goethe fanden statt 2, Schiller 4, Shakespeare 7, Lessing, Kleist, Hebbel, Laube je 1, Gutzkow, Gottschall, Brachvogel, P. Heyse je 2, Raupach, Birch-Pfeiffer je 3, Lindner 4, Benedix 8, Görner 4, Moser 8, H. Müller 5, Schlesinger 3, Schweitzer, Toepfer je 2, Wilbrandt 6, O. Girndt 3.

1872/73.

September 15. „König Johann" von Shakespeare, nach der Bearbeitung von Immermann. — Von den neu engagirten Mitgliedern stellten sich Herr Sprotte als Philipp Faulconbridge, Herr Straup als Dauphin Louis, der wieder zurückgekehrte, gern gesehene Herr Stritt als Richard Faulconbridge, Herr Busse als Philipp von Frankreich, Herr Platowitsch als Cardinal, Frau Scholz als Constanze und Herr Scholz als Bürger von Angers vor. Die beiden letzteren blieben als beliebte Mitglieder bis 1874, und sind beide seitdem am Hamburger Stadttheater viel beschäftigt; Herr Jürgan war für gesetzte Helden und Liebhaber engagirt.

September 26. Zum ersten Male: „Ein deutscher Familienkrieg", Lustspiel in 5 Akten von X. Y. Z. (Laube?).

November 7. Zum ersten Male: „Die Wahrheit lügt", Lustspiel in 3 Akten von Wilbrandt.

November 16. wurde zur Einweihung des neu erbauten Realschulgebäudes den Schülern eine Festvorstellung gegeben, worin „Schillers Glocke" und „Wallensteins Lager" zur Darstellung kamen. Voranging ein von R. Mosen gedichteter und von Frl. Zabel gesprochener Prolog.

December 8. Neu einstudirt: „König Lear" von Shakespeare, bearbeitet von Oechelhäuser. Herr Koeth leistete, soweit Talent und Mittel reichten, sehr Tüchtiges.

December 19. debütirte Frl. Borchardt als Marianne in den „Geschwistern".

December 25. Zum ersten Male: „Die Maler", Lustspiel in 3 Akten von Wilbrandt. Charakter und humoristisches Zusammenleben des Malervölkchens vortrefflich gezeichnet, Frl. Kramer als Else besonders gut disponirt.

Januar 5. Zum ersten Male: „Adalbert von Bremen", Trauerspiel in 5 Akten von A. Fitger.

März 2. Zum ersten Male: „Maß für Maß", Schauspiel in 5 Akten von Shakespeare, bearbeitet von Gisbert von Vincke, eine vortreffliche Bereicherung des Shakespeare-Repertoires.

März 4. Lebrecht Müller im „Störenfried" war die letzte größere Rolle, welche unser Berninger spielte; am 6. März trat er noch einmal in „Nichte und Tante" als Kaufmann Willing auf; am 16. April starb der wackere Künstler nach beinahe 40jähriger, erfolgreicher Thätigkeit auf der Oldenburger Bühne, ein glückliches Talent und Vertreter einer soliden Richtung der Schauspielkunst; Freunde haben seinen Grabstein mit seinem wohlgetroffenen Medaillon-Portrait schmücken lassen.

März 7. Zum ersten Male: „Ein Schritt vom Wege", Lustspiel in 5 Akten von Wichert.

März 26. Zum ersten Male: „Maria und Magdalena", Schauspiel in 4 Akten von P. Lindau.

März 30. bis April 4. Gastspiel des Frl. Ulrich als Sappho (Meisterleistung), Viola, Hortense, Lucie und Hermione. (Herr Thies vom Königlichen Theater in Hannover als Leontes.)

April 15. bis 18. gastirte Herr Pfund vom Stadttheater in Freiburg als König Johann, Oberhofmeister im „geheimen Agent" und Magister Reisland; derselbe wurde für die folgende Saison engagirt.

Mit dem Schluß der Saison schied Herr Koeth, nachdem er noch in der vorletzten Vorstellung den Mephistopheles gespielt. Obgleich von dem Publikum stets sehr ausgezeichnet, erschien doch der Erfolg und der Applaus, den die Rolle des Lear davon getragen, dem Darsteller nicht glänzend genug, und trat dadurch bei ihm eine große Verstimmung ein, welcher er dadurch Luft zu machen suchte, daß er am letzten Abend in einem Zwischenakte sich zum Ergötzen seiner Collegen auf der Bühne auf die Kniee warf und mit hocherhobenen Händen Gott dankte, daß es ihm vergönnt sei, das undankbare Oldenburg verlassen zu können.

April 29. „Sommernachtstraum." Schluß der Saison.

In 104 Vorstellungen wurden 14 Novitäten gebracht, nicht so glänzende als in voriger Saison, aber doch einige recht werthvolle.

Goethe wurde 5mal, Schiller 4mal, Lessing 3mal, Grillparzer, Iffland, Beer, Gutzkow, Redwitz, Laube, Raupach je 1mal, Shakespeare 10mal, Fitger 2mal, Bauernfeld, Moser, Wilbrandt je 5mal, Benedix 7mal, O. Girndt und Frau Birch je 3mal, Toepfer, Wichert, Freitag, H. Müller je 2mal, Görner 4mal und Stücke aus dem Französischen 8 aufgeführt.

1873/74.

September 14. „Hans Lange" von P. Heyse. In der Titelrolle trat Herr Flachsland auf, welchen wir schon vom Jahre 1854 kennen, ferner Herr Badewitz, für humoristische Väter engagirt. Beide zusammen sollten Herrn Berninger ersetzen, vermochten es aber nicht, wenn auch Herr Badewitz in einigen humoristischen Rollen recht brav war. Herr Pfund hatte schon bei seinem Gastspiel in voriger Saison gezeigt, daß die hervorstechende Seite seines Talentes die feine komische Charge war, und daß ihm zur Darstellung von scharfen Charakterrollen Figur und Organ fehlten, wenn er auch als denkender und fleißiger Künstler sich die Rollen seinen Mitteln entsprechend so weit anzupassen verstand, daß doch immer ein consequentes Ganzes herauskam. Herr Pfund verstand es in vorzüglicher Weise komische Genrebilder zu schaffen und auszustatten, die sich sowohl dem Auge als dem Ohr überzeugend einprägten.

October 10. Im „Stiftungsfest" trat als Dr. Scheffler Herr Rahn auf, welcher für humoristische Conversationsrollen ein hübsches Talent besaß. Die Beschäftigung des Herrn Sprotte schwankte während der Dauer seines Engagements zwischen den Bonvivant-Rollen und denen der gesetzten Helden.

November 2. Zum ersten Male: „Cymbelin", Drama in 5 Akten von Shakespeare, bearbeitet von Wolzogen. Obgleich Frl. Kramer, Imogen, recht gute Momente hatte, und auch andere Darsteller Fleiß und Studium zeigten, so konnte doch der Zuschauer das Gefühl nicht unterdrücken, daß dieses Drama eine Höhe erreichen könne und müsse, von welcher eine Vorstellung, wie die gebotene, noch fern sei.

December 13. Festvorstellung zur Feier des 14. December als des Tages, an welchem vor 100 Jahren das Herzogthum Oldenburg neu begründet wurde. Die Bühne zeigte in einer idealen Landschaft die Büsten der drei ersten Herzöge, und nach einem von M. Evers gedichteten und von Frl. Zabel gesprochenen Prolog, welcher in schwungvollen Worten die Bedeutung des Tages verkündete, folgte die Vorstellung des Shakespeare'schen Dramas „Maß für Maß", als besonders geeignet in des Dichters Worten die hohen Regenten-Tugenden des Oldenburger Fürstenhauses preisen zu lassen.

Januar 8. Zum ersten Male: „Dolores", Drama in 5 Akten von Weilen. — Trotz der unwahrscheinlichen Fabel und der düsteren, unheimlichen Handlung machte das Drama durch das brave Spiel des Frl. Zabel (Dolores) und des Herrn Busse (Don Pedro) einen tiefen Eindruck; dasselbe wurde in der Saison 1880/81 wiederholt.

März 17. bis 22. gastirte Herr Salomon vom Stadttheater in Wien als Petruchio, Siegfried, Benedict und Faust, und zeigte namentlich letzte Rolle die bedeutenden Fortschritte, welche der fleißige Künstler durch Laube's Schule in der Declamation gemacht hatte; er wurde lebhaft bewillkommnet.

April 7 bis 10. gastirte Herr von Bingo als Essex, Bolingbroke und Louau, worauf er für die folgende Saison engagirt wurde.

April 29. wurde mit dem „Verschwender" geschlossen.

In 106 Vorstellungen waren 10 Novitäten gegeben worden, von denen, außer „Cymbelin" und „Dolores", keine aus dem Bereiche des höheren Dramas. Besser gestalteten sich die Erwerbungen an Volksstücken und Possen, und sind „Mein Leopold", „Gebrüder Bock", „Die Galoschen des Glücks" und „Der Registrator auf Reisen", vortreffliche Leistungen unseres Dietrich, auf dem Repertoire ständig geblieben; auch das leichte Lustspiel „Epidemisch" von Schweitzer ist zu erwähnen.

Goethe wurde 4mal, Schiller 3mal, Kleist, Hebbel je

1mal, Shakespeare 6mal, Benedix, Moser, Wilbrandt je 6mal, Putlitz 7mal, Toepfer, Schweitzer, Girndt je 4mal, P. Heyse, Lindner, Weilen, Lindau je 2mal, Freitag, H. Müller, Frau Birch je 3mal, Laube, Fitger, Wichert je 1mal gegeben.

Im Zwischenakt sang Frau Marie Monbelli.

Einen schmerzlichen Verlust hatte das Theater zu erleiden; — am 5. Februar 1874 erlag Director August Becker einem unheilbaren Leiden und in voller Lebenskraft wurde er seinem Berufe, dem er sich mit glücklicher Befähigung und künstlerischem Streben gewidmet, entrissen. Als geistvoller Leiter des Instituts, als humaner Vorgesetzter, als braver, tüchtiger Mensch und als anspruchsloser, liebenswürdiger Freund wird er in der Erinnerung derer, welche mit ihm gewirkt und verkehrt haben, fortleben.

Technischer Director Friedrich Woltereck.
1874/75.

Nach Becker's Tode wurde Friedrich Woltereck, nachdem er mehrere Jahre dem Stadttheater in Breslau als Oberregisseur vorgestanden, wobei er sich den Namen eines strebsamen Leiters und eines tüchtigen Geschäftsmannes erworben hatte, zum technischen Director berufen. Neu eintretende Mitglieder waren Herr Kreutzkamp für Heldenväter, die Herren Lüpschütz und Jürgensen für zweite ernste und humoristische Charakterrollen, Herr Norbert für Liebhaber, die Frls. Bergen und Grosse für Liebhaberinnen und Soubretten.

September 13. wurde die Saison mit „Wilhelm Tell" eröffnet.

September 17. Zum ersten Male: „Die Neuvermählten", Familiengemälde in 2 Akten von Björnstjerne Björnson, womit dieser originelle dramatische Dichter bei uns eingeführt wurde, und ist zu vermuthen, daß diese Aufführung eine der ersten auf deutschen Bühnen gewesen ist, welche seinen Namen brachte.

October 20. Zum ersten Male: „Krisen", Charaktergemälde in 4 Akten von Bauernfeld.

October 25. Zum ersten Male: „Don Sebastian", dramatisches Gedicht in 5 Akten von Wollheim da Fonseca, erwies sich als nicht mehr dem Zeitgeschmack entsprechend.

October 29. Zum ersten Male: „Der eingebildete Kranke", Lustspiel in 1 Akt von Molière, nach Baudissin und Richter, mit Pfund als Argan, Frl. Zabel als Belinde, Frl. Grosse als Toinette, und den Herren Dietrich, Stritt, Lüpschütz als Dr. Diafoirus, Thomas und Dr. Purgon, ein vortreffliches Ensemble.

November 12. „Ein Diener zweier Herren," nach Goldoni von Schröder, einst beliebtes Stück und Gastrolle reisender Virtuosen, fand, trotz des lebendigen Spiels des Herrn Stritt, wenig Gefallen; ebenso das am 24. November folgende Lustspiel Calderon's „Vom Regen in die Traufe", bearbeitet von Schubert.

December 8. Zum ersten Male: „Zu glücklich", Lustspiel in 1 Akt von A. Günther, welchem am 22. December „Ein passionirter Raucher" und „In Hemdsärmeln", Schwank in 1 Akt, folgten. Heitere und pikante Blüetten, welche dem hohen Verfasser manchen freundlichen Erfolg eingetragen haben.

December 25. Zum ersten Male: „Ultimo", Lustspiel in 5 Akten von Moser.

Januar 2. Zum ersten Male: „Ein Erfolg", Lustspiel in 4 Akten von P. Lindau.

Januar 14. bis 19. Gastspiel des Herrn Ottomeyer vom Stadttheater in Stettin als Hamlet, Don Carlos, Weisse im „Mentor" und d'Albret in „Mein Album", worauf ein Engagement für die nächste Saison folgte.

Februar 7. bis 11. Gastspiel des Frl. Wolmar als Maria Stuart, Jane Eyre und Cölestine von Drang in „Er muß aufs Land".

Februar 21. Zum ersten Male: „Selim III.", Trauerspiel in 5 Akten von Murad Esendi. Von den später hier aufgeführten Dramen des talentvollen Verfassers: „Marino Falieri", „Johanna Gray" und „Ines de Castro" hatte sich „Selim III." des größten Beifalls zu erfreuen, da der Charakter des Helden unsere Sympathie erregt und seine tragische Schuld sich klar aus den Handlungen entwickelt.

März 13. bis 16. Gastspiel des Herrn Hans Ravené als Schummerich, Victor von Dillen, Fritz von Garmond, Laurentius und Georg Richter.

April 18. bis 20. Gastspiel des Frl. Clara Meyer vom Hoftheater in Berlin als Hero, Julia und Leopoldine von Strehlen. Die Darstellung der Hero, dieses sinnigen in seiner lieblichen Kindlichkeit aber noch unklaren Charakters, die aufkeimende Leidenschaft der Liebe, die mit dämonischer Macht auftritt, ist eine der schwierigsten Aufgaben der dramatischen Kunst und nur unter Vorhandensein gewisser Eigenschaften der Darstellerin überhaupt zu lösen. Frl. Meyer besitzt diese Gaben, Anmuth der Erscheinung, edle weich abgerundete Bewegungen und ein Organ, das für die Rolle wie geschaffen erscheint; so war denn auch der Eindruck ihres Spieles ein hinreißender, tief ergreifender.

April 24. Mit der „Preciosa" nahm Frl. Kramer Abschied von der Oldenburger Bühne.

In 108 Vorstellungen waren 34 Novitäten gebracht worden, eine hohe Zahl, die Zeugniß von großem Fleiße giebt; von neuen Lustspielen sind noch als bleibende Repertoirestücke zu erwähnen: „Die Realisten" von Wichert. Neu einstudirt waren: „Der Prinz von Homburg", „Otto von Wittelsbach" und „Das Testament des großen Kurfürsten".

Schiller kam 6mal, Goethe, Kleist je 2mal, Lessing 3mal, Shakespeare 8mal, Calderon, Molière, Iffland, Grillparzer je 1mal, Gutzkow, Frau Birch, Lindau je 3mal, Laube, Raupach, Murad Efendi je 2mal, Bauernfeld, Toepfer, Rosen, Görner je 2mal, Benedix 9mal, Moser 6mal, A. Günther 5mal, Wilbrandt und Wichert je 1mal vor.

Herr Balletmeister Polletin und Frl. Swoboda hatten 1mal gastirt.

1875/76.

September 12. wurde die Saison mit dem „Faust" eröffnet, in welchem drei neu engagirte Mitglieder Herr Ottomeyer (Faust), Herr Hacker (Valentin) und Frl. Kühnau (Gretchen) auftraten, drei tüchtige Kräfte, welchen, nach ihrer Individualität, vortreffliche Leistungen nachzurühmen sind. Von den Genannten hat Herr Ottomeyer später in Berlin Bühnen geleitet und ist Herr Hacker in Darmstadt engagirt, während aus Gretchen-Kühnau und Mephistopheles-Pfund ein Paar geworden ist, welches der Bühne Valet gesagt hat.

September 14. Im „Störenfried" debütirte Herr Niedt als Lebrecht Müller, welcher sich als ein vortreffliches Talent für das Lustspiel erwies; Frau Herzog war für Mütterrollen eingetreten.

Als zweite Nummer wurde gegeben: „Michel Angelo", Drama in 1 Akt von A. Fitger, ursprünglich als Festspiel erfunden, aber durch die geistvolle Zeichnung der beiden Künstlerheroen Michel Angelo und Raphael als culturhistorisches Genrebild von der Bühne zu verwerthen.

October 19. Zum ersten Male: „Das goldene Vließ", Trilogie von Grillparzer („Der Gastfreund", „Die Argonauten" und „Medea" auf zwei Spielabende vertheilt), Aietes (Herr Kreutzkamp), Medea (Frl. Zabel), Jason (Herr Ottomeyer).

November 28. Zum ersten Male: „Marino Falieri", Trauerspiel in 5 Akten von Murad Esendi; Marino: Herr Kreuzkamp.

December 25. Zum ersten Male: „Der Veilchenfresser", Lustspiel in 4 Akten von Moser.

Januar 4. Zum ersten Male: „Liebe für Liebe", Schauspiel in 4 Akten von Spielhagen, wieder ein Versuch die große Zeit von Deutschlands Erhebung gegen die französische Herrschaft auf die Bühne zu bringen, dem man zwar kein volles Gelingen, wohl aber eine warme patriotische Gesinnung zuschreiben kann. Während die Franzosen aus den geschichtlichen Perioden der Revolution (freilich ohne die Umsturzmänner selbst vorzuführen), der Herrschaft Napoleon's und namentlich aus der Restaurationszeit eine Fülle von Stoff für die Bühne gewonnen haben, indem sie die in den genannten Epochen entstandenen politischen und socialen Gegensätze in versöhnlicher Weise zum Ausgleich zu bringen suchen, harrt die deutsche Bühne immer noch vergeblich des Dichters, der uns die Ideen und die großen geschichtlichen Ereignisse unserer Neuzeit vorführen soll; „Colberg" von Paul Heyse ist wohl das einzige Stück, welches diesem Anspruche genügt.

Januar 11. bis 14. Gastspiel des Frl. Anna Schramm als Charlotte, Anna von Fels, Milchmädchen von Schöneberg, Madame Flott und Aurora Veilchenduft.

Januar 25. Zum ersten Male: „Ein Fallissement", Schauspiel in 4 Akten von Björnson. Obgleich gerechter Tadel gegen die Structur dieses Dramas, welches die leider noch nicht überwundene Schwindelperiode unserer letzten Jahre zum Gegenstande hat, erhoben wurde, so bietet dasselbe doch für die Darsteller durch die lebensvolle plastische Zeichnung der Charaktere eines Tjälde (Riedt), Frau Tjälde (Frau Herzog), Signe (Frl. Bergen), Hamar (Schröder), Sannäs (Hacker), Jacobson (Stritt), Berent

(Pfund) und durch die schlichte, kernige Sprache so interessante und dankbare Aufgaben, daß sich dasselbe lange auf dem Repertoire halten wird.

Februar 1. Zum ersten Male: „Der Thurm mit sieben Pforten", Lustspiel in 1 Akt von Graf von Platen.

Februar 22. Zum ersten Male: „Geschiedene Frauen", Charakterbild in 5 Akten von W. Marr; wurde nicht wiederholt.

Februar 24. Zum ersten Male: „Bogadil", Lustspiel in 1 Akt von Murad Efendi; geistvolles und feines, wenn in diesem Sinne aufgeführt, unterhaltendes Lustspiel.

April 4. bis 7. Gastspiel des Herrn Ludwig Barnay vom Stadttheater in Hamburg als Tell, Essex und Graf Waldemar. Herr Barnay ist gewiß ein geistvoller, denkender Schauspieler, der sich über seine Rollen völlig klar ist und sie mit eiserner Consequenz durchzuführen versteht, allein die derb reale Auffassung der Tellrolle, welche in directem Widerspruche zu dem stand, was man bisher hier bei Darstellung Schillerscher Figuren zu sehen gewohnt war, konnte ihm im Publikum keine Freunde erwerben. Eine meisterhafte Leistung war dagegen der Graf Waldemar.

April 30. Schluß der Saison mit den „zärtlichen Verwandten".

In 110 Spieltagen waren 19 Novitäten gebracht, von denen noch das Lustspiel „Drei Buchstaben" von Otto Girndt zu erwähnen. Zum Beweise wie sehr ein Schauspielerpersonal auf denjenigen Bühnen in Anspruch genommen wird, auf welchen mehrmalige Wiederholungen nur selten vorkommen können, sei hier noch erwähnt, daß an den genannten 110 Spieltagen 123 verschiedene Stücke gegeben wurden!

Goethe wurde 3mal, Schiller 8mal, Grillparzer 4mal, Shakespeare 10mal, Molière 2mal, Gutzkow, Laube, Fitger je 2mal, Iffland, Brachvogel, Spielhagen, Freitag, Mosen je 1mal, Murad Efendi 4mal, Benedix 10mal, Moser 6mal, H. Müller, l'Arronge, Girndt je 3mal, Lindau, Wichert, A. Günther je 2mal, Görner 4mal, Bauernfeld, Blum, Wilbrandt, Rosen, Redwitz und Frau Birch je 1mal gespielt.

Herr Balletmeister Polletin von Bremen gab eine Gastvorstellung, worin der hüpfende Freier zur Aufführung kam. —

1876/77.

September 17. „Die Verschwörung des Fiesko" eröffnete die Saison. Von dem vorjährigen Personal waren abgegangen: die Herren Pfund (nach Weimar engagirt), Ottomeyer, Kreutzkamp, Lüpschütz, Jürgensen, tüchtige Kräfte, welche nicht so leicht zu ersetzen waren; es traten ein: die Herren Voigt, Weilenbeck, Eulau (später durch Herrn Lortzing ersetzt), Kratz (durch Herrn Hagemann ersetzt), Weigel und die Damen Frl. Lind für Mütterrollen, die muntere Liebhaberin Frl. Mager und, last not least, Frl. Albertine Satran als tragische Liebhaberin. Mit der kleinen aber wirkungsvollen Rolle der Bertha im „Fiesko" beginnend, zeigte sie als Königin Anna im „Glas Wasser", dann als Käthchen von Heilbronn und Louise Miller die Vorzüge ihres schönen Talentes, das sich bis zu ihrem Austritt im Frühjahr 1878 in so glänzender Weise entwickelte, daß wir sie nur mit dem größten Bedauern scheiden sahen. Frl. Satran ist seitdem Mitglied der Leipziger Bühne.

October 29. Zum ersten Male: „Cäcilie von Albano", dramatisches Gedicht in 5 Akten von Mosenthal.

November 16. Zum ersten Male: „Die Modelle des Sheridan", Lustspiel in 4 Akten von Hugo Bürger. Es war erfreulich, einmal ein Stück, wie das genannte, auf die Bühne bringen zu können, das wieder ernstere Wege einschlug und ästhetisch eine höhere Befriedigung erregen

konnte. Als Literaturkomödie, die sich auf einem bedeuten=
den historischen Hintergrunde abspielt, macht es auf unser
Interesse Anspruch; es ist in den zahlreichen und spannen=
den Verwickelungen sehr geschickt aufgebaut, die Sprache
geistreich und elegant, wie sie einem Lustspiel von dieser
Haltung zukommt und besonders geeignet, dem Schauspieler,
der sich an den burschikosen Redensarten unserer Schwank=
schreiber die Zunge verdorben, wieder feinere Laute in den
Mund zu legen.

November 21. wurde „Selim III." von Murad Efendi
aufgeführt, bei Anwesenheit des Verfassers.

December 19. Zum ersten Male: „Verlorene Ehre",
Charakterbild in 3 Akten von Bohrmann=Riegen.

Februar 11. „Das laute Geheimniß", Lustspiel in
4 Akten nach Calderon von Gozzi, bearbeitet von Gaßmann.
Zur Feier der silbernen Hochzeit des Großherzoglichen
Paares als elegantes, für die höchsten Kreise der Gesell=
schaft gedichtetes, Intriguenlustspiel bei Anwesenheit zahl=
reicher fürstlicher Gäste aufgeführt.

Februar 13. Zum ersten Male: „Johanna Gray",
Trauerspiel in 5 Akten von Murad Efendi.

April 14. Gastspiel des Frl. Clara Meyer vom Hof=
theater in Berlin als Viola, Jeanne Rey und Hero.

Am Schlusse der Saison wurden „Preciosa", „Käthchen
von Heilbronn" und „Tartüffe" von Molière, nach der
Uebersetzung in fünffüßigen paarweise gereimten Jamben
von Dr. Adolf Laun, mit kleinen Preisen gegeben. Die
Laun'sche Uebersetzung bewährte sich in überraschender Weise,
der Alexandriner ist vermieden und der Reim, welcher zu
der epigrammatischen Fassung des Gedankens bei Molière
nothwendig, ist beibehalten.

In 108 Vorstellungen waren 12 Novitäten gebracht
worden. Unter den Schwänken ist zu nennen: „O, diese
Männer!" von J. Rosen.

Schiller war 6mal, Goethe, Lessing je 1mal, Kleist, Grillparzer je 4mal, Calderon 2mal, Shakespeare 6mal, Molière, Racine, Iffland, Heyse, Lindner, Freitag, Raupach, Mosen, Wilbrandt je 1mal, Murad, Björnson, Bürger, Birch, l'Arronge, Benedix je 2mal, Mosenthal, Putlitz, Laube je 3mal, Girndt, Görner, Toepfer, Wilbrandt, Blum je 1mal und Rosen 7mal vertreten; Stücke aus dem Französischen waren 10 gegeben worden.

1877/78.

Neu eintretende Mitglieder waren, da leider wieder ein starker Wechsel eintreten mußte, die Herren Winds, Kraußneck, Brammer (später durch Herrn Würtzburg ersetzt), Pauli, Salomon, die Reihe der Damen war durch Frl. Anna Scholz und die Soubrette Frl. Cilly Weidemann ergänzt.

September 16. Zur Eröffnung: „Der Kaufmann von Venedig" von Shakespeare.

October 11. Zum ersten Male: „Durchs Ohr", Lustspiel in 3 Akten von W. Jordan, ein höchst geistvolles, reizendes Maskenspiel, dessen Verse voll musikalischen Wohllauts sind; erfordert eine Kunst der Declamation, die immer seltener wird.

November 9. In „Wallensteins Tod" versuchte sich Herr Kraußneck in der Rolle des Wallenstein und konnte größtentheils befriedigen.

November 27. bis 30. Gastspiel des Frl. Ernestine Wegener vom Wallner-Theater in Berlin als Rosalie in „Eine leichte Person", Elise in „Papa hat's erlaubt", Madame Flott, Mamsell Uebermuth, Lieschen Spröde in „Auf eigenen Füßen". Die liebenswürdige Soubrette brachte sehr heitere Stunden und errang den verdienten Beifall.

December 27. Zum ersten Male: „Philotas", Schauspiel in 1 Akt von Lessing. Ein psychologischer Vorgang von höchst ergreifender Art, der sich in dem Gemüthe eines edlen Jünglings vollziehend, ihn bis zum Selbstmorde treibt, bildet den Stoff dieses kleinen Dramas, das, wie nicht anders bekannt, in Oldenburg zuerst aufgeführt wurde und durch das vortreffliche Spiel des Herrn Hacker tiefen Eindruck machte.

December 13. Zum ersten Male: „Die Stimme der Natur", Schauspiel in 4 Akten von Wichert. Das Drama ist von der Kritik streng beurtheilt, beinahe verurtheilt worden, und obgleich auch hier erhebliche Bedenken gegen dasselbe vorlagen, so durfte man doch auf eine energische Wirkung des Stückes, namentlich in der großen Scene zwischen Mutter und Tochter, rechnen, da zwei Darstellerinnen vorhanden waren, Frl. Zabel und Frl. Satran, von welchen eine vorzügliche Leistung erwartet werden konnte. Die Voraussetzung wurde auch nicht getäuscht; das Stück ist in der Saison und zwei Jahre später wiederholt worden.

Januar 2. Zum ersten Male: „Der Krämerkorb", Fastnachtsspiel von Hans Sachs.

Januar 20. Zum ersten Male: „Ines de Castro", Trauerspiel in 5 Akten von Murad Efendi. Wir hören, daß der Verfasser dieses und andere seiner Dramen einer Umarbeitung unterzogen hat.

Februar 7. Zum ersten Male: „Der Kuß", Lustspiel in 4 Akten und einem Vorspiele aus dem Ungarischen des Ludwig Doczi, ist in seinem phantastischen, romantischen Charakter als eine seltene Bühnenerscheinung zu betrachten, die aber doch wegen ihres poetischen Inhalts dankbar zu begrüßen ist; die Darstellung erfordert eine feine Schulung.

Februar 26. Zum ersten Male: „Die Töchter des Majors", Lustspiel in 3 Akten nach dem Schwedischen des Hebberg.

März 12. bis 15. Gastspiel des Herrn Ernst Possart als Nathan, Richard III. und Advocat Berent im „Fallissement". Zwei Rollen des höchsten Styls, die dritte ein Genrebild von scharfen Linien und originellem Colorit. Alles dieses mit voller Beherrschung der Aufgabe und dem Gepräge höchster künstlerischer Vollendung dargestellt, gewährte dem Zuschauer Bilder, welche durch Tiefe der Auffassung, Einheit der Darstellung und klare Zeichnung sich als für alle Zeiten maßgebend und bestimmend in das Gedächtniß einprägten.

März 26. Zum ersten Male: „Die Junggesellensteuer", Lustspiel in 4 Akten von Julius Wolf, wahrscheinlich zuerst in Oldenburg aufgeführt (siehe Jahrbuch für das deutsche Theater von Josef Kürschner. 1880. S. 184). Als ein Lustspiel von geistigem Inhalt, das bei der Lectüre den besten Eindruck gemacht, wurde es nach einer Correspondenz mit dem Herrn Verfasser, welche das muthige Vorgehen der hiesigen Bühne anerkannte, aufgeführt, allerdings anfangs mit mäßigem Erfolge, und erst spätere Aufführungen, nachdem das Publikum sich überzeugt, daß es auch anderen Orten gefallen, brachten den vollen Beifall.

April 11. Zum ersten Male: „Die gelehrten Frauen", Lustspiel in 4 Akten von Molière, übersetzt von Adolf Laun.

April 16. gastirte Frl. Hartje als Philippine Welser.

April 24. gastirte Frl. Thiemann als Elly in „Maria und Magdalena".

April 30. Zum ersten Male: „Die Stützen der Gesellschaft", Schauspiel in 4 Akten von H. Ibsen, bearbeitet von E. Jonas. Die nordischen Dramendichter, welche es sich vorzugsweise zur Aufgabe gemacht zu haben scheinen, das Gemüth durch Vorführung spannender psychologischer Probleme zu bewegen, haben hier stets besonderes Glück und so erregte auch das genannte Stück lebhaftes Interesse, wenn auch der Träger desselben, Bernick, unsere Theilnahme nicht erlangen kann und uns die moralische Wandelung, die mit ihm vorgehen soll, nicht aus dem Innern zu entspringen scheint.

An 112 Spieltagen waren 17 Novitäten gegeben worden. Goethe und Schiller waren 5mal, Lessing 4mal, Kleist 1mal, Shakespeare 10mal, Calderon 2mal, Molière 3mal, Gutzkow, Laube, Murad, Heyse, Mosenthal, Björnson, Lindau je 2mal, Benedix 8mal, Moser 6mal, l'Arronge, Wichert, Frau Birch je 3mal, Rosen 4mal, H. Müller 2mal, Toepfer, Girndt, Görner je 1mal und aus dem Französischen 8 Stücke aufgeführt worden. — Zum Besten des Kriegerdenkmals wurde Holtei's „Lenore" gegeben.

1878/79.

Nachdem die Herren Kraußneck, Riedt, Würtzburg, Hacker, Hagemann und die Damen Zabel, Kühnau, Satran, Scholz und Weydemann abgegangen, mußte wieder im Personal ein bedeutender Wechsel stattfinden. Als Heldenvater war Herr Zimmermann eingetreten, für humoristische Väter Herr Schmitz, als Charakterspieler Herr von Pommer-Esche, und als Liebhaber und Bonvivant die Herren Alexander und Zwenger engagirt worden, für Frl. Zabel war Frl. Braun, für Frl. Satran und Kühnau die Damen Sterneck und Schossig, und als Soubretten Frl. von Kannée und Frl. Thate eingetreten; für Herrn Stritt erschien wieder Herr Grünberg, der bereits 1870 engagirt gewesen war. Das Scheiden der Damen Zabel und Satran, sowie des feinen Charakterdarstellers Würtzburg wurde sehr bedauert.

September 15. Die Eröffnung der Saison mit „Maria Stuart" gab aber insofern wieder Muth, als sich die Darstellerin der Maria, Frl. Braun, als eine vortreffliche Künstlerin erwies, welche denn auch im weiteren Verlaufe ihres Engagements in hochtragischen Rollen Vorzügliches geleistet. Frl. Sterneck war Anfängerin, es gelangen ihr aber manche Rollen so befriedigend, daß man ihr schon die Hero glaubte anvertrauen zu dürfen. Frl. Schoffig war eine sichere, gewandte Schauspielerin, namentlich in Salonstücken sehr tüchtig.

October 14. Festvorstellung zur Einweihung des neuen Gymnasiums und zur Jubelfeier des 300jährigen Bestehens der Anstalt: „Oedipus auf Kolonos" von Sophokles, übersetzt von Donner, mit der Musik von Mendelssohn. Die Darsteller waren Schüler des Gymnasiums, der Gymnasialsängerchor war durch Mitglieder eines Gesangvereins verstärkt. Die Vorstellung fand verdienten Beifall und wurde noch zweimal wiederholt.

November 21. Zum ersten Male: „Johannistrieb", Schauspiel in 4 Akten von Lindau. Geistreich im Dialog, mehr wahr und sympathischer in Entwickelung der psychologischen Vorgänge, und geschickter im Aufbau als andere Stücke des talentvollen Verfassers, wird dasselbe doch wegen der weniger dankbaren Rollen hinter „Maria und Magdalena" auf dem Repertoire zurückbleiben.

December 1. Zum ersten Male: „Hasemann's Töchter", Original-Volksstück in 4 Akten von l'Arronge. Ein glücklich gewählter Stoff aus dem bürgerlichen Leben, Ernst und Scherz richtig gegen einander abgewogen, köstliche Einfälle, geben dem Stück einen dauernden Werth und zeigt dasselbe den Weg, auf welchem die für gewisse Kreise des Publikums nicht zu entbehrende Volks-Posse ersetzt werden muß. —

December 25. Zum ersten Male: „Die drei Langhänse", Lustspiel in 3 Akten von Fritz Reuter. Vor einem norddeutschen Publikum, welchem das Plattdeutsche geläufig ist, und bei welchem ein bei weitem größeres Verständniß für die in dieser Mundart vorgebrachten Scherze und Witze vorhanden ist als bei einem mittel oder süddeutschen, darf man diese höchst unwahrscheinliche Comödie wohl bringen. Hat man denn noch die Darsteller, welche des plattdeutschen

Idioms völlig mächtig sind, wie hier Herr Haas (Kluckhuhn), Frau Lanz (Frau Kluckhuhn) und Frl. Thate (Caroline), welche ihre Rollen nach Bedarf mit der nöthigen Derbheit, Naivetät und Humor auszustatten vermögen, so wird man auch einen Erfolg nicht vermissen.

December 27. Zum ersten Male: „Ein russischer Beamter", Schauspiel in 4 Akten von Berla. Ein Sensationsstück, welches durch die dankbare Rolle des Iwan Gorodin gehalten wird. Herr Wachtel gab ein drastisch wirkendes Charakterbild.

Januar 14. Als Iphigenie legte Frl. Braun unter lebhaftem Beifall Zeugniß ab von ihrer Begabung für das hohe Drama und ihrem gediegenen Streben; am 20. Februar folgte eine Wiederholung.

Januar 26. gastirte Frl. Hilmar vom Hoftheater zu Meiningen als Preciosa.

Februar 9. Zum ersten Male: „Doctor Klaus", Lustspiel in 5 Akten von l'Arronge. Von diesem, überall mit dem größten Beifall aufgenommenen Stücke gilt dasselbe, was über „Hasemann's Töchter" gesagt worden, nur daß hier der Humor vielleicht noch etwas freier seine Flügel regt. Das Stück wurde, ein in den Annalen des Oldenburger Theaters unerhörter Fall, 6mal aufgeführt.

Februar 13., 14., 18. gastirte Frau Mundt-Mühlbach in den Rollen der Emilia Galotti, Lorle und Thusnelde in den „zärtlichen Verwandten".

März 6. Für das in der Saison abgegangene Frl. Sterneck trat Frl. Borchardt ein und blieb bis zum Schlusse.

März 15. bis 18. Gastspiel des Frl. Franziska Elmenreich vom Hoftheater in Dresden als Catharina in der „bezähmten Widerspänstigen", Jungfrau von Orleans und Margarethe von Frankreich in den „Erzählungen der Königin von Navarra", welche letztere Rolle besonders im

Bereiche des Talentes der vortrefflichen Künstlerin zu liegen schien.

März 27., 28., April 2. und 3. Gastspiel des Herrn Ernst Possart als Narciß, Doctor Klaus (2mal) und Hamlet. Meisterleistungen, von denen Hamlet durch einfache natürliche Auffassung und consequente Durchführung in hohem Maße interessirte. Die zweite zu allgemeinster Befriedigung noch folgende Vorstellung des „Doctor Klaus" gab Herr Possart zum Besten des Elisabeth-Kinder-Krankenhauses.

April 16. Zum ersten Male: „Die Tochter der Luft", Trauerspiel in 5 Akten nach Calderon von Gisbert Freiherrn Vincke. Der bereits von Immermann gemachte Versuch, das höchst interessante Stück auf die Bühne zu bringen, hat hier eine sehr glückliche Wiederholung und Verbesserung dadurch gefunden, daß die beiden Originaldramen Calderon's durch einheitliche Zusammenlegung in eins verschmolzen, eine größere Erweiterung der Motive bewirkt und durch kunstvolles Arrangement die Rollen der Semiramis und des Ninyas durch nur eine Darstellerin gegeben werden können. So lange an hiesiger Bühne eine geeignete Darstellerin für diese schwierige, aber sehr dankbare, Aufgabe vorhanden sein wird, sollte „Die Tochter der Luft" nicht vom Repertoire verschwinden. Frl. Braun erntete bei der ersten Vorstellung und der Wiederholung reichen Beifall.

April 22. und 24. gastirte Herr Eduard Possansky vom Theater in Eisenach in den Rollen des Schiller in den „Karlsschülern" und des Wieprecht Born in den „relegirten Studenten" und wurde für die nächste Saison engagirt.

April 30. wurde mit „Doctor Klaus" zu ermäßigten Preisen geschlossen.

An 110 Spieltagen waren 13 Novitäten gegeben worden. Von Lustspielen sind noch zu erwähnen: „Der goldene Reif" von Conimor, „Die Büste" von Zell, nach dem Französischen, „Des Königs Schwert" von Vittong, „Einquartirung" von Hendrik Herz und „Paula's Geheimniß" von O. Blumenthal.

Schiller war 5mal, Goethe 4mal, Lessing 2mal, Kleist 1mal, Grillparzer 2mal, Shakespeare 8mal, Calderon und Moreto je 2mal, Molière, Iffland, Gutzkow, Freitag, Mosenthal, Heyse, Hans Hopfen je 1mal, Lindau, Frau Birch, von Vincke, Ibsen je 2mal, Bürger, Wichert, Toepfer, Moser, Görner, Girndt, Hackländer, Bauernfeld je 1mal, Blum 3mal, Putlitz 4mal und Benedix 5mal vertreten.

Eine zum Besten der Bühnen-Genossenschaft gegebene Vorstellung fand unter gefälliger Mitwirkung der Frau Meyer-Jäger statt. —

Wir kommen jetzt in unserer Darstellung zu dem Zeitabschnitte, in welchem endlich das oft besprochene Project eines Theater-Neubaues zu definitiver Discussion auf die Tagesordnung gebracht werden konnte. Nach langen und oft schwankenden Verhandlungen, nach Stunden des Zagens und der Muthlosigkeit erfolgte endlich zur Freude Oldenburgs die Entscheidung in gewünschter günstiger Weise, als ein schönes Zeugniß dessen, daß nur die Vereinigung der Kräfte etwas Großes zu Stande zu bringen vermag, wo die Einzelkraft nicht ausreicht.

Die Nothwendigkeit, daß an Stelle des alten Theaters, welches in seiner Anlage und in seinen technischen Einrichtungen in keiner Weise mehr den Anforderungen der Gegenwart entsprach, welches selbst schon seit langer Zeit nicht einmal den Ansprüchen an Raum für die Zuschauer genügen konnte, und die Theater-Verwaltung bei stets wachsender Nachfrage zu ihrem größten Bedauern auf eine erhebliche Mehreinnahme zu verzichten nöthigte, ein Neubau treten müsse, stand schon seit Jahren in der allgemeinen Meinung so fest, daß es sich nur darum handeln konnte, auf welche Weise die Mittel zum Baue zu beschaffen wären. Daß die Kosten eines Theater-Neubaues von der Hofcasse nicht allein übernommen werden würden, mußte als selbstverständlich angenommen werden, und es war nun die Aufgabe, die etwa heranzuziehenden Kräfte für das Project geneigt und zu Opfern bereitwillig zu machen. Die Verwaltung der Stadt Oldenburg hatte richtig erkannt, daß ein gutes Theater zu den Erfordernissen unseres städtischen Lebens gehöre, und daß der Zuzug von Fremden und Rentiers aus dem Lande hierher wesentlich durch ein solches gesichert und erhöht werde; hier war also die Stimmung von vornherein eine günstige. Da aber von dieser Seite voraussichtlich nur ein Theil der Kosten zu übernehmen war, so mußte der Versuch gemacht werden, auch den zur Zeit in Oldenburg versammelten Landtag für Bewilligung eines Beitrages für den Neubau zu gewinnen, was vorläufig durch darauf bezügliche Ansprachen und Vorstellungen begonnen wurde. Die Großherzogliche Theater-Commission hatte in der Hoffnung auf dereinstige Erfüllung der allseitigen Wünsche und in Voraussicht, daß ein eventueller Neubau auch an die Theatercasse bedeutende Ansprüche machen würde, bereits im Jahre 1871 den Anfang gemacht, theils aus den Geldern, welche für Feuerversicherung ausgeworfen, aber nach Weigerung der Versicherungs-Gesellschaften, das Theater anzunehmen, nicht verausgabt wurden, theils aus den erzielten jährlichen Cassenüberschüssen und anderen extraordinairen Einnahmen, einen Reservefond zu bilden, welcher im Sommer dieses Jahres eine Höhe von 64 000 ℳ. erreicht hatte. Auf die zu verschiedenen Zeiten laut gewordenen Anklagen, welche der Theater-Verwaltung eine allzugroße Sparsamkeit vorwarfen, möge hier entgegnet werden, daß ohne diese oft getadelte Sparsamkeit ein Theaterneubau überhaupt ganz unmöglich gewesen sein würde.

Um nun sofort mit einem festen Project vorgehen zu können, hatte die Theater-Commission bereits die Vorbereitungen zum Entwurfe der baulichen Bedürfnisse in Angriff genommen, und waren die Theater in Eisenach, Altenburg, Altona, Düsseldorf, Barmen und das Wallner-Theater in Berlin sowohl von dem Hofbaumeister Schnitger, als auch von der Theater-Commission in Augenschein genommen worden, um von den in der Neuzeit eingeführten Verbesserungen des Bühnenwesens Kenntniß zu nehmen. — Hofbaumeister Schnitger entwarf nun unter Rücksprache mit der Theater-Commission einen den hiesigen Verhältnissen entsprechenden Bauplan und garantirte die Ausführungen desselben nach einem Kostenanschlage von 310 000 ℳ., mit Ausschluß der Decorationen und der Ausstattung der Herrschaftlichen Logen. — Unter dem 25. Januar erhielt die Theater-Commission die höchste Ermächtigung auf Grund eines vorliegenden Vertrags-Entwurfes mit dem Stadtmagistrat von Oldenburg wegen Neubau eines Theaters in Unterhandlung zu treten und die wesentlichen Punkte dieses später etwas modificirten Vertrages sind etwa folgende: Die Stadt Oldenburg übernimmt unter Voraussetzung, daß Seitens des Oldenburgischen Landtages eine Beihülfe von 100 000 ℳ. bewilligt wird, den Bau eines neuen Theaters. Der Bauplan unterliegt der vorgängigen Genehmigung Sr. Königlichen Hoheit des Großherzogs und findet die Ausführung des Baues unter der gemeinschaftlichen Aufsicht der Theater-Commission und des Stadtmagistrats statt. Das neue Theater, für etwas über 1000 Sitze bemessen, erhält seinen Platz neben dem jetzigen Theater, und zwar an der Südseite desselben, wo der Stadt, vorbehältlich der Zustimmung des Landtages, ein geeignetes Terrain von den Wallgründen unentgeltlich überwiesen wird. Die Stadt zahlt aus ihren Mitteln 100 000 ℳ. und wird Seitens der Theater-Commission die Summe von 36 000 ℳ.

zum Bau überwiesen, der Rest der Bausumme von 75 000 ℳ. ist von der Stadt im Wege einer Anleihe aufzubringen und verpflichtet sich die Theater-Commission zu Verzinsung und allmählicher Amortisation dieser Anleihe der Stadt jährlich bis zur gänzlichen Abtragung des Capitals die Summe von 5000 ℳ. zu zahlen, welche ausschließlich zu dem obigen Zwecke verwandt werden muß. Eigenthümerin des Gebäudes ist die Stadt. Bis zum gänzlichen Abtrag der gedachten Anleihe hat indessen die Theater-Commission das Recht der unentgeltlichen Benutzung desselben, wogegen ihr auch die Versicherung gegen Feuersgefahr, sowie die bauliche Unterhaltung des Gebäudes obliegt. Wenn die Theater-Commission auf das ihr zustehende Benutzungsrecht am Gebäude verzichten beziehungsweise dasselbe aufgeben sollte, verbleibt zwar die Verpflichtung, das Gebäude seiner Bestimmung als Theater zu erhalten, bestehen, indessen trifft die Stadt keinerlei, auch nur moralische, Verbindlichkeit den Betrieb des Theaters ihrerseits zu übernehmen oder zu führen.

Nachdem in dieser Weise die Stadt Oldenburg mit der Theater-Commission sich geeinigt hatte, wurde bei dem Landtage der directe Antrag auf Bewilligung von 100 000 ℳ. zum Theaterbau gestellt und nach längerer Debatte bewilligt. Dieser Entschluß erregte den größten Jubel und die Inangriffnahme der Bauarbeiten konnte, da die technischen Vorlagen bereits vorhanden waren, sofort beginnen. — Am 22. April geschah der erste Spatenstich zum Auswerfen der Baugrube.

Die Einrichtung der Bühne, des Maschinen- und Beleuchtungswesens wurde dem Obermaschinenmeister des Hoftheaters in München, Lautenschläger-Vormuth, einem in der Technik des Theaterwesens rühmlichst bekannten Meister, die Ausführung der ornamentalen Ausschmückung des Ge-

bäudes an Reliefs am Proscenium und Figuren im Giebel=
felde dem Bildhauer Boschen jun. und die Ausmalung des
Plafonds und des Foyers dem Maler Mohrmann über=
tragen, welchem letzteren noch die schwierige Aufgabe zufiel,
die Decorationen des alten Hauses den Dimensionen des
neuen entsprechend zu vergrößern und zu aptiren.

1879/80.

Die Herren Winds, Alexander, Zwenger, Wachtel,
Schmitz und die Damen Sterneck, Schossig, Borchardt und
Kannée waren abgegangen, wofür die Herren Reicher,
Possansky, Bayer, Welb und Ludwig und die Damen Scheidt,
Fischer und Niemann eintraten. Wenn auch ein so häufiger
Wechsel im Personal, der hier leider durch die Verhält=
nisse oft verursacht wird, sehr bedauerlich und ein gemein=
sames Fortschreiten im Ensemble, also demjenigen, wonach
eine kleine Bühne hauptsächlich streben muß, fast unmöglich
macht, so ist es doch immer erfreulich, wenn bei einem ge=
botenen Wechsel eine Verbesserung eintritt, und konnte man
nach den ersten Vorstellungen diesesmal die Herren Reicher,
Possansky, Bayer, Ludwig, sowie die Damen Fischer und
Niemann als Darsteller erkennen, von denen ein tüchtiges
Ensemble zu erwarten war. Herr Pauly, bereits seit 1877
Mitglied, hatte sich sehr gut entwickelt und der in der
Saison zutretende Herr Seydelmann leistete als ein sehr
vielseitig verwendbarer Schauspieler gute Dienste. Frl.
Scheidt, welche durch die Darstellung der Klärchen und
Gretchen überraschte, zeigte sich im weiteren Verlaufe als
noch zu sehr in den Anfängen der Schauspielkunst begriffen
und von zu geringer Routine, als daß sie, trotz ihres
schönen Talentes, überall hätte genügen können.

September 14. begann die Saison mit dem „Egmont".

October 28. Zum ersten Male: „Die Fourchambault",
Schauspiel in 5 Akten von Augier, übersetzt von Ritter.

Es ist dies das erste Drama aus der neueren französischen Literatur, welches die Theaterverwaltung, die sich bisher von allen den sensationellen Ehebruchs- und Demimonde-Dramen fern gehalten hatte, glaubte bringen zu dürfen, da die französischen Dramendichter doch nicht abzuleugnende eminente Vorzüge für Bühnenwirkung geltend machen, und das genannte Drama speciell auf eine sittliche Tendenz hinausgeht, wenn auch der Boden, auf welchem sich der Stoff abspielt, stellenweise etwas sumpfig ist. Die Vorstellung war durch das vortreffliche Spiel des Frl. Braun (Frau Bernard), des Herrn Reicher (Bernard), der Herren Ludwig und Possansky (Vater und Sohn Fourchambault), Frl. Scheidt (Marie), Frl. Fischer (Blanche), Frl. Lind (Frau Fourchambault) und des Herrn Pauly (Rastiboulois) eine sehr gelungene, welcher noch zwei Wiederholungen folgen konnten.

November 20. Zum ersten Male: „Rolf Berndt", Schauspiel in 5 Akten von Putlitz. Kein Stück unserer neueren dramatischen Literatur hat so rasch seinen Weg über die Bühnen gemacht als dieses, und keins hat sich so sehr des Beifalls des großen Publikums zu erfreuen gehabt; es wurde dreimal gegeben.

December 11. Zum ersten Male: „Constanze", Schauspiel in 5 Akten von Nahida Remy; das Werk eines entschiedenen dramatischen Talentes, die handelnden Personen erregen unsere volle Theilnahme, tiefe Empfindung belebt die Rede; der Erfolg war durch das Spiel des Frl. Braun (Constanze) und des Herrn Reicher (von Arlow) ein sehr nachhaltiger.

Januar 13. Zum ersten Male: „Leonarda", Schauspiel in 4 Akten von Björnsterne Björnson. Obgleich der Schluß des Dramas unbefriedigend berührt, weil der Zuschauer über das Schicksal der Personen, die ihn lebhaft interessirt haben, im Unklaren bleibt (der Dichter selbst hat sich auf eine an ihn gerichtete Anfrage dahin ausgesprochen, daß sich das junge Paar Agathe und Hagbert nicht wieder zusammenfindet), so ist das Drama dennoch als ein in kräftigen, wenn auch düsteren, Farben gezeichnetes Seelengemälde zu bezeichnen; die Vorstellung befriedigte sehr.

Januar 22. Zum ersten Male: „Die Frau ohne Geist", Lustspiel in 4 Akten von H. Bürger; wieder eine erfreuliche Gabe des strebenden, talentvollen Verfassers. Die Darstellung der Stefana durch Frl. Fischer war eine kleine Meisterleistung, welche ihr, bei einem Gastspiel in Braunschweig wiederholt, eine eingehende und sehr günstige Besprechung des dortigen geistvollen Kritikers, Eugen Sierke, eingetragen hat.

Februar 22. Zum ersten Male: „Wohlthätige Frauen", Lustspiel in 4 Akten von l'Arronge.

März 2. Gastspiel des Herrn Theodor Lobe vom Stadttheater in Wien als Mephisto, la Roquette und Nathan. Der hervorragende Künstler bewährte seinen großen Ruf, namentlich als Nathan.

März 11. Zum ersten Male: „Der Freund des Fürsten", Lustspiel in 4 Akten von Wichert. Stücke, wie das vorstehende, welche sich in fein gebildeten und geistig belebten höheren Kreisen bewegen, werden eine Theaterverwaltung, welche fürchten muß, daß das rohe Gebahren und die gesellschaftliche Unsitte, welche so viele Schwänke zur Schau tragen, auch auf das Spiel übeln Einfluß üben werde, stets willkommen heißen.

März 18. Zum ersten Male: „Die Schauspieler des Kaisers", Drama in 3 Akten von K. Wartenberg. Man fand das Drama, dem ein geschickter theatralischer Bau nicht abzusprechen ist, mit der Schwindsucht als durchgehenden rothen Faden, doch etwas zu pathologisch.

April 4. bis 10. Gastspiel des Frl. Clara Ziegler als Medea (2mal), Donna Diana und Jungfrau von Orleans. Frl. Ziegler vereinigt in sich alle die Eigenschaften, welche zur Darstellung der großen Heroinen in der Tragödie zusammentreffen müssen: tiefe poetische Auffassung, mächtige Gestaltungskraft, dämonische Leidenschaft und die süßeste Innigkeit, eine königliche Gestalt, klassisch schöne plastische Bewegungen, ausdrucksvolle Mimik, ein Organ von seltenem Wohllaut und ausdauernder Kraft. Mit diesem seltenen Rüstzeug führt sie uns in edlem Maße Gestalten vor, die sich unvergeßlich unserer Erinnerung einprägen. Der Beifall war stürmisch, vorzugsweise in Medea. Möchte die Künstlerin sich doch bald, zur Erhaltung ihres künstlerischen Werthes, einem geschlossenen Bühnenkreise wieder anschließen!

April 29. Mit dem „Verschwender", als Benefiz für die Genossenschaft, wurde geschlossen.

In 112 Vorstellungen waren 13 Novitäten gegeben, von denen noch zu erwähnen der geistvolle Einakter „Die Copisten" von Bulthaupt, „Hausse und Baisse", Lustspiel in 3 Akten von Held, „Auf der Treppe", Lustspiel in 1 Akt von Tempel und der Schwank „Sodom und Gomorrha" von Schönthan.

Goethe war 3mal, Schiller 5mal, Lessing 1mal, Kleist 4mal, Grillparzer 2mal, Schakespeare 11mal, Calderon 2mal, Racine und Moreto je 1mal, Iffland, Freitag, Lindau, Frau Birch, Mosenthal, von Vincke, Hackländer, Görner je 1mal, Gutzkow, Björnson, Bürger, Bauernfeld, Schweitzer je 2mal, Laube, Wichert je 3mal, Moser 6mal, Putlitz 4mal, l'Arronge 9mal und Schönthan 3mal vertreten. Zu ermäßigten Preisen waren gegeben worden: „Ein Wintermärchen", „Käthchen von Heilbronn" und „Wohlthätige Frauen".

1880/81.

Das Personal war in größerer Zahl beisammen geblieben, denn nur die Herren Pauly und Welb und die Damen Scheidt und Thate waren abgegangen; es traten für dieselben die Herren Kramer und Grünberger und die Damen Duensing, Grunert und Pohl ein.

September 12. „Was Ihr wollt?" von Shakespeare eröffnete die Saison. Es war dieses Lustspiel gewählt worden, da es ohne die beiden Vertreter des Charakter- und Heldenvaterfaches, welche Umstände halber noch nicht eingetroffen, besetzt werden konnte und doch gleichzeitig Gelegenheit bot, einige der neu eintretenden Mitglieder auf ihre Fähigkeiten hin zu prüfen. Es folgten die Vorstellungen von „Maria und Magdalena", „Ein Schritt vom Wege", „Kabale und Liebe", „Das Glas Wasser" und „König Johann", allein es zeigte sich bald, daß eine genügende Besetzung mancher bedeutender Dramen Schwierigkeiten machen würde und so waren im weiteren Verlaufe der Saison Schwankungen im Repertoire nicht zu vermeiden.

October 17. · Zum ersten Male: „Auf der Brautfahrt", Lustspiel in 4 Akten von Bürger. Obgleich gegen das Stück einzuwenden wäre, daß es den Charakter des Lustspiels nur in der ersten Hälfte festhält und sich gegen das Ende durch die eintretende ernste Wendung dem Schauspiel erheblich nähert, so ist ein solches Werk, welches Geist und Humor verbindet, doch immer dankbar aufzunehmen. In Bezug auf den schwankenden Charakter des Lustspiels hat man hier für geboten erachtet, die in der Schlußscene, wenn wir nicht irren, vom Dichter selbst gestrichenen Worte Paul Gersdorf's, welche den Wortlaut eines Telegrammes an den Vater über den Erfolg der Brautfahrt bringen, wiederherzustellen, um eben den abhanden gekommenen Lustspielton wieder in sein Recht einzusetzen, zumal die tele=

graphische Correspondenz mit dem Vater im Beginne des Stückes oft erwähnt wird.

October 10., 12., 14. debütirte Frl. Grunert in den Rollen der Julia, Thusnelda und Jane Eyre.

November 14. Zum ersten Male: „Gräfin Lea", Schauspiel in 4 Akten von P. Lindau. Seiner Tendenz wegen vielfach angefeindet, bringt das Schauspiel doch, außer dankbaren Rollen, mehrere so geschickt arrangirte Scenen (Gerichtsscene) und im Dialog so viel geistig Anregendes, daß der Erfolg nicht ausbleiben konnte. — Die Darstellung durch Frau Bayer-Braun (Lea), Frl. Fischer (Paula) und des Herrn Reicher (von Deckers) war sehr anzuerkennen.

December 16. Zum ersten Male: „Die Märchentante", Lustspiel in 3 Akten von Otto Gensichen.

December 28. als Don Carlos gastirte Herr Grunert vom Königlichen Theater in Hannover.

Januar 23. Zum ersten Male: „Die Hexe", Trauerspiel in 5 Akten von Arthur Fitger. Ein hervorragendes Werk, das Zeugniß von hoher dichterischer Begabung und von dramatischem Können giebt; Beifall oder Ablehnung wurden bedingt durch den religiösen Standpunkt, welchen die Zuschauer einnahmen.

Februar 15. Die 100jährige Wiederkehr des Todestages Lessing's feierte das Theater durch Aufführung des kleinen Dramas „Studiosus Lessing" von W. Henzen, welchem das einaktige Trauerspiel „Philotas" und Scenen aus „Emilia Galotti", „Minna von Barnhelm" und „Nathan" folgten.

Februar 20. Zum ersten Male: „Krieg im Frieden", Lustspiel in 5 Akten von Moser und Schönthan; wurde 5mal gegeben.

März 17. Zum ersten Male: „Die Lästerschule",

Lustspiel in 5 Akten nach Sheridan von Gisbert Freiherrn Vincke. Das vortreffliche Original=Lustspiel, in welchem schon Iffland, Brockmann und Schröder Erfolge gehabt, bedarf einer Bearbeitung, die ihm denn auch wiederholt zu Theil geworden ist. Die vorliegende Umarbeitung, welche sowohl in Motivirung der Handlung als Scenen= folge wesentliche Aenderungen vornimmt, zeigte sich hier als sehr wirksam und die Aufführung hatte einen günstigen Erfolg.

März 29. Zum ersten Male: „Die Grafen Eckart= stein", Drama in 5 Akten von Nahida Remy, Verfasserin der „Constanze". Auch hierin tritt ein schönes dramati= sches Talent hervor, das nicht die schon betretenen Wege einschlägt, jedoch der Abklärung noch bedarf.

April 5., 7., 8. Gastspiel des Herrn Fritz Krastel vom Burgtheater in Wien als Sigismund im „Leben ein Traum", Ferdinand in „Kabale und Liebe" und Graf Wetter von Strahl im „Käthchen von Heilbronn". Den oft ausgesprochenen Zweifel, ob es überhaupt noch Schau= spieler gäbe, bei deren Darstellungen man von Styl reden könne und deren Streben nur dahin gerichtet sei, den Cha= rakter der Rolle wie er vom Dichter gedacht und hinge= stellt, ohne Rücksicht auf Beifall der Menge, im Geiste einer schönen Wahrheit von innen heraus zu bilden, hat Herr Krastel glücklich zu heben verstanden und ein glän= zendes Zeugniß von dem hohen Werthe eines Institutes abgelegt, welches, wie das Burgtheater, sich die Schauspiel= kunst in ihrer edelsten Richtung, unbehindert durch glänzende und vielbelobte abweichende Nebenströmungen, rein zu be= wahren gewußt hat. Neben dem Sigismund war der Ferdinand in seinem jugendlich schwärmerischen Edelsinn eine Musterleistung und es gelang dem Künstler, uns selbst in denjenigen Scenen zu täuschen, wo Ferdinand an unserer Sympathie Verluste erleidet.

April 10. und 12. Gastspiel des Frl. Thate vom Thalia-Theater in Hamburg als Emma in „Doctor Klaus", Caroline in „Die drei Langhänse" und Elise in „Papa hat's erlaubt".

April 21. und 24. wurden „Preciosa" und „Tell" zu ermäßigten Preisen gegeben.

April 26. Zum Benefiz der Genossenschaft: „Der Dorfbarbier" und „Die alte Schachtel".

An 109 Spieltagen waren 15 Novitäten gebracht worden, von denen noch zu erwähnen: „Die Plaudertasche", Lustspiel in 3 Akten von Bittong, „Gute Zeugnisse", Lustspiel in 3 Akten von Mallachow und Elsner, „Die Lachtaube", Lustspiel in 1 Akt von J. Bittong, „Der Zugvogel", Schwank in 4 Akten von Moser und Schönthan, „Der Bibliothekar", Schwank in 4 Akten von Moser, und „Im Schwarzwald", romantisches Märchen in 5 Akten von O. Ludwig.

Schiller war 8mal, Lessing 2mal (außerdem Scenen bei der Lessing-Feier), Kleist 1mal, Shakespeare 10mal, Molière 3mal, Calderon 1mal, Heyse, Laube, Björnson, Lindner, Remy, Wartenburg, Weilen, Mosenthal, Henzen, Bulthaupt, Rosen, Toepfer, Blum je 1mal, Lindau 5mal, Fitger, Bürger, Gensichen, Putlitz, H. Müller, Vincke, Wichert, Wolf, Frau Birch je 2mal, Moser 4mal, Moser-Schönthan 8mal, Schönthan 1mal, Moser-l'Arronge 2mal, l'Arronge 4mal, Benedix 8mal, Scribe 2mal, Augier 1mal, sonstige Stücke aus dem Französischen 4mal aufgeführt.

April 28. Wir stehen nun am Ende der theatralischen Thätigkeit im alten Hause. Mit dem „Sommernachtstraum", dem reizendsten Lustspiele Shakespeare's, welches uns in den erhabenen heroischen Gestalten die Höhen des menschlichen Lebens, in der Handwerkerschaar die platte Alltäglichkeit, und in Oberon und Titania mit Puck und dem Elfengefolge die phantastische, Alles durchdringende Geisterwelt vorführt, sollte geschlossen werden, denn es erschien besonders geeignet, noch einmal in bunten Farben das Maskenspiel des Lebens an uns vorübergehen zu lassen. Das Haus war bis auf den letzten Platz gefüllt und eine gehobene, mit wehmüthigen Gefühlen gemischte, Stimmung war über das Publikum verbreitet, das mit gespannter Theilnahme der letzten Vorstellung folgte. — Am Schlusse wurden die Darsteller, der Dichter des sinnigen Epilogs, Reinhard Mosen, und Director Woltereck wiederholt gerufen, um den Beifall und den Dank des sichtlich tief bewegten Publikums zu empfangen. — Beim Verlassen des Hauses wendete mancher langjährige Gast noch einmal den Blick, um der Stätte, an der er so oft geweilt, das letzte Lebewohl zu sagen.

Großherzogliches Theater in Oldenburg.

Donnerstag, den 28. April 1881.

Letzte Vorstellung im alten Hause.

Unter gefälliger Mitwirkung von Mitgliedern des Singvereins und Gastspiel des Bremer Ballets, geleitet vom Balletmeister Herrn Oskar Polletin.

Ein Sommernachtstraum.

Märchenspiel in 3 Abtheilungen von Shakespeare. Uebersetzung von Schlegel, Bühnen-Einrichtung von Dechelhäuser. Musik von Mendelssohn-Bartholdy.

Personen:

Theseus, Herzog von Athen . . . . Herr Reicher.
Hippolyta, Königin der Amazonen . . . . Fräul. Lind.
Egeus, edler Athener . . . . Herr Zimmermann.

Hermia, seine Tochter	Fräul. Grunert.
Helena, deren Freundin	Frau Bayer-Braun.
Philostratus, Ordner der Festlichkeiten am Hofe des Theseus	Herr Grünberger.
Lysander, \} junge Athener	Herr Possansky.
Demetrius,	Herr Friedrich.
Squenz, Zimmermann	Herr Ludwig.
Schnock, Schreiner	Herr Kramer.
Zettel, Weber	Herr Dietrich.
Flaut, Bälgenflicker	Herr Grünberg.
Schnauz, Kesselflicker	Herr Schröder.
Schlucker, Schneider	Herr Seydelmann.
Oberon, König der Elfen	Herr Hartmann.
Titania, Königin der Elfen	Fräul. Fischer.
Puck, Elfe aus Oberon's Gefolge	Fräul. Niemann.
Ein Elfe aus Titania's Gefolge	Fräul. Dubeil II.

Bohnenblüthe,
Spinnweb,
Motte,   } Elfen.
Senffamen,

Pyramus,
Thisbe,
Wand,
Mondschein, } Personen des Zwischenspiels, das von den Rüpeln vorgestellt wird.
Löwe,
Prolog,

Elfen im Gefolge Oberon's und Titania's. Gefolge des Theseus und der Hippolyta.

Ort der Handlung: Athen und ein naher Wald.

Zum Schluß der Vorstellung:

Epilog.

Dichtung von Reinhard Mosen.

Personen:

Melpomene	Frau Bayer-Braun.
Der Humor	Herr Dietrich.

Melpomene.

Verflogen ist der bunte Traum,
Verklungen ist der Elfenreigen —
Und auf den lieben alten Raum
Senkt sich die Nacht mit tiefem Schweigen.

Wenn dann der neue Tag erscheint,
Erschallen Hammer hier und Säge;
Nicht Einer lacht mehr hier noch weint,
Die alte Zeit geht ihrer Wege.

Nie mehr wird hier die Künstlerschaar
Sich üben, Schönes zu bereiten;
Nie mehr wird hier, wie manches Jahr,
Der Kenner Beifall sie begleiten,
Und was hier oft begeist'rungsvoll erklungen,
Bald lebt es nur noch in Erinnerungen.

(Der Humor geht im Hintergrunde über die Bühne, als wolle er eilig das alte Haus verlassen.)

Wohin so rasch, mein freundlicher Geselle?

Humor.

Laß mich! Mir sind die Thränen nah!
Ist doch nicht leicht, zu scheiden von der Stelle,
Wo so viel Treffliches geschah
Der deutschen Schauspielkunst zur Ehre!
Es klang gar gut im deutschen Land,
Daß hier im kleinen Hause wäre
Der echten Kunst ein fester Stand. —

(Vortretend.)

Wie oft hast Du, o Melpomene,
Hier Deines Zaubers Macht geschaut,
Wie oft ist hier auf dieser Scene
Dem Edlen der Altar gebaut! —
Und ward nicht manche Stirn geglättet,
Erhellt nicht manches Auges Flor
Und mancher Gram zur Ruh' gebettet,
Schwang ich mein Scepter, der Humor?! —

Und war's nicht schön?! Niemals ist hier dem Frechen,
Dem Rohen nur ein Fußbreit eingeräumt,

Und könnten diese alten Wände sprechen,
Sie sagten es: hier wurde schön geträumt!

Melpomene.

Wohl hängt das Herz gern an den Außendingen,
Wenn die Erinn'rung ihren Epheuzweig
Mit festen Ranken durfte um sie schlingen —
Das Kleinste selbst wird dann dem Schatze gleich;
Und so mag tiefe Wehmuth uns durchdringen,
Daß hier beendet unser Zauberreich!
Doch wird nur das Vergängliche verschwinden,
Das Ewige wird neue Stätte finden!

Und was wir hier besessen und gewonnen,
Es gehe mit uns in das neue Haus,
Das stolz sich hebet in das Licht der Sonnen,
Versinkt das alte nun in Schutt und Graus.
In schön'rer Fassung strömen wird der Bronnen
Der Poesie die klaren Fluten aus,
Dem Ernste wie dem Scherz im Menschenleben
Ein treues, reines Spiegelbild zu geben!

Dort werden unf're Freunde gern sich schaaren
Und bringen sie den freien, offnen Sinn,
Deß holde Gegenwirkung wir erfahren
So oft und warm, zur neuen Stätte hin,
Wird dort nur um so schöner offenbaren
Ihr Recht die Kunst, des Lebens Meisterin,
Und was sie reicht aus ihren Götterhänden,
Das wollen wir (dem Humor die Hand gebend) vollbringen
    und vollenden!

Nachwort.

Wer die Mühe nicht gescheut hat, das hier zur Beurtheilung der Thätigkeit der Oldenburger Bühnenverwaltung aufgezeichnete, wenn auch etwas trockene, Material einer Prüfung zu unterziehen, wird die Ansicht gewonnen haben, daß hier stets nach dem Grundsatze verfahren worden ist, wonach das Theater eine Stätte der geistigen Belebung und Erfrischung und keine dem Tagesgeschmack huldigende Vergnügungsanstalt sein soll. Die Leistungen auf der Bühne selbst waren allerdings oft von den zu Gebote stehenden, nicht immer ausreichenden, Mitteln abhängig; wenn man aber erwägt, daß in der vom Vorstande des Bühnenvereins vorgenommenen und nach dem zur Verwendung kommenden Etat*) bemessenen Classificirung der deutschen Vereinsbühnen in sechs Classen, das Oldenburgische Theater in der letzten Classe steht, also

---

*) Es möge hier erwähnt sein, daß im Verwaltungsjahr 1880/81 der Etat des Großherzoglichen Theaters die Summe von 110 130 ℳ. betrug, mit Einschluß der Kosten der Hofcapelle, soweit dieselbe als Theatermusik betheiligt ist. Hiervon zahlte die Hofcasse 70 000 ℳ. und brachten die Eintrittsgelder und sonstigen Einnahmen 40 130 ℳ. Die Kosten eines Spielabends beliefen sich daher auf ungefähr 1019 ℳ.

mit Städten wie Rostock, Stettin, Detmold, Freiburg ꝛc. rangirt, so wird man zugeben müssen, daß Oldenburg in künstlerischer Beziehung neben den Städten gleichen Ranges seinen Platz zum mindesten voll ausfüllt. Wenn auch darauf angewiesen mit kleinen Mitteln zu wirthschaften, so hat doch die Oldenburgische Theaterverwaltung sich zu allen Zeiten eines Vorzuges zu erfreuen gehabt, um den sie manche große Bühne beneiden wird, — sie hat nämlich nie unter dem Drucke persönlichen Protectionswesens oder dem Einflusse literarischer Cameraderien zu leiden gehabt, sondern konnte sich bei Aufstellung des Repertoires und den Engagements frei bewegen und bestrebt sein, das seit Beginn der Verwaltung an die Spitze gestellte Princip, das Theater als eine Kunst- und Bildungsanstalt zu betrachten, möglichst fest zu halten und lebendig zu machen.

Die Vortheile, welche eine wissenschaftliche Tageskritik, als „ein künstlerischer Beirath des Theaters" gewähren kann, haben wir leider seit Starklof und Stahr entbehren müssen. Academisch gebildete Männer, welche in anderen Berufsstellungen beschäftigt, aus Neigung und Interesse sich sonst wohl bereit finden lassen würden, die Theatervorstellungen kritisch zu begleiten und durch ihr Wissen Publikum, Regie und Schauspieler über das Gebotene aufzuklären und den Kunstsinn anzuregen, fürchten meistens den aus einem solchen Heraustreten an die Oeffentlichkeit entspringenden Aerger und Streit, und so unterbleibt in kleineren Orten eine Einwirkung von dieser Seite gewöhnlich ganz. Kritiken, welche nicht von einer gründlichen Kenntniß der Literatur, von einer hinlänglichen Vertrautheit mit der Technik der Bühnenkunst und einem geübten feinen Blick für das Spiel der Bühne Kunde geben, haben keinen Werth und bleiben besser ungeschrieben.

Den oft gehörten Klagen, daß das deutsche Theater seinem Verfalle entgegen gehe, begegnet man freilich auch hier, da aber bereits Lessing, Iffland, Eckhof, Schiller, Tieck und Andere sich zu ihrer Zeit in demselben Sinne geäußert haben, so mögen diejenigen, welche in diesen Nothschrei mit einstimmen, nicht glauben, daß sie damit etwas Neues oder besonders Geistreiches vorbringen. Da der Verfall schon über 100 Jahre im Gange ist, so hat die Sache ja wohl nicht so große Gefahr. Daß es große Bühnen giebt, welche nicht gerade als leuchtende Vorbilder dienen können, daß andere, der Speculation anheimgefallen, nur dem frivolen Tagesgeschmack huldigen, soll nicht in Abrede gestellt werden. Auf dem Felde der Dramaturgie wird übrigens augenblicklich recht fleißig und tüchtig gearbeitet, und einige jüngere Kräfte suchen im besten Geiste für das gedeihliche Fortschreiten des Bühnenwesens zu wirken. Die Fragen, wer denn helfen solle, ob das Reich, die Einzelstaaten, die städtischen Communen, ob Academien zur Heranbildung der Schauspieler zu gründen wären, — Alles dieses wird lebhaft besprochen, nur ergehen sich die bisher erschienenen Schriften mehr in Klagen über die bestehenden Zustände und suchen die vorhandenen Schäden aufzudecken, als daß die reformatorischen Ideen so scharf und entschieden ausgesprochen würden, um zu praktischen Versuchen zu ermuthigen. Uebrigens trifft eine Verschuldung, wo sie vorliegt, ebensowohl das Publikum, welches durch den Realismus und die negativen Tendenzen unserer Zeitrichtung in eine Nüchternheit und Unempfänglichkeit für Alles, was in den Bereich der idealen Kunst gehört, gesunken ist, als diejenigen Theaterverwaltungen, welche sich theils in irriger Auffassung ihrer Aufgabe, theils durch äußere Hindernisse von den richtigen Grundsätzen haben ablenken lassen.

Die Aenderung des Gewerbegesetzes in Bezug auf das Theater-Concessionswesen war sehr erfreulich und könnte dieselbe gegen die eingerissenen Uebelstände wohlthätig wirken, wenn die Behörden, welchen die Ertheilung der Concessionen obliegt, die Sache ernster nehmen wollten; traurige Erfahrungen sprechen dagegen, daß dies bisher geschehen.

Daß die Schauspieler seit einigen Jahren die Interessen ihres Standes selbst in die Hand genommen haben und durch Gründung der Genossenschaft bestrebt sind, denselben materiell zu fördern und moralisch zu heben, ist sehr ehrenwerth und verdienstlich, und wird ein solches Streben nur von den besten Wünschen für einen gedeihlichen Fortgang begleitet sein.

Das Loos der dramatischen Autoren, welchen bisher nur geringer und oft gar kein Lohn für ihre Werke, denen sie doch oft ein Stück ihres Lebens geopfert haben, zu Theil wurde, ist jetzt durch die gesetzliche Regelung der Autorrechte ein anderes und besseres geworden. Daß hierdurch der Werth der auf den Markt gebrachten literarischen Producte sich erhöht habe, kann nicht behauptet werden, denn die Aussicht auf Honorare und Tantièmen verführten manchen naiven Jüngling unter die dramatischen Schriftsteller zu gehen, sowie durch die Preisausschreiben die Fluth der jährlich erscheinenden Bühnenstücke (bei dem Münchener Ausschreiben vom Jahre 1878 wurden 436 Nummern eingeliefert) zu einer nicht zu bewältigenden Höhe wächst. Im Geschäftsbetriebe selbst wird oft die verletzende Erfahrung gemacht, daß dramatische Werke Seitens der Vertreiber wie eine jede andere Waare behandelt werden, und wenn es sogar vorkommt, daß namhafte Schriftsteller auf das Gesuch um Erwerbung des Aufführungsrechtes eines Dramas damit antworten lassen, daß ein solches nur unter der Bedingung gewährt werden könne, wenn die Gattin des Autors in dem gewünschten Stücke gastire, oder wenn bei einer anderen Gelegenheit ein Stück nur dann zu haben ist, wenn noch ein anderes desselben Verfassers gleichsam als „Beilage" dazu genommen wird, so sind dies Thatsachen, welche ein günstiges

Verhältniß zwischen den Autoren und den Bühnenverwaltungen, das doch auf einer gegenseitigen Unterstützung und Förderung der durchaus gemeinschaftlichen Interessen beruhen sollte, nicht fördern können.

Doch wir wollen den Muth nicht sinken lassen und uns da freuen, wo wir sehen, daß im Bühnenleben ein Weg zum Bessern eingeschlagen wird. Bestrebungen wie diejenigen der Meininger sind in dieser Beziehung freudigst zu begrüßen. Es gährt augenblicklich überall um uns her; wir befinden uns in einem politischen und literarischen Uebergangsstadium, das endlich überwunden, uns hoffentlich in neue glücklichere Bahnen führen wird.

Mögen uns die Musen im neuen Hause günstig sein!

Die Einweihung des neuen Hauses wird am 8. October 1881 in folgender Weise vor einem geladenen Publikum vor sich gehen:

Festouvertüre,
componirt von Albert Dietrich. (Manuscript.)

Prolog,
gedichtet von Reinhard Mosen.

Personen:

Melpomene	Frau Bayer-Braun.
Thalia	Fräulein Schüle.
Polyhymnia	Fräulein Sauer.
Der Meister	Herr Zimmermann.
Der Altgeselle	Herr Dietrich.

Erster
Zweiter } Geselle.
Dritter
Ein Lehrjunge.
Gesellen. Arbeiter. Lehrjungen.

Im Vestibül des neuen Theaters.

Erste Scene.

Von den Treppen, die zu den Zuschauerräumen führen, steigen die Gesellen und Arbeiter in froher Bewegung herunter. Voran der Altgeselle, von der Treppe links.

Altgeselle.
Glücklich vollendet!

Erster Geselle (von rechts).
Bis zum letzten Stein!

Zweiter Geselle.
Es ist ein Glanz, ist eine Pracht,
Daß mir das Herz im Leibe lacht!

Dritter Geselle.
In meine Hausbibel schreib' ich's hinein!
Kinder und Enkel sollen's noch lesen,
Daß ich bei diesem Bau gewesen!

Altgeselle (in der Mitte).
Glückauf, Gesellen! Dem Hause Heil!

Alle.
Glückauf und Heil!

Erster Lehrjunge
(mit anderen die zur Gallerie führende Treppe heruntergekommend, lärmend).

Alles ist in Ordnung jetzt!
Frisch! die Kehlen neu gewetzt:
Dreimal hoch das neue Haus!
Mit dem Kasten ist es aus!

Die anderen Lehrjungen.
Dreimal hoch das neue Haus!
Mit dem Kasten ist es aus!

Altgeselle (spöttisch).
Ja! hätten wir nicht diese Jungen,
Das Ganze wär' uns nie gelungen! —
Nur was sie reden, die stolzen Herr'n,
Von einem „Kasten", das wüßt' ich gern!

Erster Lehrjunge.

Na! wer denkt wohl an andern Kasten,
Als an den alten, längstverhaßten,
Un's alte Theater, das nun dahin?!

Altgeselle (nicht ohne Schärfe).

So? das war Deiner Weisheit Sinn?!
Weißt Du denn auch, mein kluges Kind,
Von Zeiten, die gewesen sind,
Eh' noch das Tageslicht Dir lachte,
Eh' nur ein Mensch noch an Euch dachte?!
Meinst, Altes thät' man ab mit (wegwerfende Bewegung) „Habedank"
Und, eh' das Heute in die Nacht versank,
Dürft' schon das Morgen keck sein Haupt erheben? —
Euch dünket kurz die Kunst und lang das Leben!

Lehrjunge (trotzig).

Ihr denkt nur immer der Vergangenheit!
Und dazu haben wir nicht Zeit!

Erster Geselle.

Schweig', Junge! laß den Alten sprechen!
Er weiß doch mehr davon als wir;
Und wirst Du ihn noch einmal unterbrechen —
(Macht eine drohende Bewegung.)

Zweiter Geselle.

Sprich weiter, Altgesell!

Dritter Geselle.

Wir lauschen Dir!

Altgeselle.

Nun, mir soll's recht sein! Aus dem neuen Haus
Ging' ich doch nur mit Trauer heut' hinaus,
Dürft' ich in dankbar-innigem Gedenken
Der alten Zeit hier einen Gruß nicht schenken! —
(Kleine Pause.)
Zwar wehmuthsvoll! denn wo sind sie geblieben,
Die tapfern Kämpfer für der Bühne Ruhm,
Sie, deren Namen ehren wir und lieben? — —
Fast alle sind im stillen Heiligthum! — —

Auch ER, der Künste hoher Schutz und Hort,
Entschwand dem Blicke längst; doch lebet fort
Sein Angedenken rings im ganzen Land!
Sein Name sei mit stetem Dank genannt:
(Nimmt sein Käppchen ab.)
Paul Friedrich August!
(Alle entblößen die Häupter und stehen in ehrfurchtsvoller Haltung da.)

Altgeselle.

Er war der Fürst, der deutschem Schauspiel hat
Zuerst ein Heim geschenkt in unf'rer Stadt!
Und war's aus Lehm und Brettern nur gefügt,
Kunstfrohem Sinn hat lang das Haus genügt
Und fest getrotzet manchem Winterwetter!
(Lebhaft.)
Wie ein jubelnd helles Trompetengeschmetter
Klang's bald in's deutsche Land hinein:
„In Oldenburg steht in hellstem Schein,
Ueber ein kleines Haus gezogen,
Leuchtender Kunst ein Ehrenbogen!
Sie ringen dort mit Fleiß und Sinnen,
Den höchsten Preis der Kunst zu gewinnen!" —
(Mit Bezug auf die Lehrjungen.)
Da gab es keine, die d'rüber lachten! —
Lehrt and're „den alten Kasten" verachten!

Lehrjunge.

Verzeiht! Vergesset Euren Grimm!
Glaubt mir: ich meinte es nicht schlimm! —
Doch dürfen wir junges Volk uns freuen
Gewißlich auch am guten Neuen!

Altgeselle.

Das neue Gute laß' ich gelten!
Müßte mich selbst für thöricht schelten,
Nähm' ich der neuen Zeit Gewinn
Mit Tadel oder Misgunst hin!
(Dem ersten Lehrjungen die Hand gebend.)
Ich freu' mich, daß ich bei Euch bin! —
Doch was uns alte Tage hinterließen,
In neuen lernt, es dankbar zu genießen!

Zweite Scene.
Vorige. Der Meister (von links).
Alle.
Guten Abend, Meister!
Meister (herabsteigend).
Gute Rast, Gesellen!
(Vor- und in die Mitte tretend.)
Gelobt sei Gott! Wir sind am guten Ende!
Und so nehmt diesen Druck der Hände!
(Reicht dem Altgesellen und einem der Nächststehenden seine Hände.)
Altgeselle (mit erhobener Stimme).
Dem Meister, der den Plan gemacht
Und ausgeführet mit Bedacht,
Ihm sei ein Lebehoch gebracht!
(Hochrufe.)
Erster Geselle.
Und allen, die ihn gut berathen! (Wie oben.)
Meister (dankend).
Und allen, die mit daran thaten!
(Ein Moment lebhafter Bewegung, dann nach kurzer Pause.)
Mühevoller Arbeit ernste Pflicht
Haben heitren Sinnes wir vollbracht!
Dreier Sterne hehres, klares Licht
Hat uns immer frischen Muth gemacht,
Gab uns bei der Last im langen Werke
Selbstvertrauen, Freudigkeit und Stärke!
Huld des Großherzogs, die deutscher Kunst
Schützend und belebend blieb geneigt, —
Liebe dieser Stadt — des Landes Gunst
Haben strahlend den Zenith erreicht,
Alter Tage Saat, die steht in Aehren,
Mit dem schönsten Glanze zu verklären.

Wunderherrlich Dreigestirn, fürwahr!
Das erleuchtend lenkte Sinn und Hand!
Mög' es glückverheißend immerdar
Halten seinen stolzen, festen Stand
Ueber dem vollendeten Gebäude
(Getragen.)
Keinem zum Leid, allen zur Freude!
(Pause. Er wendet sich dem Prospekt zu, so daß er, Profilstellung zum Publikum, in antik betender Haltung steht.)

Und wollet Ihr Musen, Göttliche droben,
Das Ringen hienieden krönen und loben,
Gnädig schützet und segnet das Werk!

O! nur, daß die taggequälten Gemüther
Empfangen von Euch die herrlichsten Güter
Leichter, würdiger, ist es gethan!
(Die Hände ausbreitend.)
Bereitet ist Alles! — Steiget hernieder!
Dem Ernste des Worts, dem Klange der Lieder,
Frohen Scherzen — ist alles bereit! — —

Dritte Scene.

Der Mittelgrund des Prospectes hebt sich und in einer idealischen Landschaft (halbe Bühnenhöhe) erscheinen die Musen

Melpomene, Thalia und Polyhymnia.

(Musik.)

Melpomene.

(Meister und die übrigen treten in andachtsvollem Staunen und Bewundern rechts und links zur Seite; doch müssen ihre Gruppen vollständig sichtbar bleiben.)

Wo still und einsam irgend strebt ein Mensch
Selbstlosen Sinns der reinen Schönheit zu,
Sind wir ihm nah und leiten seinen Pfad,
Ihn mild zu führen zu dem ew'gen Licht,
Das, einmal angeschaut, die Seele füllt
Und sie belebet mit der freien Macht,
Durch dumpfen Erdenlebens Müh' und Qualen
Sich Bahn zu brechen zu dem Idealen!

Doch doppelt freudig steigen vom Parnaß
Wir jetzt zu Euch, gehorsam holdem Wink,
Den uns Apoll, der Herr und Meister, gab,
Der oft mit hellem Blicke hergeschaut
Auf diesen Bau, wie der sich mächtig hob,
Und tönend rief er jetzt: „Folgt rasch dem Ruf!
Der Sehnsucht Vieler bringt den Kranz entgegen,
Bringt allen heut' der Künste reichsten Segen!"

(Pause.)

Melpomene.

Was ich Euch bringe, ist der hohe Ernst,
Der Schuld und Sühne wägt zu gleichem Maß
Und durch Mitleiden zur Erkenntniß führt!

Thalia.

Was ich Euch bringe, ist der Rosenkranz
Des Scherzes, der die Kummerfalten deckt,
Der, gern empfangen, heiße Stirne kühlt! —
Und spielt ein Schmetterling im Uebermuthe
Zu keck darum, so haltet mir's zu Gute!

Polyhymnia.

Was ich Euch bringe, ist der ew'ge Ton
Geheimnißvoller Sprache der Natur,
Die um Euch tändelt in dem Lenzeswind,
Die um Euch rauschet im Gewittersturm
Und aus dem Lied der Lerche Euch erklingt,
Wenn in den Frühlingsmorgen sie sich hebt! —
Fast war ich fremd hier des Theaters Räumen —
Bald ruf' ich Euch zu märchensüßen Träumen!

(Musik.)

Melpomene.

Im ersten Frühjahr sprießt wohl manche Blüte
Empor zum Licht in wunderbarer Pracht,
Mit ihrem Duft erquickend manch' Gemüte,
Und sinkt doch bald, verwelkt, in dunkle Nacht,
Wenn nicht des Gärtners Sorgfalt, Huld und Güte
Mit festem Blick auf ihr Gedeihen wacht:
So schützet, Bauherr'n, ferner diesen Garten
Und wollet gütig seiner Blüten warten!

(Zu den Künstlern.)

Und wie wir freudig Eurem Wunsch erschienen,
So danket uns durch thatbereiten Sinn!
Nicht einmal gilt es nur, der Kunst zu dienen,
Sie fordert stets das ganze Leben hin
Und heischet treuen Dienst mit frohen Mienen,
Dann gibt sie euch des Ringens Hochgewinn,
Daß Ihr die Zeitgenossen mit Euch hebet
In's ew'ge Reich, worin das Schöne webet!

(Zum Publikum.)

Wir sind Euch nah! Wir folgen Euren Rufen,
So oft Ihr eilt zu diesem Tempel her,
So oft Ihr drängt zu seiner Chore Stufen,
So oft Ihr wünscht, wir geben Euch Gewähr!
Und was Apollo's beste Söhne schufen,
Wie voller Wellenschlag in Eurem Meer,
Umrauscht es Euch in uns'res Zaubers Triebe! —
Wir lieben Oldenburg! — Bleibt treu der Liebe!

(Indem die Musen sich zu den Höhen erheben, steigt unter entsprechender Musik aus der großen Versenkung die „Apotheose":)

Genius mit Lorbeer- und Eichenkranz.

Genius mit dem
Großh. Oldenburger Wappen.

Genius
mit dem Stadtwappen.

Ouvertüre zur Oper: „Iphigenie" von Gluck.

Iphigenie.

Schauspiel in 5 Akten von Goethe.

Personen:

Iphigenie	Frau Bayer-Braun.
Thoas	Herr Zimmermann.
Orestes	Herr Reicher.
Pylades	Herr Brandt.
Arkas	Herr Edgar.

Dramatische Literatur aus dem Verlage der Schulzeschen Hof-Buchhandlung in Oldenburg:

Allmers, H., Elektra. Drama in einem Aufzuge. Musik von Albert Dietrich. Broch. ℳ 0,75, in eleg. Orig.-Einbd. ℳ 1,50.

Becker, August, Festspiel zur Feier der Heimkehr unserer siegreichen Truppen. 1866. gr. 8. Broch. ℳ 0,40.

Bulthaupt, H., Dramaturgie der Classiker. Lessing, Goethe, Schiller, Kleist. Broch. ℳ 5,60, in eleg. Orig.-Einbd. ℳ 6,50.

Fitger, A., Adalbert von Bremen. Trauerspiel in fünf Aufzügen. Nebst einem Nachspiel: Hie Reich! Hie Rom! 2. Aufl. Broch. ℳ 2 —, in eleg. Orig.-Einbd. ℳ 3 —.

— — Die Hexe. Trauerspiel in fünf Aufzügen. 3. Aufl. Broch. ℳ 2 —, in eleg. Orig.-Einbd. ℳ 3 —.

Gall, Ferd. von, Der Bühnen-Vorstand. gr. 8. Broch. ℳ 1 —.

Gramberg, Dr. G. A., Sophonisbe. Tragödie in fünf Acten. Broch. ℳ 3 —.

Minding, J., Papst Sixtus der Fünfte. Tragödie in fünf Aufzügen. Für die deutsche Bühne bearbeitet von Clemens Rainer, Ober-Regisseur am Stadttheater in Zürich, und August Becker, Director des Großherzoglichen Theaters in Oldenburg. 2. Aufl. Broch. ℳ 2,80.

Mosen, J., Der Sohn des Fürsten. Trauerspiel in fünf Aufzügen. Geb. mit Goldschnitt ℳ 2,40.

— — und **Adolf Stahr,** Ueber Goethe's Faust. Zwei dramaturgische Abhandlungen. gr. 8. Broch. ℳ 2,50.

Moltère, Die Plagegeister. Lustspiel mit Ballet in 3 Acten. Bearbeitet von B. M. 8. Broch. ℳ 1,20.

Müller, Fr., Randeck. Trauerspiel in fünf Aufzügen. Broch. ℳ 2 —, in eleg. Orig.-Einbd. ℳ 3 —.

Post, Dr. A. H., Wismund. Ein Mysterium in acht Scenen. Broch. ℳ 1,20.

Roßmann, W., Meister Lukas. Dramatisches Charakterbild in zwei Aufzügen. Broch. ℳ 1,20.

Stahr, Dr. Ad., Kleine Schriften zur Kritik der Literatur und Kunst. 1r und 2r Band: Oldenburgische Theaterschau. Bevorwortet von Julius Mosen. 8. Broch. ℳ 8 —.

— — Ueber die moderne Tragödie und Julius Mosen's Trauerspiel: Don Johann von Oestreich. 8. Broch. ℳ 0,75.

www.ingramcontent.com/pod-product-compliance
Lightning Source LLC
Chambersburg PA
CBHW021811230426
43669CB00008B/711